Michael Reimer, Lokomotiven für die Ostfront

Zugkreuzung im besetzten Polen: Eine Ok 22 rollt mit einem regulären Reisezug ein. Die an sich friedliche Szenerie läßt für einen Moment vergessen, daß ein grausamer Krieg begonnen hat   (BA 29/725/34)

Michael Reimer

Lokomotiven für die OSTFRONT

Menschen und Maschinen
im Zweiten Weltkrieg

GeraMond

Titelbild: (Slg. Knipping)

Abbildung Vorsatz: Die 55 3485 des Bahnbetriebswerkes Neu Wilna wird über eine Schüttrutsche mit bester Steinkohle versorgt. Frostempfindliche Teile der Lok sind ummantelt und eine Holzkonstruktion schützt die „blauen Reichsbahner" notdürftig im Führerhaus vor eisiger Kälte

(Slg. Gottwaldt)

Abbildung Nachsatz: Der Rückzug: Vor den nahenden Truppen der Roten Armee reißt ein „Schienenwolf" am 24. März 1944 bei Kamenez/Podolsk die Schwellen heraus. Die 57 2207 und eine weitere G 10 des Bw Orscha Ost mühen sich bei diesem zerstörerischen Werk

(Bundesarchiv Koblenz 279/901/31)

CIP-Einheitsaufnahme
Lokomotiven für die Ostfront
Menschen und Maschinen im Zweiten Weltkrieg /
Michael Reimer. – 1. Auflage
München: GeraMond Verlag, 1999
ISBN 3-932785-35-5

ISBN 3-932785-35-5

© 1999 by GeraMond Verlag,
D-80632 München

1. Auflage 1999

Lektorat: Rudolf Heym
Herstellung: Bodo Jaster
Druck: Graphische Betriebe Eberl GmbH, Immenstadt
Printed in Germany

Vorwort

In zahllosen Geschichtsbüchern und Bildbänden ist nachzulesen und durch Bilder dokumentiert, wie der Zweite Weltkrieg verlief. In Filmen über „Hitlers Helfer" oder „Hitlers Krieger" können wir zuschauen und auch zuhören. Die Rolle der Eisenbahn im Krieg wird dabei jedoch nur selten detailliert dargestellt. Sogar vielen Laien bekannt sind zwar die Kriegslokomotiven der Baureihe 52, und Bilder zeigen aus dem Gleis geworfene oder zerstörte 38, 55, 57 – Maschinen, die man von zu Hause kannte. Doch wer sich intensiver für die Zusammenhänge interessiert, hat es schwer: Auch in gut sortierten Sammlungen und Archiven fehlen oft Angaben zum Ort, zum Aufnahmezeitpunkt oder zum Hergang der Ereignisse.

Welche Lokomotiven waren eigentlich im Kriegseinsatz, wo waren sie beheimatet, wie wurde der Betriebsmaschinendienst organisiert? – Fragen, die in der bislang erschienenen Literatur recht spärlich behandelt werden.

Der Reichsbahn-Ingenieur Rüggeberg, ein Vertrauter von Friedrich Witte und für den Einsatz der Henschel-Kondenslokomotiven verantwortlich, beschrieb in zahlreichen persönlichen Briefen seine Fahrten durch die Weiten Rußlands, teilweise auf der Flucht vor der Roten Armee. Er versuchte, die dort eingesetzten Kondenslokomotiven der Baureihe 52 zu retten. Rüggeberg und viele andere Eisenbahner berichteten von der Grausamkeit des Krieges, von den Wirren an der Front sowie in der Militär- und Eisenbahnführung.

Authentisch dokumentieren diese Aufzeichnungen, wie kompliziert der Fahrbetrieb im besetzten Osten war. Eisenbahner und Eisenbahnpioniere mußten tagtäglich außergewöhnliche Leistungen erbringen, um die Räder am Rollen zu halten. Laufend wurden neue Lokomotiven an der Ostfront benötigt. Die Schadensquote war aus den verschiedensten Gründen sehr hoch.

„Kriegführen ist ein Transportproblem" erklärte Witte, Oberreichsbahnrat und als Bauartdezernent seit 1942 Nachfolger von Richard Paul Wagner, dem „Vater der Einheitslokomotive". Diesem Problem, nur aus dem Blickwinkel des Lokomotiveinsatzes betrachtet, möchten wir uns hier widmen.

Aus Platzgründen können wir nicht alle Lokomotiven, die an der Ostfront waren, vorstellen. Vielmehr beschreiben wir die Entwicklung, die Veränderungen im Fahrzeugpark. Mehrere Berichte von Zeitzeugen oder direkt von der Deutschen Reichsbahn sollen darüber hinaus das Geschehen im Kriegs-Bahnbetrieb plastisch verdeutlichen.

Dank der Hilfe von Volkmar Kubitzki konnten in den vergangen Jahren zahlreiche Archive besucht und Hunderte von Akten ausgewertet werden. Jede Notiz, jedes Schreiben über den Zustand oder den Einsatz der Lokomotiven eines Bahnbetriebswerkes, einer Direktion vervollständigten nach und nach ein Mosaik der Eisenbahn in den Kriegsjahren von 1939 bis 1945 – trotzdem wird dies Bild nie vollständig sein. Gedankt sei auch den vielen anderen Eisenbahnfreunden, die Berichte, Episoden oder Fotos beisteuerten.

Besonderer Dank gilt den Herren P. Dr. Daniel Hörnemann, Heinrich Schinke, Bundesbahn Abteilungs-Präsident a.D. Wolfgang Bode, Johann Coenen und Werner Balschun.

Berlin, im Sommer 1999

Michael Reimer

Inhalt

1 Kriegführen ist ein Transportproblem

1.1 Polen im Handstreich

Diplom-Ingenieur Friedrich Witte, Oberreichs-bahnrat, brachte es in seinem Aufsatz über die Entwicklung der Kriegslokomotive der Baureihe 52 auf den Nenner: „Kriegführen ist ein Transportproblem! Diese Erkenntnis gilt umsomehr, je weiter der Raum ist, der überbrückt werden muß. Im gleichen Maße, wie dieser Raum wächst, nimmt auch die Bedeutung der Eisenbahn als das leistungsfähigste Transportmittel über weite Entfernungen an Bedeutung zu. Schon im Frieden das Rückgrat des Wirtschaftslebens, das zu jeder Jahreszeit zu höchsten Leistungsspitzen befähigt ist, wird der Schienenweg im Kriege zum entscheidenden Faktor aller Planungen. Dementsprechend gehören auch die Fahrzeuge der Eisenbahn zu den Kriegsgeräten, so daß ihre Erhaltung und Erneuerung in den großen Plan der Bereitstellung aller zur Kriegsführung wichtigen Geräte hineingehört. Nur bei einer einheitlichen Planung auf der einen Seite und der Einordnung in die Fertigungspläne aller der Kriegsführung unmittelbar und mittelbar dienenden Produktionszweige an der gemäß der Dringlichkeit maßgebenden Stelle andererseits, ist die erforderliche Abstimmung aller im Kriegsgeschehen wirksamen Kräfte sichergestellt. In dieser Planung spielt das Eisenbahnwesen nicht nur wegen seiner Stellung im Wirtschaftsleben und bei allen Kriegsaufgaben eine entscheidende Rolle, sondern vor allem auch wegen des durch die Größe der Anlagen und Geräte bestimmten hohen allgemeinen Baustoffbedarfs, der bei jedem großen Bauprogramm, ganz gleich ob es sich um feste Anlagen oder Fahrzeuge handelt, sehr stark zu Buche schlägt. Diese Tatsachen rufen umsomehr nach Einordnung von Erhaltung und Neubau in die gesamte Kriegsplanung und damit Zusammenfassung in einer Hand. Mit wachsender Aufgabe des sozusagen über Nacht in ausserordentliche Weiten ausgedehnten Reichsbahnnetzes musste deshalb auch für den Fahrzeugpark der Reichsbahn zwangsläufig der Augenblick kommen, wo der Ausbau des Fahrzeugbestandes auf eine immer vordringlichere Stufe unter allen Kriegsgeräten rücken musste." *

Während Witte stets auf die Bedeutung der Reichsbahn aufmerksam machte, glaubte Hitler – zumal nach den ersten Blitzkrieg-Erfolgen – noch immer, daß der Nachschub durch eine entsprechende Motorisierung des Heeres zu sichern sei. „Erst zu spät bemerkte die deutsche Führung, daß der klassische Schienenstrang auch in diesem Krieg der sicherste und leistungsfähigste Verkehrsweg ist", schrieb der Kriegsexperte Janusz Pielkalkiewicz. „Im modernen Bewegungskrieg ist die Taktik nicht mehr die Hauptsache; der entscheidende Faktor ist die Organisation der Versorgung, um das Bewegungsmoment durchzuhalten."

Im Herbst 1939 standen der Deutschen Reichsbahn 23.000 Lokomotiven, 1892 Triebwagen, 69.000 Personen- und 605.000 Güterwagen zur Verfügung. Doch diese Zahlen konnten nicht darüber hinwegtäuschen: Die Reichsbahn war für den Zweiten Weltkrieg ungenügend vorbereitet. Zu Beginn des Ersten Weltkrieges hatte Deutschland über weit mehr Lokomotiven verfügt. Schon die dreißiger Jahre waren geprägt durch Motorisierung und den Bau der Reichsautobahnen.
Die Vorbereitungen für den Überfall auf Polen liefen auf Hochtouren. Bereits seit Juli 1939

---

* Alle zitierten Texte sind wörtlich übernommen. Somit bestehen Unterschiede zur heutigen Rechtschreibung.

Noch bevor der deutsche Panzerzug zum Schutz der Brücke eintraf, sprengte die polnische Armee in den Morgenstunden des 1. September 1939 die Weichselbrücke bei Tczew (Dirschau). Erst am 15. Oktober konnten wieder Züge über die notdürftig instandgesetzte Brücke rollen

waren in die grenznahen Bahnbetriebswerke der Reichsbahndirektionen Breslau, Königsberg, Oppeln und Stettin Lokomotiven verlegt worden. Das Oberkommando des Heeres rechnete noch auf die Eisenbahn. Die einzige Eisenbahnverbindung zwischen Ostpreußen und dem deutschen Reich, die durch den „polnischen Korridor" verlief, sollte unzerstört übernommen werden.

Doch bereits am 1. September 1939, dem Tag des Kriegsbeginns, mußte die Bahn einen schweren Schlag hinnehmen. Die Weichselbrücke bei Tczew (Dirschau) konnte von den Polen um 6.30 Uhr noch vor dem eintreffenden deutschen Panzerzug gesprengt werden. Gerade die Sprengung dieser Brücke hatte verhindert werden sollen.

Bereits am 5. August 1939 war der Oberst der Eisenbahnpioniere, Karl Busick, mehrfach dorthin gereist, kundschaftete die Wachposten und verlegten Zündkabel aus. „Die Eisenbahn-

brücke muss im Handstreich genommen werden!" Flieger sollten die polnischen Landtruppen am Handeln hindern. Deutsche Pioniere wurden in der Nacht des Überfalls in einem Leergüterzug versteckt. Sie überwältigten im Bahnhof Marienburg das polnische Lokomotivpersonal und fuhren – in polnischen Uniformen – selbst den Zug. Die Pioniere hatten Order, die verlegten Zündkabel zu kappen. Im Blockabstand folgte ein Panzerzug.

Um 4.34 Uhr ließen drei Stukas der 3. Fliegerstaffel ihre Bomben auf das Postenhäuschen fallen. Doch die polnischen Soldaten fanden noch genügend Zeit, die Brücke zu zerstören. Zehn Minuten nach diesem Bombenüberfall fielen weitere Schüsse an der Grenze. „Offiziell" begann nun der Zweite Weltkrieg.

Neue Verbindungen waren vonnöten. „Vom 2. Oktober an ist der Verkehr Ostpreußens mit dem übrigen Reichsgebiet über folgende Land-

Am Rande Berlins: Hitler und sein Protegé Außenminister Ribbentrop besprechen nach der Einnahme von Warschau etwas unter vier Augen. Im Hintergrund die 38 2126

Während der Eroberung Warschaus wurden auch diese Schmalspurlokomotiven beschädigt, die offenbar auf einem Güterbahnhof zum Abtransport bereitgestanden hatten

verbindung hergestellt: Berlin Stettiner Bf ab 8.40 Uhr, Danzig Hbf an 16.52 Uhr, Dirschau an 17.28 Uhr. In Dirschau … Übergang über die Weichsel mit der Fähre", war der Erklärung der Reichsbahn Nr. 41/1939 zu entnehmen.

Ab 15. Oktober 1939 rollten wieder Züge über die Weichselbrücke. Doch elf andere Brücken über Weichsel, San und Bug waren nicht befahrbar. 8000 zerstörte und 25.000 beschädigte Wagen wurden in Polen gezählt, die meisten durch deutsche Flieger getroffen.

Die übrigen zerstörten Bahnanlagen setzten deutsche Eisenbahnpioniere wie auch polnische Eisenbahner rasch wieder instand. „Der Polenfeldzug verlief schnell, und während der Kämpfe spielt die Eisenbahn für den Nachschub keine große Rolle, doch erreicht die Zerstörung der Eisenbahnlinien ein bisher nicht gekanntes Ausmaß", berichtete Pielkalkiewicz. Allein in der ersten Kriegswoche besetzten die deutschen Truppen Kielce, Krakow und Torun. Vom 8. bis zum 23. September tobten die

Kämpfe um die Stadt Warschau. Am 29. September verlor die polnische Armee die Festung Modlin und am 2. Oktober den Flottenstützpunkt Hel. Mit der Kapitulation der polnischen Truppen bei Kock und Lublin erlosch am 6. Oktober der organisierte Widerstand der polnischen Armee.

Bis zum Jahreswechsel 1939/1940 war das Schienennetz in Polen wieder intakt, die deutschen Einheiten konnten aus den östlichen Regionen von San und Bug auf dem Schienenweg heimgeführt werden.

Unmittelbar nach dem deutschen Einmarsch in Polen wurden die dortigen Bahnbetriebswerke mit Lokomotiven aus dem Reich versorgt. So gab u.a. die RBD Frankfurt (Main) ab:

- 38 1628, 1629, 2258, 3591, 3723 am 20. September 1939 nach Oppeln,
- 57 1300, 1301, 1500 am 20. September 1939 an den RBD-Bezirk Posen,
- 38 2971, 2975 am 3. Oktober 1939 nach Bromberg.

Zahlreiche polnische Lokomotiven wurden erbeutet, darunter auch alte preußische Typen, wie hier in der Mitte drei S 6. Davor und dahinter je eine polnische Ty 23 (BA 13/55/13)

Die 38 3087, sie gehörte einmal zum Bahnbetriebswerk Crailsheim, sitzt mit ihrem Zug im verschneiten Generalgouvernement fest. Mühevoll wird ihr der Weg freigeschaufelt (BA 29/725/33)

Ähnlich aufschlußreich ist die Jahreserfassung für den Statistischen Nachweis 11a der RBD Dresden. Demnach wurden im Jahre 1939 nachfolgend aufgeführte Dampflokomotiven anderer Direktionen überstellt:

- 57 2288, 3103, 3109 und 91 709, 890, 1236 an RBD Oppeln,
- 57 2338, 2565, 2573, 2588, 3080 an RBD Osten
- 38 1126, 1441, 1512 und 57 1321, 1324, 1510, 1552, 1840, 3028, 3079, 3081, 3104, 3125 an RBD Posen.

Weiterhin war ein reger Austausch „sudetendeutscher" Lokomotiven zwischen den Direktionen Breslau, Oppeln, Regensburg, Wien und natürlich der unmittelbar zu „Sudetendeutschland" benachbarten RBD Dresden zu registrieren. Von Vorteil war dieser Tausch u.a. für die Direktion Breslau. Sie gab beispielsweise die Reihe 414.0 (DRB 55.57) ab und erhielt dafür die Reihe 434.2 (DRB 56.36).
Nach der Übernahme von 56 sudetendeutschen Lokomotiven gab die RBD Dresden im Ausgleich wiederum 80 ab. Dresden mußte aber auch an andere Direktionen Lokomotiven abtreten. So an die RBD Linz 25 G 10, an die RBD Oppeln drei G 10 und drei T 9.3, und an die RBD Posen drei P 8 und zehn G 10.
Im Folgejahr 1940 war der Austausch von Lokomotiven nur mit kleineren Stückzahlen feststellbar. So gab die RBD Halle der RBD Posen vier P 8, der Gedob Krakau die 55 4700 und 5028 sowie der RBD Danzig die 94 757 ab.

Unterdessen begann zwischen Deutschland und der Sowjetunion ein lebhafter Güterverkehr. Bereits am 29. Dezember 1939 schlossen das Reichsverkehrsministerium und das Volkskommissariat für Verkehrswesen der UdSSR ein vorläufiges Eisenbahngrenzabkommen. Die Berliner Börsen-Zeitung schrieb im Januar 1940 unter der Überschrift „Die Russenlieferungen rollen", daß „das Deutsch-Sowjetische Eisenbahn-Grenzabkommen in seiner Form und in dem Geist seiner Anwendung ein besonderer Erfolg für die gegenseitige Verbindung ist und für den gegenseitigen Warenaustausch beider Völker, der sich in seiner wirklichen Grösse erst nach der Neuordnung Euro-

pas und der Welt richtig erkennen lassen wird." Aber nicht nur Güter wurden gefahren, auch Reisende waren unterwegs. Bereits „am 25. Januar 1940 überschritt der 100.000. der ins Reich Umgesiedelten ... die deutsch-russische Interessengrenze", verkündete eine Pressemeldung (DNB) vom 27. April 1940.
Reichsminister Dr. Hans Frank, Generalgouverneur des seit 1939 vom Deutschen Reich verwalteten Weichselraumes, beauftragte den Verlag Karl Baedeker in Leipzig, ein Reisehandbuch über das Generalgouvernement zu veröffentlichen. Auf über 250 Seiten wurde der Leser animiert, die im Raum Krakau – Warschau – Lemberg gelegenen Ort zu besuchen: „Die Betriebsführung der Ostbahn wird in leitenden Stellen von Deutschen wahrgenommen. ...Für deutsche Fahrgäste sind besondere Fahrkartenschalter, Wartesäle, Sperren und Eisenbahnwagen vorhanden."
„Für die aus dem Osten nach dem Reich Reisenden ist das Generalgouvernement bereits ein stark heimatlich anmutendes Gebilde, für die aus dem Reich nach dem Osten Reisenden aber ist es bereits der erste Gruß einer östlichen Welt," schrieb der Generalgouverneur am 23. Oktober 1942 in seinem Grußwort zu diesem Buch.

1.2 Unternehmen Barbarossa

Hitler rief am 21. Juli 1940 auf, den Feldzug gegen die Sowjetunion vorzubereiten. Die Wehrmacht drängte daraufhin auf die Erweiterung der Ostbahnstrecken. Dieser Forderung sollte mit dem „Otto-Plan" entsprochen werden. Verschiedene West-Ost-Tangenten wurden ausgebaut oder, wenn sie in privatem Besitz waren, der Reichsbahn übertragen.
Das Oberkommando des Heeres schätzte im Dezember 1940 ein, daß der Aufmarsch acht Wochen dauern werde. Um die Ostbahn entsprechend vorzubereiten, trafen sich am 4. Februar 1941 die Verantwortlichen von Heer und Bahn in Krakau, dem Sitz der Generaldirektion Ostbahn (Gedob). Der Güterverkehr mit der UdSSR lief unterdessen ungehindert weiter.

1941

Deutsche Reichsbahn

Reichsbahndirektion Breslau

Geschäftszeichen: 21 M 13 Bla 27

Breslau, den 5. Juni 19 41

RBD Breslau-West
– 8 JUNI 1941
E
Schnellbrief

an

die Generalbetriebsleitung/Ost

B e r l i n

nachr Bbl/West Essen, RBD'en Karlsruhe, Münster, Essen, Hannover
und Mainz.

Betr: Übernahme von Lok aus den westlichen Gebieten.
Zum Telegramm Nr 166 vom 17.10.40
Nachgang zu unserem Schnellbrief vom 29.4.41 – 21 M 13 Bla 27 –

Nach dem Stande vom 31.5.41 sind folgende Lok aus der Zuteilung
1. und 3. Welle eingegangen:

1. Welle:

$G.8^2$-Lok 56 2357, 2861   am 10.5.41 von RBD Mainz

$G 3^2$-Lok 56 2388   am 3.5.41 von RBD Münster

Die mit Vfg des RVM vom 12.8.40 – 34 Bla 86 – angeordnete Lok-
abgabe der 1. Welle ist somit durchgeführt.

3. Welle:

P 8-Lok 38 1419, 2539, 3037   am 2.5.41
        38 3274, 3334   am 2.5.41
        38 3804, 3306, 3807µs   am 24.5.41 von RBD Karlsruhe
$G8^1$-Lok 55 2740, 2745, 3090
        55 4478,   am 15.5.41 von RBD Hannover
$G8^2$-Lok 56 2671, 2727   am 5.5.41 von RBD Essen
        56 2737,   am 9.5.41 von RBD Essen
        56 2433   am 10.5.41 von RBD Essen

Deutsche Reichsbahn
Reichsbahndirektion Breslau
21 M 13 Bla 27

gez Rechenbach   Beglaubigt:

t RI

Telegrammbrief der RBD Breslau: Den Ostdirektionen wurden oft nur die ältesten Maschinen abgegeben

Bereits mit Verdunkelung und den damit einhergehenden weißen Erkennungsstreifen ausgestattet ist die 50 217 des Bw Kutno der RBD Osten. Sie kam vom Bw Osnabrück (BA 541/430/10)

Die deutschen Truppen marschierten für das „Unternehmen Barbarossa", den Überfall auf die Sowjetunion, vom April 1941 an auf. Zur Vorbereitung der Operation verkehrten insgesamt 33.800 Züge. Bei der Deutschen Reichsbahn trat mit der Mobilmachung der Höchstleistungsfahrplan in Kraft. So waren allein zwischen dem 15. Februar und dem 19. Juni 1941 11.784 Züge mit etwa 200.000 Wagen in Richtung östliche Grenze unterwegs. Im Mai fuhren täglich fast 3000 Züge dorthin!

Im Zusammenhang mit dem Aufmarsch in Richtung Sowjetunion standen seit April 1941 auch zahlreiche Abgaben von Lokomotiven. So kamen von dem RBD-Bezirk Frankfurt (Main) die 57 1069, 1070 und 1297 zur RBD Posen sowie die 93 509 und 510 zur RBD Osten. Im Mai 1941 wurden dem Bw Warschau West von der gleichen Direktion folgende Maschinen überstellt:

- 55   3282, 3368, 3376, 3394, 3719, 3766, 3770, 3776, 3779, 3982, 4075, 4076, 4569, 4578, 4874.

Eindrucksvoll beweist der „Statistische Nachweis St 10a Monat Mai 1941" der RBD Königsberg, wie der Aufmarsch der Lokomotiven vollzogen wurde:

Übernommen von RBD Danzig:
- 38   1126, 1310, 1840, 2388, 2735, 2757, 2899, 3335, 3535
- 55   212, 434, 459, 461, 494, 636
- 55   2099
- 56   423, 697, 739, 741, 777
- Ok 1 245 (38 3879) *
- Tp 2 117, 118, 128, 145, 172, 189, 223, 233, 261, 268, 290 (55 751, 752, 755, 764, 773, 783, 802, 808, 823, 842) *
- 130   B 269 (ehem. SNCF)
- 040   B 269, 281, 293 7044, 7061, 7082, 7113 (ehem. SNCB)
- 4.   1009, 1032, 1033, 1034, 1040, 1045, 1046, 1052, 1065, 1079, 1081

Übernommen von RBD Hannover:
- 38   40 Lokomotiven

* Umzeichnung ab August 1941

Der Aufmarsch beginnt: An der einst polnisch-russischen Grenze setzt sich ein Truppentransport in Bewegung. Rechts rangiert eine preußische T 9.3 (BA 148/1620/33 a)

Übernommen von RBD Hamburg:
- 38   35 Lokomotiven
- 55   10 Lokomotiven

Übernommen von RBD Münster:
- 38   25 Lokomotiven

Übernommen von RBD Posen:
- 56   374, 726, 826
- 57   1078, 1489, 2236, 3074
- Tp 3   6, 20, 23, 40, 56, 69, 74, 78, 550 (?)
  (55 1608, 1619, 1623, 1633, 1642, 1656, 1667, 1671) *
- Tp 4   22 (55 2545) *

Übernommen von RBD Oppeln:
- 57   1273, 1504

Abgegeben an RBD Oppeln:
- Tki 3   126 (91 512) *

Der Vergleich zum Monat März 1941 unterstreicht die erhöhten Zuführungen für die RBD Königsberg:

* Umzeichnung ab August 1941

Baureihe	März 1941	Mai 1941
• 38	11	75
• 55	5	37
• 56	26	8
• 57	41	6
• 91	-	1
• 92	2	-
• französische Leihlok	10	4 + 15

Noch wenige Jahre zuvor hatte der Gesamtbestand der RBD Königsberg so ausgesehen:

Baureihe	Stückzahl
• 37 (pr. P 6)	115
• 38 (pr. P 8)	64
• 55 (pr. G 7)	49
• 57 (pr. G 10)	110
• 17 (pr. S 10)	11
• 91 (pr. T 9.3)	20
• 92 (pr. T 13)	42
• 94 (pr. T 16)	12
• 01	4
• 03	6
• 64	13

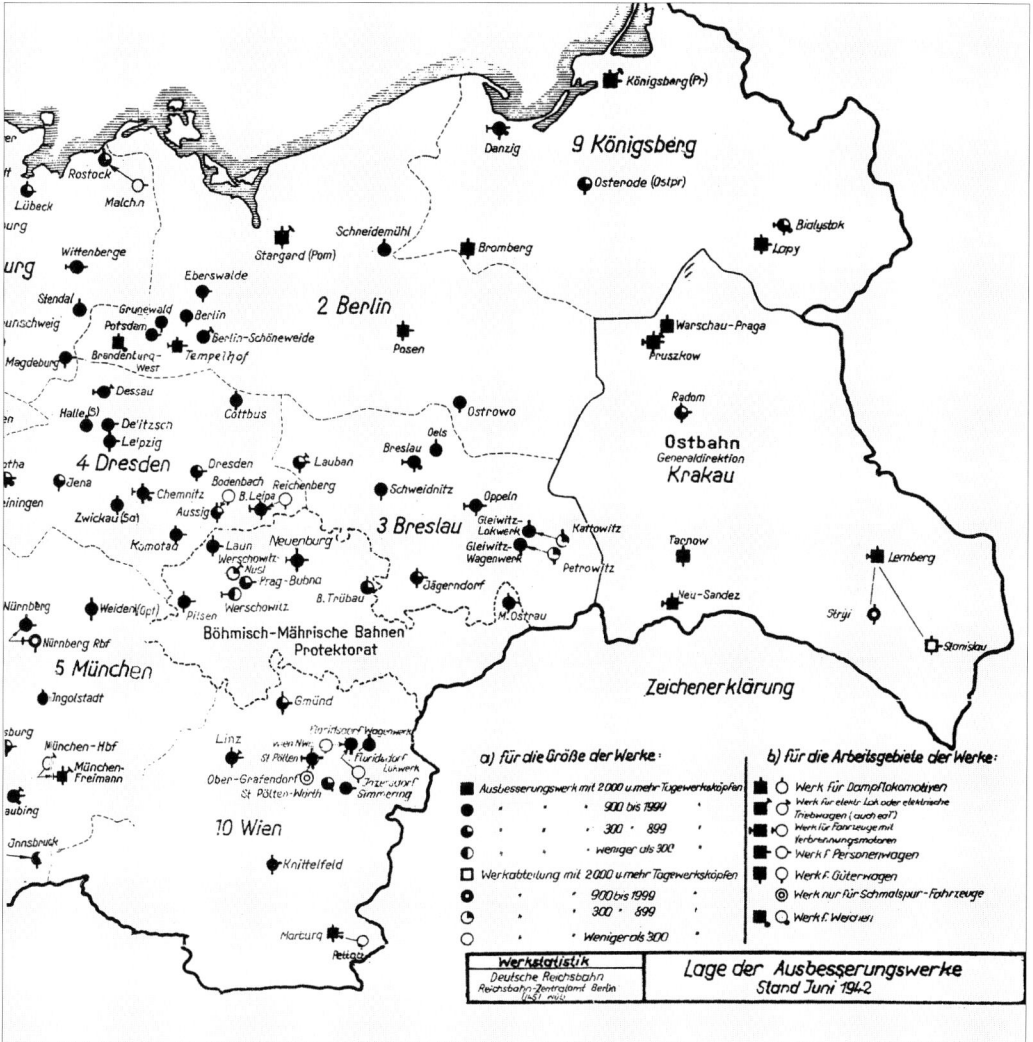

Übersicht über die Ausbesserungswerke im Osten und im Bereich der Ostbahn

Allein der Bestand der Baureihe 38 wurde im Monat Mai 1941 um 75 Maschinen aufgestockt. Sieht man einmal von dem kurzen Gastspiel der Baureihe 24 und einiger 360-PS-Daimler-Triebwagen in dieser Region ab, war die Hauptlast der Zugdienste nach wie vor auf die preußischen Reihen P 6, P 8 sowie G 7 und G 10 verteilt. Bis Ende 1943 wurden die Lokomotiven der Reihe 24 zur RBD Danzig umgesetzt. Eine weitere Weisung aus dem RVM, datiert vom 22. Oktober 1943, regelte, daß die im besetzten Osten eingesetzten Lokomotiven der

Gattung P 6 rasch gegen solche der Reihe P 8 auszutauschen waren.
Der Telegrammbrief der RBD Breslau (Abb. auf Seite 14) vom 5. Juni 1941 belegt noch einmal, wie Lokomotiven aus den westlichen Direktionen „langsam" ostwärts geführt wurden.

Mitten in den gigantischen Bewegungen begann – für die Reichsbahn-Führung überraschend – der Krieg gegen Jugoslawien. Der „Balkanfeldzug" stellte aufgrund der Topographie komplizierte Anforderungen an den

Fallschirmjäger sind angetreten, ein Luftwaffenoffizier klärt etwas mit dem Zugführer. Die 57 1626 hatte das Bw Landsberg (Warthe) nach Brest Ost abgegeben   (BA 541/432/7)

Nachschub. Im Mai 1941 nahm die Feldbahndirektion 1 in Belgrad ihre Arbeit auf. Bald darauf wurde die Betriebsführung den jugoslawischen und griechischen Bahnverwaltungen übergeben. Auch die Rumänischen Staatsbahnen behielten ihre Souveränität, hatte sich doch das Land gemeinsam mit Bulgarien, Ungarn und Griechenland bereiterklärt, Deutschland bei einem Krieg gegen die Sowjetunion zu unterstützen. Deshalb wurden die Bahnen dieser Länder im Zweiten Weltkrieg von Deutschland auch mit neuen oder „verliehenen" Lokomotiven unterstützt.

1.3 Der Sturm beginnt

Am 17. Juni 1941 erließ Hitler den Befehl zum Überfall auf die Sowjetunion. Ohne Kriegserklärung wurde am 22. Juni 1941 um 3.30 Uhr das Land überfallen. In den Grenzschlachten erlitten die sowjetischen Truppen schwere Niederlagen. Sie mußten sich, unter beträchtlichen

Verlusten an Menschen und Material, bis zum 9. Juli zurückziehen.

Am zwölften Tag des Rußlandfeldzuges, dem 3. Juli, schrieb der Generaloberst Halder, Chef des Generalstabes des Heeres, in seinem Tagebuch nieder:

„Im ganzen kann man also schon jetzt sagen, daß der Auftrag, die Masse des russischen Heeres vorwärts Düna und Dnjepr zu zerschlagen, erfüllt ist. Ich halte die Aussage eines gefangenen russischen Kommandierenden Generals für richtig, daß wir ostwärts der Düna und des Dnjepr nur noch mit Teilkräften zu rechnen haben, die allein stärkenmäßig nicht in der Lage sind, die deutschen Operationen noch entscheidend zu hindern. Es ist also wohl nicht zuviel gesagt, wenn ich behaupte, daß der Feldzug gegen Rußland innerhalb 14 Tagen gewonnen wurde."

Das Oberkommando der Wehrmacht gab am 4. Juli 1941 bekannt: „Trotz schwieriger Wegverhältnisse schreitet die Verfolgung der sow-

Die Sowjets hatten im Frühjahr 1941 die polnische Ok 22-68 erbeutet und sie neu beschriftet, kurz darauf war sie in deutscher Hand (BA 6/2224/25)

jetischen Wehrmacht auf der ganzen Front unaufhaltsam vorwärts."

Am 24. Juni wurden Kowno und Wilna erobert, wie einst von Napoleon an einem Tage. Am 29. Juni folgte Riga, am 16. Juli war Smolensk teilweise in deutscher Hand und am 22. Juli fiel die Festung Brest. Bereits im August standen deutsche Truppen vor Odessa, Nikolajew und Dnjepropetrowsk. Am 19. September wurde Kiew erobert, am 30. September begann der Angriff auf Moskau.

Der sowjetische Befehl zur Schaffung der Moskauer Verteidigungszone wurde am 12. Oktober 1941 erlassen. Im gleichen Monat erreichten die deutschen Armeen die Halbinsel Krim, Rostow und Charkow (weitere Daten zum Kriegsverlauf sind dem Kapitel 8 zu entnehmen).

Der Generalstab des Heeres schätzte in seinem Textheft vom 15. Mai 1941 die „Militärgeographischen Angaben über das Europäische Rußland" wie folgt ein: „Das Klima Zentral-Rußlands ist ein gemäßigtes Festlandklima mit kalten Wintern und verhältnismäßig warmen Sommern. Der wesentliche Unterschied gegenüber dem mitteleuropäischen Klima liegt in den langanhaltenden tiefen Temperaturen des Winters. ...Das Gelände ist auch abseits der Wege gut befahrbar, ausgenommen während der Zeit der Frühjahrsschneeschmelze und nach längerem Regen."

Den Zustand der Bahnen schätzte der Generalstab wie folgt ein: „Der Ausbau der Eisenbahn Zentral-Rußlands ist beim Wiederaufbau des Staates nach den zerrüttenden Revolutionsjahren mit der aufsteigenden Industrie nicht mitgekommen. Der Gleisbau ist immer noch sehr mangelhaft, der Oberbau zu schwach und das rollende Material unzureichend. Hinzu kommt das ungeschulte, zum Teil unfähige Personal."

„Die ungünstigste Zeit für militärische Operationen ist das Frühjahr von März bis Mai. ...Die besten Monate für militärische Operationen sind August und September."

Die Wehrmacht sitzt im Schlamm fest. Ihr Vormarsch kommt im Herbst 1941 ins Stocken

Das Problem der anderen Spurweite: Ein umgepreßter Radsatz wird wieder auf die Gleise gesetzt. Neben dieser Anpassung der Fahrzeuge wurden auch Tausende Kilometer Schienen „umgenagelt"   (BA 78/3062/30)

Die Wehrmacht machte die bittere Erfahrung, daß auf diesem Straßennetz die Armeen nicht oder nur sehr lückenhaft versorgt werden konnten. Desweiteren führte der Blitzkrieg auch dazu, daß die Entfernung zum Hinterland schlagartig immens groß war. Panzer, Lastkraftwagen oder Pferdefuhrwerke lagen zunächst auf den schlechten Wegen, in den Schlaglöchern fest, und als es im Herbst anfing zu regnen, versanken sie im Schlamm.

Das deutsche Oberkommando drängte Hitler, den Vorstoß weiter in Richtung Moskau mit der Heeresgruppe Mitte zu wagen, um „zuerst die lebendige Kraft des Gegners zu zerschlagen, wo man sie trifft". Doch der Weg führte nach Süden, zu den Erdölfeldern und der Schwerindustrie im Donez-Becken, um „den Russen die Möglichkeit der Aufrüstung zu nehmen und sie von ihrer Ölzufuhr abzuschneiden", ist dem Kriegstagebuch des OKW vom 27. Juli 1941 zu entnehmen. Hitler erklärte am 20. August, daß er mit dem Vorschlag des Oberbe-

fehlshabers des Heeres für die Fortführung der Operation mit Ziel Moskau nicht einverstanden ist.

Inzwischen waren viele Eisenbahnstrecken und Brücken zerstört – durch die deutsche Luftwaffe und die abrückenden Sowjets. Die Zerstörungen innerhalb und hinter den Kampfzonen wurden nun mit Konsequenz durchgeführt. Die Parteiorganisationen jeder sowjetischen Ortschaft war dafür verantwortlich, daß dem Gegner keine Beute in die Hände fiel. Auf den Kolchosen wurde die Ernte vernichtet, Felder in Brand gesteckt, Deiche gesprengt und schließlich wurden auch zielgerichtet Eisenbahnanlagen sabotiert, Schienenstücke herausgeschnitten, Weichen demontiert, Lokomotiven und Wagen in einer einzigartigen Art und Weise abgefahren. Der Rückzug war nun organisiert.

Nikita Chrustschow, Sekretär des Zentralkomitees der Kommunistischen Partei der Ukraine, rief am 1. August die Bevölkerung auf:

Vor den herannahenden Deutschen sprengten die Sowjets auch Lokomotiven, die nicht mehr abgefahren werden konnten. Hier die FD 20-340 im Bw Orscha, daneben die intakte 56 440

„Wir wenden uns an alle, die fähig sind, Waffen zu tragen: Schließt euch den Partisanenabteilungen an. Baut neue Stellungen zur Vernichtung des Feindes. Unterbrecht seine Verkehrswege … ."

Zahlreiche Brücken, Telegrafen- und Versorgungsleitungen, Eisenbahnanlagen, Züge und Lokomotiven, Vorratslager und Straßen wurden zerstört oder schwer beschädigt.

Den deutschen Eisenbahnpionieren gelang es zwar, den Hauptweg zur Front befahrbar herzustellen, doch nun fehlten Fahrzeuge. Die Prozedur des Umladens in den einstigen Grenzbahnhöfen war aufwendig.

Aus strategischen Gründen hatte Rußland im 19. Jahrhundert seine Schienenwege nicht mit dem Maß der europäischen Regelspur von 1435 Millimetern angelegt, sondern wählte die 1524-mm-Breitspur. Auch Estland und vereinzelt Lettland hatten diese Spurweite. Lediglich in Litauen und auch in Lettland lagen Gleise mit der mitteleuropäischen Regelspurweite.

Da es an Transportmitteln, an Güterwagen fehlte, mußte der Bahnbetrieb auch mit umgespurten russischen Wagen durchgeführt werden. Aber es mangelte an Lokomotiven.

Aus dem vormals polnischen Lokomotivpark wurden 1941 auch 16 Breitspur-G 7.1 übernommen. Sie erhielten die neue Gattungsbezeichnung G B 44.13. Den Umbau hatte 1940 die Deutsche Reichsbahn veranlaßt, um den Grenzverkehr zur Sowjetunion zu bewältigen.

polnische Nummer	deutsche Nummer
• Tp 1-6	55 031
• Tp 1-10	55 055
• Tp 1-16	55 071
• Tp 1-26	55 082
• Tp 1-29	55 086
• Tp 1-35	55 097
• Tp 1-38	55 100
• Tp 1-39	55 108
• Tp 1-40	55 109
• Tp 1-66	55 160
• Tp 1-98	55 178
• Tp 1-101	55 183

Ausbesserungswerke im Ostraum

HBD Nord
- Kowno
- Wilna
- Schaulen
- Wirballen
- Radwiliskis
- Libau
- Dünaburg
- Riga
- Reval
- Walk

HBD Mitte
- Gomel
- Minsk
- Brest
- Mogilew

HBD Süd
- Kowel
- Zdolbunow
- Kasatin
- Kiew
- Darniza
- Shmerinka
- Konotop
- Bobrinskaja
- Gajworon

HBD Ost
- Poltawa
- Dnepropetrowsk
- Nishnedneprowsk
- Saporoshje
- Charkow Lokw
- Charkow Wagw

Nur für amtliche Zwecke! Veröffentlichung oder Weitergabe verboten!

Reichsbahnausbesserungswerk Floridsdorf Lokwerk
6. Aug. 1942

Zeichenerklärung:

a) für die Größe der Werke:

- Ausbesserungswerk mit 2000 u. mehr Tagewerkskköpfen
- " " " 900 bis 1999 "
- " " " 300 " 899 "
- " " " weniger als 300 "
- Werkabteilung mit 2000 u. mehr Tagewerkskköpfen
- " " " 900 bis 1999 "
- " " " 300 " 899 "
- " " " weniger als 300 "

b) für die Arbeitsgebiete der Werke:

- Werk für Dampflokomotiven
- Werk für elektrische Lok oder elektrische Triebwagen (auch ea T)
- Werk für Fahrzeuge mit Verbrennungsmotoren
- Werk für Personenwagen
- Werk für Güterwagen
- Werk nur für Schmalspur-Fahrzeuge
- Werk für Weichen

Reval · Walk · Riga · Libau · Schaulen · Radviiskis · Dündburg · Kowno · Wirballen · Wilna · Minsk · Mogilew · Gomel · Brest · Konotop · Kowel · Darniza · Kiew · Charkow Lokw. · Charkow Wagw · Poltawa · Zdolbunow · Kasatin · Bobrinskaja · Nishnedneprowsk · Dnjepropetrowsk · Shmerinka · Saporoshje · Gajworon

LW

Werkstatistik | Lage der Ausbesserungswerke im Ostraum Stand Juni 1942

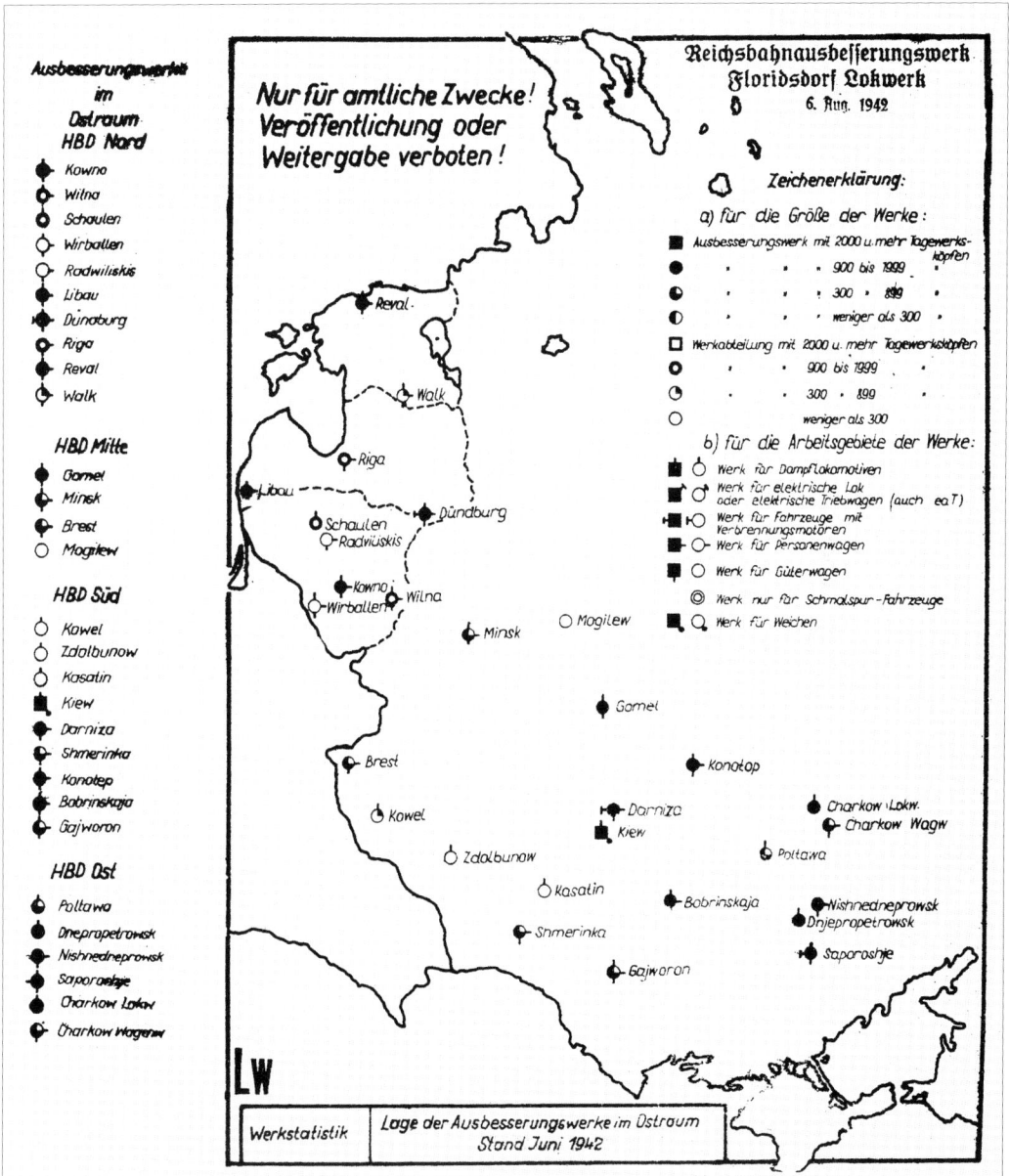

Übersicht über die Ausbesserungswerke in der besetzten Sowjetunion

- Tp 1-120   55 227
- Tp 1-121   55 229
- Tp 1-128   55 232
- Tp 1-136   55 263

„Die stetige und unerwartete Verkehrszunahme auf dem deutsch-russischen Grenzbahnhof Zurawica läßt darauf schließen, das in absehbarer Zeit der Betrieb auf den Breitspurgleisen mit den 3 zugeteilten umgebauten G 7.1 Lokomotiven nicht mehr planmäßig und reibungslos durchgeführt werden kann", teilte am 28. August 1940 die Generaldirektion der Ostbahn der Reichsbahn im RVM mit. „Wir beabsichtigen daher, die sich zur Zeit im RAW Gleiwitz zur L 3 Ausbesserung befindliche G 7.1-Lok Tp 1-26 auf russische Breitspur umbauen zu lassen."

Bereits im Oktober wurde die Forderung nach sieben weiteren Breitspurlokomotiven laut. „Der Gesamtbedarf beträgt 14 Lokomotiven, die sich auf die 5 Grenzbahnhöfe wie folgt verteilen: Zurawica: 4, Terespol: 1, Malaczewice: 4, Malkinia: 3, Platerow: 1, Ersatzlok: 1 Lok."

Aufgrund der sowjetischen Rückzugsstrategie fielen den deutschen Verbänden nur wenige Breitspurfahrzeuge in die Hände. Zum 23. Juni 1942 ermittelte das RVM 869 Breitspurlokomotiven, von denen lediglich 247 betriebsfähig waren.

Doch das Breitspurnetz zu nutzen, schied nicht nur wegen des Fahrzeugmangels aus, sondern auch wegen des Lichtraumprofils. Russische Fahrzeuge waren breiter und durften somit nicht in das Reich gebracht werden. Um ein erneutes Umladen zu vermeiden, blieb auch hier nur die Wahl, das europäische Spurmaß zu verwenden.

Mobile Umbauzüge und -trupps spurten mit 200-Tonnen-Pressen die erbeuteten Fahrzeuge um, preßten die Räder auf den Achsen um 44,5 mm nach innen. Unter den erbeuteten Fahrzeugen fanden sie auch einst preußische oder polnische Lokomotiven. Diese Maschinen waren zuvor von den sowjetischen Bahnen infolge der „Abgabe" von polnischem Gebiet übernommen worden. Nun wurden sie ein zweites Mal umgespurt. Dieses Umspuren war aufgrund des „europäischen" Rahmens einfacher, als umgekehrt russische Maschinen mit ihren breiteren Rahmen auf das westeuropäische Spurmaß zu bringen.

Mitte März 1943 wiesen die Umspurzüge folgende Zahlen umgespurter Fahrzeuge vor:

• 2234 Reisezugwagen (von 2315 erbeuteten),
• 4395 Kesselwagen (von 5229 erbeuteten),
• 63 848 sonstige Güterwagen (von 76 588 erbeuteten).

Die Lokomotiven wurden beispielsweise in den EAW im Osten, in den RAW Gleiwitz, Posen oder sogar in der Schiffswerft Nikolajew

umgerüstet. Diese umgespurten Maschinen, die 1941 noch unter der Bezeichnung „Deutsche Wehrmacht" liefen, erhielten zusätzlich am Führerhaus ein „U" für „umgespurt". Es wurde aber auch der Buchstabe „P" angebracht. Diese Lokomotiven kamen zunächst nicht in den Bestand der Reichsbahn. Damit standen die HBD (ab 1942 als RVD bezeichnet) vor einem länger anhaltenden Streit mit der Wehrmacht. Denn die Reichsbahn sollte diese Fahrzeuge unterhalten, reparieren und mit Personal und Betriebsstoffen ausstatten, durfte aber keine Abrechnung vornehmen. Diesem Fahrzeugpark wollen wir uns aber nicht weiter widmen.

Um den Nachschub zu sichern, wurden die Schienen „umgenagelt". Eisenbahnpioniere und zum Baudienst zwangsrekrutierte polnische Jugendliche verlegten eine Schiene neun Zentimeter weiter nach innen. Diese Arbeitskolonnen schafften zum Erstaunen vieler ein Tagespensum von zehn Kilometern. Bereits im Oktober 1941 waren 15.000 Kilometer umgespurt. Doch was sind 15.000 Kilometer bei den gewaltigen Entfernungen in diesem Land?

Andererseits bereitete das Umnageln trotz der einfachen Methode zahlreiche Probleme: Der Krümmungsradius änderte sich, Weichen und ganze Fahrstraßen konnten nicht so einfach angepaßt werden, Überhöhungen und Gewichtsverlagerungen mußten beachtet werden. Die Weichen erhielten neue Herzstücke; doch die Fahrstraßen glichen einem Zick-Zack. Die Lauf- und Triebwerke der hier eingesetzten, zumeist 30 bis 40 Jahre alten einst preußischen Schlepptenderlokomotiven wurden über ihre Grenzen belastet. Es kam zu zahlreichen Ausfällen. Dazu später mehr.

Hinzu kamen zahlreiche Schienenbrüche. Inzwischen war ein eiskalter Winter angebrochen. Beim Umnageln sprangen die glasharten Schienen und Schwellennägel. Viele Schienen in der UdSSR hatten ein Metergewicht von 38 Kilogramm; in Deutschland waren seinerzeit 49 kg üblich. Die Bettung bestand zumeist nur aus Sand. Die meisten deutschen Lokomo-

FINNLAND

Turku

SCHWEDEN

Helsinki

Wyborg

Ladoga-See

Onega-See

Rybinsker Stausee

23. Armee

Wolchow

42. u. 52. Armeen

8. Armee

Tichwin

Leningrad

Finnischer Meerbusen

Reval

Narva

54. Armee

4. Armee

Estland

59. Armee

Luga

2. Stoß-Armee

Dorpat

Nowgorod

Wladimir

Ostsee

Luga

Peipus-See

Staraja Russa

Pleskau

11. Armee

Nordwestfront (Marschall Woroschilow)

Ventspils

34. Armee

3. Stoß-Armee

Ostaschkow

Cholm

Wolga

Lettland

Riga

Ostrow

Rossitten

Welikije-Luki

27. Armee

22. Armee

Kalinin

Schaulen

Düna

Idriza

29. Armee

Belyi

Rshew

Moskau

Heeres-Gruppe Nord (GFM v. Leeb)

Memel

Litauen

Dünaburg

Welisch

30. Armee

19. Armee

18. Armee

Polozk

Jarzewo 16. Armee

Wjasma 32. Armee

Pz.Gr. 4

Kaunas

Smolensk

20. Armee

16. Armee

Wilna

Orscha

Jelnja

Kaluga

9. Armee

Pz.Gr. 3

Nowy Borisow

24. Armee

Tula

Ostpreußen

Grodno

Minsk

Mogilew

28. Armee

43. Armee

Westfront (Marschall Timoschenko)

Bialystok

Memel

Gorödischtsche Nowobychow

Weißrußland

Roslawl

50. Armee

Brjansk

Orel

Warschau

Bobruisk

Sosch

Kritschew

3. Armee

4. Armee

Pz.Gr. 2

Brest Litowsk

Pinsk

Retschiza

Gomel

Starodub

13. Armee

Pripjet

Mosyr

Nowgorod Sewerski

Kursk

Kowel

Tschernigow

Desna

Bachmatsch

Südwestfront (Marschall Budjonny)

POLEN

6. Armee

Korosten

2. Armee

40. Armee

Pz.Gr. 1

Rowno

Kiew

Lochwiza

Weichsel

Shitomir

Berditschew

21. Armee

Charkow

17. Armee

Lemberg

Tarnopol

Kasatin

Tscherkassy

Poltawa

Psel

38. Armee

Donez

Slowakei

Dnjestr

Winniza

Krementschug

Don

Heeres-Gruppe Süd (GFM v. Rundstedt)

Kamenez Pod.

Uman

Dnjepropetrowsk

6. Armee

Tschernowitz

Perwomaisk Kriwoirog

12. Armee

UNGARN

Rumän. 3. Armee

Bug

17. Armee

Dnjepr

Saporoschje

18. Armee

11. Armee

Ukraine

11. Armee

Melitopol

Rumän. 4. Armee

Prut

Kischinew

Nigolajew

9. Armee

Odessa

Asowsches Meer

51. Armee

RUMÄNIEN

Krim

Frontverlauf 21. 6. 1941

Stalin-Linie

Frontverlauf 30. 9. 1941

Bukarest

Sewastopol

Donau

Schwarzes Meer

0   150   300 Km

Konstanza

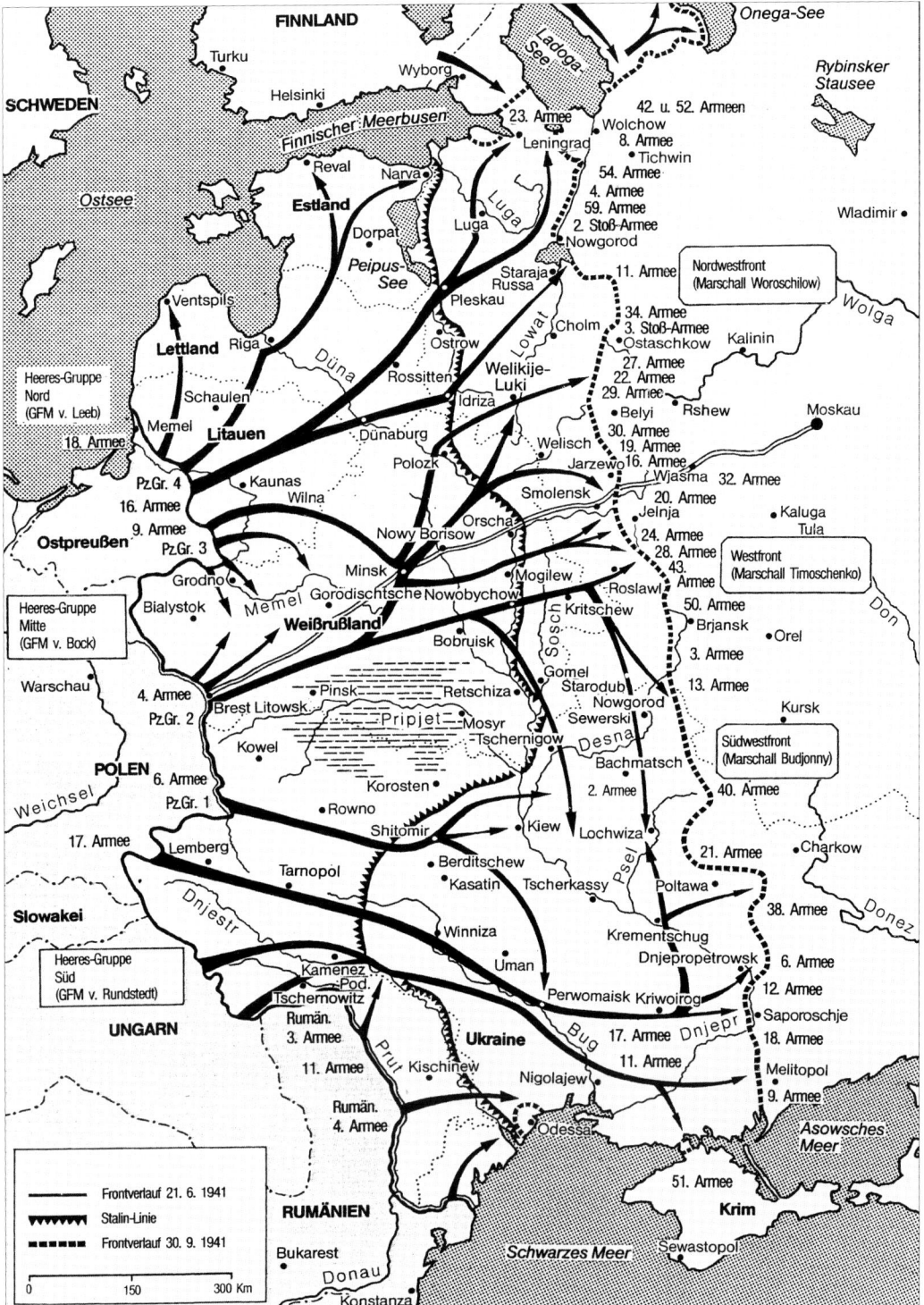

Unternehmen „Barbarossa": Im Herbst 1941 saß die Wehrmacht im Zentrum fest und schwenkte nach Süden

tiven waren daher zu schwer. Es konnten nur Maschinen eingesetzt werden, deren Achslast weniger als 16 Tonnen betrug.

Aber der Krieg ging weiter: Andrej I. Jeremenko befehligte seit dem 28. Juni 1941 die Westfront und führte als Oberbefehlshaber ab August die Brjansker Front. Im Herbst 1941 gelang es seiner Armee in einer zähen Verteidigungsschlacht, die deutschen Angreifer einen Monat festzuhalten und den Zeitplan des deutschen Heeres durcheinanderzubringen. Danach schirmte Jeremenko Moskau ab.

Das DNB meldete: „Die deutsche Luftwaffe griff, außer kriegswichtigen Zielen in Moskau, in der Nacht zum 22. Juli mit starken Verbänden zurückflutende sowjetische Kolonnen, Eisenbahnlinien, Bahnhöfe und Panzeransammlungen auf der gesamten Ostfront an."

Der Führer und Oberste Befehlshaber der Wehrmacht gab am 30. Juli 1941 die Weisung Nummer 34 als geheime Kommandosache heraus: „Die Entwicklung der Lage in den letzten Tagen, das Auftreten starker feindlicher Kräfte vor der Front und in den Flanken der Heeresgruppe Mitte, die Versorgungslage und die Notwendigkeit, den Panzergruppen 2 und 3 etwa 10 Tage Zeit zur Auffrischung ihrer Verbände zu geben, zwingen dazu, die gestellten weitergehenden Aufträge und Ziele vorerst zurückzustellen.

Ich befehle daher:

… 2.) Die Heeresgruppe Mitte geht unter Ausnützung günstiger Geländeabschnitte zur Verteidigung über."

Die Panzerschlacht von Rossieny führte zum ersten Halt im Blitzkrieg nach dem Osten. Der erste große Gegenangriff der Russen vor Moskau brachte einen gewissen Abstandsgewinn für die bedrohte Hauptstadt. Die Schlacht an der Wolga leitete schließlich die Winter- und Frühjahrsoffensive der Roten Armee ein, die erst weit im bisherigen Wehrmachtshinterland auslief und nicht nur die Front zerklüftete, sondern noch einen Hunderttausende Quadratkilometer großen Geländegewinn für Hammer

und Sichel bedeutete, beschrieb Günter Hofé die Situation.

Ein geheimer Bericht des Sicherheitsdienstes der SS vom 21. August 1941 (Nummer 213) skizzierte die innenpolitische Lage: „Trotz Zuversicht in der Überlegenheit der deutschen Kriegsführung und die unvergleichliche Kampfkraft der deutschen Wehrmacht, die einen endgültigen Sieg Deutschlands nie in Frage stelle, bereitet die Dauer des Krieges, vor allem die wider alles Erwarten große Zähigkeit des russischen Widerstandes und die angeblich geringer werdende Aussicht, diesen Krieg in absehbarer Zeit, vielleicht sogar noch vor Ablauf dieses Jahres, beenden zu können, weiten Kreisen der Bevölkerung steigende Sorge."

Die militärische Situation habe sich Ende August wieder zugunsten der deutschen Armeen entwickelt. Doch es gebe auch Stimmen, die einschätzten, daß sich „die Rote Armee die weiten Räume des sowjetischen Gebietes zu ihrem Verbündeten mache, bis sie in dem russischen Winter einen noch mächtigeren Verbündeten finde."

Aber das Oberkommando befand sich nun bereits in einer Zwangslage. Für den Feldzug „Barbarossa" wurden fünf Monate gerechnet, aber es standen im Juni nur Vorräte für zwei Monate zur Verfügung. Eine Winterausrüstung fehlte ganz. Der Blitzkrieg war gefährdet, die Entscheidung mußte spätestens vor der ab Oktober einsetzenden Schlammperiode fallen. Aber die Frage des Nachschubs wurde noch nachlässiger behandelt. Erst nach 20 Tagen, nicht wie sonst üblich nach einer Woche, wurde eine Vormarschpause angeordnet. Nun fehlte die Zeit, und die Wege waren zu lang, um in Frontnähe Versorgungsdepots einzurichten. Dazu waren weder das Straßen- noch das Eisenbahnnetz für eine direkte Nachschublieferung geeignet. Und vorn an der Front fielen mehr Kampfwagen durch Öl- und Treibstoffmangel, durch Staub und durch die schlechten Straßen aus, als durch direkte Kampfhandlungen. Die Heeresgruppe mußte zum Stellungskrieg übergehen.

Selbst wenn deutsche Panzer feindliche Verbände einschlossen, dauerte es oft Tage, bis die Infanterie kam und den Kessel „ausräumte".

Zum 26. August 1941 verfaßte das OKW eine Denkschrift, daß dieser Krieg nicht mehr in diesem Jahr zu beenden sei. Die vom Reichspropagandaminister Dr. Goebbels angedachte „Wollsammelaktion", um die Stimmung der Truppe zu heben, wird abgelehnt. General Jodl befürchtete, damit Front und Heimat zu schockieren.

Der 1. September 1941 brachte eine neue Überraschung: Es begann zu regnen, es goß, und keine Sonne schien, die den tiefen und zähen Schlamm hätte trocknen können.

Die 18. Panzerdivision meldete einige Tage später: „Infolge andauernder Regenfälle in den letzten Tagen sind die Wege grundlos geworden. Der Divisionsstab legt 20 Kilometer in 10 Stunden zurück." Und erstmals ging es rückwärts. Die Heeresgruppe Mitte mußte bei Jelnnaja der sowjetischen 24. Armee weichen.

Inzwischen hatten sich in Sibirien neue russische Verbände gebildet. In mehreren Eisenbahnzügen fuhren sie dicht auf dicht, auf Sicht hintereinander, von Wladiwostok nach Moskau. Täglich waren diese Einheiten 750 Kilometer unterwegs, hatten nach fast zwei Wochen endlich die 8000 Kilometer lange Entfernung zurückgelegt. An den Endpunkten der Bahnlinien lag, wenn nicht bereits zuvor ausgegeben, ordentliche Winterbekleidung für die Soldaten bereit.

Während der deutsche Generalfeldmarschall von Bock am 21. Oktober 1941 in seinem Tagebuch notierte, daß „der Russe uns weit weniger hemmt, als die Nässe und der Dreck", waren inzwischen Orjol, Wjasma und Charkow wieder in russischer Hand.

Die 38 3087, einst Bw Crailsheim, und Berge von Schnee, irgendwo im Generalgouvernement. Es war der ungewohnt harte Winter, der den Eisenbahnern im Osten die letzte Kraft abverlangte   (BA 29/725/15)

Kurze Anweisung für das Lokomotivpersonal bei Kälte und Schnee

a) **Vor der Fahrt** übernimmt das Lokomotivpersonal die Lokomotive mit offenen Leitungen vom Vorgänger oder Oberputzer.

1. Dampfzylinder ausreichend vorwärmen bei geöffneten Zylinder-Entwässerungsventilen. Dabei genau beobachten, ob allen Ventilen Wasser bzw Dampf entströmt.

2. Speisepumpen prüfen, Wasservorrat im Tender nachprüfen (Anzeiger kann eingefroren sein!).

3. Dampfheizung prüfen, ob die Leitung nach beiden Seiten offen ist.

4. Luftpumpe langsam anstellen und Bremse genau prüfen.

5. Schmierpumpe durchkurbeln (Ölleitungen prüfen, können eingefroren oder geplatzt sein!).

6. Sandstreuer prüfen.

7. Aschkasten nachsehen, bei Schneefall hintere Klappe entriegeln.

8. Feststellen, ob Pechfackeln zum Auftauen vorhanden sind.

9. Lokomotive vorsichtig anfahren, da Eisbildung in den Dampfzylindern möglich. Im Zweifelsfalle Zylinder-Entwässerungsventile abnehmen und mit Draht nachfühlen, ob Eis vorhanden ist.

b) **Während der Fahrt** verhindert das Lokomotivpersonal das Einfrieren aller Leitungen!

1. Vorwärmerpumpe langsam arbeiten lassen. Heizventil der Wasserzuleitung etwas öffnen.

947 02 RZA Bln 2201/30 A 5 h 8 c 70 Köln IX 42 100000 C/0758

2. Strahlpumpe öfter anstellen. Nach Abstellen leicht durchtrommeln! Dabei größte Vorsicht! Damit der Wasserschlauch zwischen Lokomotive und Tender nicht abstreift und der Tender leerläuft.

3. Wird die Dampfheizung nicht benutzt, etwas Dampf durchblasen.

4. Aschkästennäßvorrichtung sparsam gebrauchen, Eisbildung vermeiden.

5. Beim Durchfahren längerer Strecken ohne Halt durch kleine Bremsstufen Bremse prüfen.

6. Bei hoher Schneelage vordere Aschkastenklappe schließen, die hintere öffnen.

7. Beim Liegenbleiben in Schneewehen vor Ingangsetzen der Lokomotive Räder frei machen. Schneepflüge im Benehmen mit dem Zugführer rechtzeitig anfordern.

c) **Nach der Fahrt** wird die Lokomotive dem Nachfolger oder dem Oberputzer ohne eingefrorene Teile übergeben.

1. **Grundsätzlich** hat jedes Lokomotivpersonal eingefrorene Leitungen selbst wieder aufzutauen.

2. Wird die Betriebs-Lokomotive im Freien abgestellt, so sind alle Teile zu entwässern: Zylinder-Entwässerungsventile öffnen und **feststellen, ob auch alle Ventile wirklich offen sind.** Tenderventile schließen, Wasserzuflußleitungen entwässern (ggf Wasserschläuche loskuppeln), Vorwärmer und Speiseleitungen entwässern, Vorwärmerpumpe entwässern und einige Hübe im Leerlauf machen lassen. Hauptluftbehälter, Luftleitungen, Tropfbecher entwässern. Luftpumpe ganz langsam im Leerlauf arbeiten lassen. Dampfheizung leicht Dampf durchblasen lassen.

Die „Kurze Anweisung" der Beamten aus dem gut geheizten Reichsbahnzentralamt in Berlin dürfte den Männern auf den alten P 8 und G 10 bei minus 40° C weit im Osten wie Hohn und Spott vorgekommen sein

Im OKH konnten sich die Generäle nun über einen neuen Angriff auf Moskau einigen, der für den 2. Dezember vorbereitet wurde. Doch noch immer waren Tausende Kraftwagen nicht brauchbar, sie waren im Schlamm versunken. Allein zwischen Gschatsk und Moshaisk zählte die Wehrmacht fast 3000 nicht mehr einsetzbare Fahrzeuge.

Nach der Regenperiode setzte nun der Frost ein. Es fehlte an Treibstoff, Verpflegung, Munition und Winterausrüstung an der Front. Die Heeresgruppe Mitte allein benötigte täglich 26 Versorgungszüge. Es trafen jedoch höchstens acht bis zehn ein. Waren die Punkte der fehlenden Versorgung noch mit einem „und" verbunden, wurde jetzt ein „oder" daraus. Hitler ordnete an, daß die Versorgung mit Munition und Treibstoff zu sichern sei.

Zwischen dem 1. November 1941 und 15. März 1942 fielen insgesamt 75.000 Kraftwagen aus und die Wehrmacht verlor 180.000 Pferde.

Nach der sowjetischen Gegenoffensive vom 5. Dezember wußten die deutschen Generäle von der „Erfrorenen Offensive" zu berichten. Der Oberbefehlshaber der Heeresgruppe Mitte notierte am 7. Dezember:

„Drei Dinge haben zu der gegenwärtigen schweren Krise geführt:

1. Die einsetzende Herbst-Schlammzeit. – Truppenbewegungen und Nachschub sind durch die tief verschlammten Wege nahezu völlig lahmgelegt. Die Ausnutzung des Sieges von Wjasma ist nicht mehr möglich.

2. Das Versagen der Bahn. – Mängel im Betriebe, Mangel an Wagen, Lokomotiven und ge-

schultem Personal – mangelnde Widerstandsfähigkeit der Lokomotiven und Betriebseinrichtungen gegen den russischen Winter.

3. Die Unterschätzung der Widerstandskraft des Feindes und seiner personellen und materiellen Reserven. – Der Russe hat es verstanden, unsere Transportschwierigkeiten durch Zerstörung nahezu aller Kunstbauten an den Hauptbahnen und Straßen so zu steigern, daß es der Front am Allernötigsten zum Leben und Kämpfen fehlt. Munition, Betriebsstoff, Verpflegung und Winterbekleidung kommt nicht heran. Die Leistungen der infolge Versagens der Bahnen und nach 1500 km langem Vormarsch überbeanspruchten Kraftfahrgeräte sinken zusehends ab.

So kommt es, daß wir heute jeder Möglichkeit zu nennenswerten Truppenverschiebungen beraubt sind und mit versagendem Nachschub einem Feinde gegenüberstehen, der unter rücksichtslosem Einsatz seiner unerschöpflichen Menschenmassen zum Gegenangriff antritt …"

General der Infanterie Ruoff meldete zur gleichen Zeit dem V. Armeekorps:

„Die Einsatzmöglichkeiten von Panzern und sonstigen Kraftfahrzeugen aller Art ist durch hohe Frosttemperaturen aufs äußerste eingeschränkt. …Aber die Sowjets führen Verstärkungen heran und greifen das 24. Panzerkorps an. Sie laden an der Eisenbahnlinie Rjasan – Kolna immer neue Truppen aus, die sofort eingesetzt werden. Die Kälte sinkt auf minus 35 Grad, die Panzertürme drehen nicht mehr und die MG versagen. Der Nachschub wird unterbrochen, allein gestern fallen 20 Loks durch Kälte aus."

„Wir stehen in dünnster Front, Reserven fehlen, der Russe ist überlegen", hieß es beim Oberbefehlshaber der 2. Armee am 21. Dezember. „Er steht nahe seinem guten Bahnnetz. Er kann operativ und taktisch verschieben und so beliebig Schwerpunkte bilden. …Der starr ausgelegte Führerbefehl zwingt uns zur Zeit, die feindlichen Angriffe in Stellungen anzunehmen, die für die Verteidigung ausgesprochen ungünstig sind …"

Eine weitere Kampfeszone entwickelte sich. Mehrere deutsche Munitions- und Versorgungszüge wurden allein in den letzten Dezembertagen durch Partisanen aufgebracht. Ziel der Aktion: Unterbindung der Eisenbahntransporte mit den nun doch in Deutschland gesammelten Wintersachen.

Von den 500.000 für den Ostfeldzug eingesetzten motorisierten Straßenfahrzeugen waren zum Ende des Jahres 1941 etwa nur noch die Hälfte einsetzbar. Der Wechsel während der Schlammperiode zur Eisenbahn hin brachte nur für wenige Wochen den erwünschten Erfolg. In dem strengen Winter standen bald auch alle Züge. Die deutschen Lokomotiven waren für diese Minustemperaturen nicht geeignet. Das Wasser fror in den Leitungen und sogar im Tender ein, Luft- und Ölleitungen ereilte aufgrund des Kondensats das gleiche Schicksal, die Führerstandsarmaturen zerplatzten und das Personal war auf den kaum verschließbaren Führerständen der Kälte gnadenlos ausgesetzt. Für die Maschinen fehlten Auftaustände, Frostschutzvorrichtungen, Winteröl und vieles mehr. Die Ausfälle in den Bw wuchsen ins Uferlose; wenn überhaupt, waren gerade zehn bis 20 Prozent des Lokomotivparkes einsatzfähig. Man war dort schon froh, wenn Lokomotiven unter Dampf gehalten werden konnten. Defekte, in den Ost-Bw nicht zu reparierende Lokomotiven, wurden als Schadrückführlokomotiven ins Reich geschickt. Im Gegenzug mußten andere Maschinen in Richtung Osten geleitet werden.

Unter dem Vermerk „Rückgabe von Ostlokomotiven" wurden die aufgrund von Reparaturen „im Reich befindlichen Ostlokomotiven nicht an den besetzten Osten, sondern an die Heimat-RBD'en zurückgegeben".

Unter der Überschrift „Rückgabe von Ostlokomotiven" sandte das RVM im Mai 1942 an alle Direktionen einen Telegrammbrief, wonach 24 Maschinen der Baureihe 56 (G 8.2) ihren Heimat-RBD'en zurückzugeben sind. Der Großteil befand sich zu dieser Zeit im Bezirk

Vor der 55 4896 des Bw Losowaja (überstellt von der RBD Oppeln) unterhalten sich ein Transportoffizier und der Lokführer   (BA 235/984/31)

Baureihe		Anzahl
• 38	1102, 1445, 1564, 1791, 1824, 1880, 2144, 2170, 2224, 2414, 2648, 2655, 2753, 2766, 2804, 2896, 2924, 3043, 3074, 3373, 3403, 3471, 3828	23
• 55	252, 323, 456, 505	4
• 55	3068, 3099, 3759, 3795, 3874, 4237, 4516, 4625, 4892, 5032, 5089, 5651, 5851	13
• 56	587, 744	2
• 56	2310, 2471, 2743, 2760	4
• 57	1287, 1328, 1744	3
• 91	415, 549, 570, 616, 744, 809, 999, 1290, 1310, 1452, 1523, 1740	12
• 92	640, 920	2
• 93	355, 405, 410, 706, 777, 1128	6
• Tp 2	172	1
Gesamtsumme:		**70**

der RBD Frankfurt (Main). „Die Heimat-RBD'en werden ersucht, die Lok sogleich im Benehmen mit den Abstell-Direktionen abzuholen. Die Lok sind im St 10a nicht mehr als nach dem Osten verliehen nachzuweisen und unter Bemerkungen nach Gattung und Nummer als ,Vom Osten zurück' aufzuführen. Es ist damit zu rechnen, daß die Lok möglicherweise wieder im besetzten Osten eingesetzt werden müssen. Der Frostschutz ist daher an den Lok zu belassen und in Ordnung zu halten."

Ende Oktober 1942 konnten für die Reichsbahndirektionen Breslau, Erfurt, Essen, Frankfurt (Main), Hannover, Königsberg, Mainz, Münster, Saarbrücken oder Wuppertal ermittelt werden:

Diese „Rückgaben" hielten in den nächsten Monaten an. Als Ausgleich wurde vorwiegend die Baureihe 50 an die Ostfront gesandt. Doch oft genug geriet dieser Ausgleich ins Stocken.

1.4 Vorwärts und rückwärts marschieren

Die deutschen Truppen lagen noch immer fest. Das Tauwetter im Frühjahr des Jahres 1942 brachte die nächsten Probleme. Und: War Moskau uneinnehmbar?

Die deutsche Sommeroffensive begann am 28. Juni 1942 im Süden der Ostfront und führte in Richtung Stalingrad. Ziel waren auch die Ölfelder des Kaukasus.

Den Don bei Woronesh erreichten die deutschen Truppen am 15. Juli, am 27. Juli nahmen sie Rostow ein und am 9. August eroberten sie Krasnodar sowie Maikop und befanden sich unmittelbar in den Ausläufern des Kaukasus. Am 1. September besetzten die Deutschen die Vororte von Stalingrad. Doch sie stießen auf eine unerwartete Gegenwehr der sowjetischen Verbände. Acht Wochen später gingen die sowjetischen Truppen zum Gegenangriff über und kesselten 330.000 Deutsche aus zwei Armeen ein. Der Entsatzversuch scheiterte. Schließlich folgte am 2. Februar 1943 die Kapitulation der 91.000 Überlebenden.

Nun marschierte die Rote Armee auf einer Breite der Front von 1500 Kilometern von Woronesh bis Wladikawkas. Am 14. Februar wurde Rostow befreit und bis zum März die 112. Division vernichtet und der Ring um Leningrad gesprengt. Die deutschen Verbände bezogen im Osten neue Stellungen, schwächten mit dem Truppenabzug im Westen ihre Frontlinien und versuchten am 5. Juli bei Orjol-Kursk-Belograd einen Gegenangriff. Nach anfänglichen Erfolgen der Deutschen rückte die Rote Armee weiter vor, befreite bis zum Oktober 1943 das Donezbecken, am 6. November folgte Kiew.

Am 25. Oktober 1941 eroberten die Deutschen die Stadt Charkow. Wiederholt war diese Stadt Mittelpunkt vieler Schlachten. Neben Stalingrad waren die Siege und Verluste hier besonders entscheidend. Im Mai des folgenden Jahres führte die Rote Armee eine Offensive auf Charkow, die Deutschen konnten sie abwehren. Doch die Stadt war bis auf die Grundmauern zerstört. Der Versuch, Charkow zu

Erbeutet! Als die deutschen Soldaten im Sommer 1941 diesen sowjetischen E-Kuppler besteigen, können sie noch lachen. Im Herbst stand dann der Blitzkrieg still (BA 6/2222/33)

räumen, wurde am 14. Februar 1943 abgebrochen. 20 Lokomotiven und 1200 Wagen blieben zurück. Am 16. Februar wehte dort wieder die rote Fahne.

Genau einen Monat später waren die deutschen Soldaten erneut die Besatzer, ehe am 23. August 1943 die sowjetischen Verbände die Stadt endgültig eroberten.

Die Kämpfe seit dem Sommer 1942 bis zum folgenden Jahr brachten der Reichsbahn Verluste von etwa 890 Lokomotiven und 220.000 Wagen, die teilweise aufgrund überstürzter Räumungen vor den rasch nahenden sowjetischen Verbänden stehen blieben. Dazu zählten auch 287 Maschinen des FEKdo 3.

Das Jahr 1944 brachte am 14. Januar den Beginn einer Großoffensive der Roten Armee mit zehn Schlägen gegen die Deutschen. Auch hier sei auf die im Kapitel 8 dargestellten Ereignisse verwiesen.

Nach Odessa (10. April), Vilnius (13. Juli) oder Lemberg (27. Juli) führte u.a. der siebente Schlag am 20. August in Richtung Kischinow. Rumänien bat daraufhin am 25. August um Waffenstillstand und erklärte Deutschland den Krieg. Am 5. September folgte die Kriegserklärung der UdSSR an Bulgarien, vier Tage später wurde die dortige Regierung gestürzt. Bis zum Jahresende war die UdSSR wieder frei von deutschen Soldaten. Weiter ging ihr Marsch unaufhaltsam durch Polen nach Berlin.

In dem kleinen, zweisprachig beschrifteten ukrainischen Bahnhof Nowoi Bug (Neu Bug) wartet zwischen Pferde-gespannen auch ein Kübel-VW auf dringend benötigtes Material (BA 710/364/2)

Etwa 55 Millionen Menschen fanden in diesem Weltkrieg den Tod; allein über 20 Millionen sowjetische Soldaten und etwa acht Millionen zivile Bürger der UdSSR, sechs Millionen Polen; 100.000 Deutsche erfroren im Winter 1941/1942, 850.000 deutsche Soldaten starben an der Ostfront, 20.000 Juden wurden in einer Woche im Konzentrationslager Auschwitz umgebracht. Die Auflistung ließe sich fortführen.

1.5 Jede Nacht Partisanenüberfälle

Günter Hofé zeigt in seinen Aufzeichnungen viele Einzelschicksale während der Kriegsjahre auf. Allein die folgenden zwei, die in einem unmittelbaren Zusammenhang mit der Eisenbahn stehen, seien hier erwähnt:

Der Gefreite Baum hatte am 8. Februar 1943 seinen sowjetischen Gefangenen im Divisionsgefechtsstand übergeben. Aufgrund seiner Verwundung an der Schulter erhielt er dort die Überweisung zum Heereslazarett Brjansk. „Der Schreibstuben-Unteroffizier rief ihm noch zu, daß um 21 Uhr ein Lazarettzug von Süden herauf kommt. ‚Kannste einsteigen.' Die sieben Kilometer zum Bahnhof hatte ihn ein Munitionsfahrzeug mitgenommen.

Drei Tage später hockte der Gefreite Baum spät abends in einem winzigen Bahnhofsschuppen neben dem zerschossenen Stationsgebäude. Es waren noch vier Stunden Zeit bis zur Zugabfahrt. Er überdachte das Geschehen seit seinem Abschied aus der Feuerstellung bei Malsamarka.

Baum starrte die Schienenstränge entlang. Vom Südosten, wahrscheinlich von Liwny her, liefen sie blauflimmernd heran, suchten ihren Weg durch zerfetzte Lokomotiven, Krater und rostige Trümmer. Hinter dem winzigen, abgedeckten grünen Licht glitten sie weiter nach Nordwesten. Wer weiß, wo sie endeten, wie oft sie von Partisanen unterbrochen waren und ob sie wohl gerade heute nacht gesprengt wurden,

Propagandabilder für die Heimat: Ein Kameramann fängt optimistische Szenen von der Versorgung der Front ein. Links die 38 1572 des Bw Losowaja (BA 726/207/37)

wo er im Zuge saß. Es schien, als wollte sich die Kälte bis auf die Knochen durchfressen. Das Thermometer hatte die 35-Grad-Marke schon wieder unterschritten.

In der Luft war ein fremdes Rauschen. Von der Rollbahn, einen knappen Kilometer abseits, dröhnten dumpf ungezählte Motoren. Ein breiter Strom quoll dort zäh dahin. Vor allem die rückwärtigen Dienste der großen Stäbe setzten sich weiter in Richtung Nordwesten ab. Die meisten waren mit guter Winterbekleidung ausgestattet und trugen nicht, wie viele vorne, Lumpen an den Füßen, Tücher über Köpfe und Gesichter verbunden, Decken und Planen um die Leiber, wenn es nur gegen die tödliche Kälte schützte. Noch sah es hier nicht nach Flucht aus.

Die Realität: Einsames Wacheschieben in eisiger Kälte. Kann er allein einen Partisanenanschlag auf die Bahn verhindern? (BA 18/36/44)

Nie gab es ein sicheres Mittel gegen Minenanschläge: Auf der Strecke Bar – Mogilev haben sowjetische Partisanen ei▪
tete Zivilbevölkerung. Allen Beteiligten sind die Schrecken der grausamen Verwüstung anzusehen. Das Foto entstand

eutschen Lazarettzug gesprengt. Bei den Bergungsarbeiten helfen Wehrmacht, Reichsbahner und die zwangsverpflich-
. März 1944

Zwei klapprige Plattformwagen schiebt die 55 2759 des Bw Orscha Zentral (Hbf) vor sich her, diese sollen eventuell angebrachte Minen auslösen und Lok und Zug schützen (BA 692/256/29)

Aber es war ein ungemütlicher Frontsack entstanden. Weiter westlich stießen die Russen über Kursk hinaus auf Lgow vor. Sie sollten vor Sewsk sogar schon den Rand des Brjansker Sumpfwaldes erreicht haben. Und im Süden schien sich der Druck jetzt auf Charkow zu konzentrieren. Alles zusammen konnte eine böse Falle werden. Die strategisch wichtige Eisenbahnlinie Moskau – Tula – Orel war bei Kursk unterbrochen und erst wieder ab Belgorod nach Charkow in deutscher Hand.

Plötzlich hob der Gefreite Baum lauschend den Kopf. Da heulte es draußen zum zweiten Mal wie eine Schiffssirene: Der Lazarettzug.

Hastig sprang er auf, warf den Mantel über, griff nach Tornister und Wäschebeutel und stolperte hinaus. Ein hohler Wind riß ihm den dampfenden Atem vom Mund. Seine Wunde schmerzte wieder.

Mit zischenden Ventilen kroch eine klobige Maschine langsam bis an die grüne Laterne heran. Breite russische Güterwagen mit aufge-

pinselten roten Kreuzen hielten quietschend. Von den Dächern hingen glitzernd Eiszapfen, und die Waggons schienen wie zugefroren, von gespenstiger Leblosigkeit, da sich keine Tür öffnete. Mit aller Kraft zerrte er die nächste halbzugefrorene Schiebetür auf und prallte erschrocken zurück, weil ihm lautes Wimmern entgegensprang. Sein Blick war starr. Da lagen dreißig, vielleicht noch mehr Menschen auf den nackten Bohlen. Kämpfer des Großdeutschen Reiches! Einstmals stolze Soldaten des Führers. Hier und dort einer halb über dem anderen. Einige waren längst verstorben, andere nahe daran. Die angefrorenen durchbluteten Verbände knisterten im steinernen Frost. Und kein Ofen, kein Stroh! Nicht einmal die Durchgangsklappen verstopft.

Baum hatte die Tür wieder zugestoßen und blickte hilfesuchend um sich. Er spürte nichts mehr von Kälte und fegendem Eisschnee.

Einige vermummte Gestalten waren aus dem Begleitwagen gestiegen und liefen vorüber, ohne ihn zu beachten. Eilig kletterten sie in den ersten Wagen und begannen, Leichen herauszuschaffen. Die meisten waren schon steifgefroren. Man schleppte sie bis an die eisenbeschlagene Waggonkante und ließen sie daran heruntergleiten wie Hölzer. Stunden oder Tage konnte es höchstens noch dauern, bis die Front über ihre Leiber hinwegkroch. Das Wort ‚Vermißt' würde als Menetekel über ihren vermoderten Leibern die nächsten Jahrzehnte stehen. In der letzten Lore fand Baum Platz auf einem Stapel Haferhartkonserven, die ihren Weg zugunsten vierbeiniger Kriegsteilnehmer wahrscheinlich aus Versehen wieder ins Heimatland nahmen. Hart ruckte der rollende Sarg an."

Aufgrund seiner Verletzung und mit etwas Glück wurde der Gefreite Baum zu einem Krankenhaus in Berlin-Tempelhof verlegt.

„Die Maschine des Fronturlauberzuges schob zwei flache, mit Sand gefüllte Güterwagen vor sich her, welche von Partisanen an den Schienen montierte Sprengladungen auslösen sollten. Es gab kaum ein längeres Stück der weit über tausend Kilometer langen Strecke, wo nicht rechts und links der Gleise die Trümmer von Lokomotiven, Schienen, verrosteten Waggons und Gerät lagen.

Hier, im Orelbogen wie an anderen Stellen der Ostfront, erfolgten jeden Monat zahllose Sprengungen. Panzerwagen, ja ganze Panzerzüge, Lastkraftwagen, Munition, Flugzeuge, Geschütze, Brücken, Bahndämme, Nachschubmaterial, Verpflegung, Truppentransporte flogen in niemals abreißender Folge in die Luft. Durch den zähen Kampf der Partisanen wuchsen die Verluste der Deutschen Wehrmacht an Menschen wie an Material.

In großen Abständen kündigten ausgedehnte Stacheldrahtverhaue einen Stützpunkt der Wehrmacht an. Dort klebten flache Blockhäuser mit Schießscharten, von spanischen Reitern flankiert, am Bahnkörper. Mißmutig zumeist blickte die fremde Besatzung dem Zug nach – Ungarn oder Rumänen, die wußten, daß sie nur als bessere ‚Hiwis' angesehen wurden. Die Partisanen respektierten diese Befestigungen

kaum, sondern ließen soviel Züge hochgehen, wie sie überhaupt Sprengstoff verfügbar hatten, dachte der Oberleutnant Fritz Helgert an die Zeit zurück.

Das Verladen der Einheiten war im vollen Gange. Kurz nach Mitternacht würde der Zug, mit dem der Regimentsstab verlegt wurde, die Behelfsverladerampen in Mogilew verlassen, am Dnjepr entlang nach Norden kriechen und ab Orscha den Hauptschienenstrang Richtung Minsk und Brest-Litowsk erreichen. Dann gab es vielfältige Möglichkeiten über Warschau, Breslau weiter nach Südosten. Oder vielleicht über Berlin direkt nach Westen.

Man hatte einen Personenwagen 3. Klasse organisiert und in den Zug, der den Regimentsstab und die Stabsbatterie transportierte, einstellen lassen. Die Nacht war von einem nassen Schneesturm durchtost, der den allseitigen Drang, so schnell wie möglich wegzukommen, nur noch steigerte. Dann begann der Zug mit den Viehwaggons und Plattenwagen langsam zu rollen.

Das dumpfe Krachen einer Explosion riß alle hoch. Die Bremsen kreischten. Der Zug stand. Einige Gewehrschüsse peitschten durch die Nacht. Dann war es still.

Eine geballte Ladung hatte einen halben Meter Schiene herausgefetzt. Mehr war nicht geschehen. Die Bruchstelle befand sich zwischen den beiden mit Sand beladenen Loren vor der Lokomotive.

Es war niemand zu sehen, nichts zu hören. Die Nacht schien nicht mehr ganz so schwarz. Man hatte das Gefühl, auf einem Präsentierteller zu sitzen. Vielleicht hockte irgendwo ein Partisanentrupp mit eingerichteten Maschinengewehren. Ein schwacher, nicht allzuferner Lichtschimmer erregte die Aufmerksamkeit. Helgert bewegte sich vorsichtig darauf zu. Von einer struppigen Hecke verdeckt, glomm ein kleines Feuer. Plötzlich sah er zwei Gestalten mit umgehängten Gewehren. Er pirschte sich noch etwas näher heran. Offenbar waren es Ungarn.

Die beiden Ungarn sprachen leidlich deutsch. Sie gehörten zu einem Stützpunkt der

Schnell weiter! Deutsche Soldaten umkreisen mit Sack und Pack eine polnische Ty 23. Durch die Reichsbahn wurden die Maschinen als 58.23 eingereiht, an dieser Lok fehlt jedoch eine Nummer (BA 234/949/13)

Streckensicherung, welcher ganz in der Nähe lag. Von Partisanen hätten sie zwar nichts gesehen, doch die Sprengung und die Gewehrschüsse gehört. Das käme jede Nacht vor. Im übrigen könne man dagegen kaum etwas tun.

Der Oberst vom Zug wurde weiß vor Wut und Angst. ‚Man sollte ein paar von euch Kukuruzfressern umlegen, dann würden die übrigen besser die Versorgungslinien der Deutschen Wehrmacht schützen. Gesindel dreckiges!'

Der Lokomotivführer erklärte soeben, daß er den Zug ohne Komplikationen oder besondere Hilfeleistung über die Bruchstelle bekommen würde. Die Lokomotive stieß einen gellenden Warnpfiff aus und setzte sich vorsichtig in Bewegung. Die Räder des zweiten vorweggeschobenen Plattenwagens rollten Zentimeter um Zentimeter über die Schadenstelle. Alle

schauten gebannt zu. Die vordere Achse der Lokomotive näherte sich der Bruchstelle. Die Artilleristen hatten nur den einen Wunsch, aus dieser unfreundlichen Gegend in den hellen Tag zu gelangen. Schnell verschwanden sie in den Loren.

Der Oberst ging langsam zum Personenwagen zurück. Er liebte es nicht, Entscheidungen zu treffen, deren Ergebnisse nicht völlig überschaubar waren.

‚Haut ab!' Die Ungarn hatten Helgerts Handbewegung begriffen."

In den ersten Wochen des Krieges hatten die deutsche Wehrmacht und auch die Reichsbahn kaum etwas von Partisanenanschlägen erfahren. Trotz des Aufrufs der Kommunistischen Partei der Sowjetunion, den deutschen Gegner mit Partisanenüberfällen zu schwächen, war zunächst das Ziel, der Rückzug der sowjetischen Soldaten, wichtiger. Im ersten Quartal des Jahres 1942 wurden nicht einmal 100 Anschläge je Monat im Bereich der GVD Osten festgestellt.

Jedoch im Mai wurde dieser Wert erstmals überschritten; in den Sommermonaten waren es dann schon mehr als 500. Ein Jahr darauf waren es monatlich etwa doppelt so viele. Ähnlich waren die Werte bei zerstörten Schienen: Waren es 1942 noch 50 km, stieg diese Zahl im Sommer 1943 auf über 300 km an. So ist auch zu erklären, daß durch Brandanschläge, Minen unter den Schienen oder sonstige Sprengungen im Juli 1942 über 200 Wagen und über 100 Lokomotiven beschädigt wurden. Zum Vergleich: Im Monat Juli des Jahres 1943 bewegte sich diese Zahl bei über 2200 Wagen und 650 Lokomotiven. Allein in diesem Jahr '43 ruinierten die Partisanen 5250 Lokomotiven.

Zugfahren wurde zum Horrorabenteuer. Eisenbahner oder Wehrmachtsangehörige liefen vor dem Zug, suchten die Gleise nach Minen ab. Doch es fehlte stets an Bediensteten. Selbst die Einheimischen, die teilweise als Heizer oder Aufsicht den Deutschen dienten, verschwanden und schlossen sich den Partisanen an. Sie hatten genug von dem verbrecherischen Wirken der deutschen Zivilverwaltung. Nun mußten zwei leere Flachwagen vor der Zuglokomotive hergeschoben werden, diese sollten die Sprengungen der Minen auslösen und damit den übrigen Zug schützen. Doch die Partisanen reagierten mit Zeitminen. Neben den Schäden am Oberbau und an den Telegrafeneinrichtungen wurden vor allem Schienenfahrzeuge beschädigt.

G. Linkow, genannt Batja, war Führer einer Partisaneneinheit. Er erinnerte sich an die Hilflosigkeit der Deutschen beim Eisenbahnverkehr. Schnell reagierten die Partisanen auf die jeweils neue Situation. Konnten Aufschlagszünder aufgrund vorangestellter Schutzwagen oder vorfahrender Draisinen nicht genutzt werden, wechselten sie auf Handzündungen mittels Kabel. Auch das breitflächige Abholzen

der Wälder entlang der Strecken oder zahlreiche dort aufgestellte Posten hinderten sie nicht. Selbst als die Deutschen alle bereitstehenden Züge hintereinander auf Sicht fahren ließen, waren sie zur Stelle. Lediglich über die raschen Bergungs- und Instandsetzungsarbeiten durch die Deutschen waren die Partisanen erstaunt. In acht, zehn Stunden rollten wieder die Züge über die einst zerstörte Stelle. Der Kampf ging weiter.

„Im Herbst 1943 konnte kein Eisenbahnzug des Feindes mehr ungefährdet über unsere Schienen rollen. …Das Eisenbahnpersonal beteiligte sich am Kampf gegen die faschistischen Eroberer. Der Feind mußte einsehen, daß eine Eisenbahn in Besitz nehmen und sie benutzen zweierlei ist."

„Der Lokführer Janek Welko, ein Pole, war ein tüchtiger und energischer Mann. Er vermittelte uns die Bekanntschaft vieler anderer Lokführer, die Aufträge von uns zu erhalten wünschten. …Am Nachmittag des 21. September 1943 erklärte Janek dem Stationsvorsteher, seine Lok sei dringend reparaturbedürftig. Mit Zustimmung des Stationsvorstehers brachte er sie in das Ausbesserungswerk Iwanow, Gebiet Pinsk. Die Prüfung der Lok sollte erst am nächsten Tage erfolgen. Welko legte die Brandbombe auf den Tender unter einen Petroleumkanister und stellte einen Benzinbehälter daneben. Das Feuer breitete sich über das ganze Gebäude aus; an Löschen war nicht zu denken. Das Ausbesserungswerk mit allen Einrichtungsgegenständen brannte nieder. Zwölf Lokomotiven wurden zerstört."

Neben den bereits genannten Zahlen ist die Auflistung vom 30. Juni 1943 auch aussagefähig. Von 6757 an die RVD verliehenen Reichsbahn-Lokomotiven waren 4472, von 1707 an die FEKdo´s überlassenen Maschinen waren 1075 einsatzfähig.

Durch die Partisanenanschläge wurden allein im Bezirk der RVD Minsk zwischen 1942 und 1944 158 Eisenbahner und 1073 Soldaten getötet sowie 1212 Eisenbahner und 3670 Soldaten verwundet.

1.6 Die Deutsche Reichsbahn im großen Reich

Die Deutsche Reichsbahn unterstand dem Reichsverkehrsministerium; der Verkehrsminister war zugleich Generaldirektor der Bahn. Im August 1939 gliederte sie sich u.a. in 29 Reichsbahndirektionen, zwei Baudirektionen, zwei Zentralämter, drei Ober-Betriebsleitungen, eine Elektrische Oberbetriebsleitung sowie zwei Oberste Bauleitungen für die Elektrifizierung. Zu den Reichsbahndirektionen gehörten:
Augsburg, Berlin*, Breslau*, Dresden*, Erfurt, Essen, Frankfurt (Main), Halle, Hamburg*, Hannover, Karlsruhe, Kassel*, Köln*, Königsberg*, Linz, Mainz, München*, Münster, Nürnberg, Oppeln, Osten in Frankfurt (Oder), Regensburg, Saarbrücken, Schwerin, Stettin, Stuttgart*, Villach, Wien* und Wuppertal. Den gesamten 29 Direktionen unterstanden ferner 385 Betriebsämter, 144 Verkehrsämter und 148 Maschinenämter. Zu den Maschinenämtern gehörten wiederum die Bahnbetriebswerke

* Geschäftsführende Direktionen für das Werkstättenwesen – GDW

und Bahnbetriebswagenwerke, einschließlich Kraftwagenbetriebswerke sowie auch die Fahrleitungsmeistereien.

Nach dem Überfall auf Polen im September 1939 hatte Deutschland die 1918/1920 an Polen verlorenen Gebiete zurückerobert und befand sich nun unmittelbar vor Warschau und Krakau. Die Direktionen Danzig und Posen wurden nun durch die Deutsche Reichsbahn betrieben. Im sogenannten Generalgouvernement, im deutsch besetzten Restpolen, organisierte jetzt die Generaldirektion der Ostbahn (Gedob) in Krakau den Eisenbahnbetrieb. Zur Gedob gehörten die Ostbahndirektionen Krakau, Lemberg, Lublin, Radom und Warschau. In den Jahren 1942 und 1943 wurden die OBD Lublin und Radom im Maschinenamt Lublin zusammengefaßt und gehörten zur OBD Warschau. Die Gedob unterstand aber nicht dem Reichsverkehrsministerium in Deutschland, sondern dem Generalgouverneur in Polen, eine etwas komplizierte Situation.

Die fünf Reichsverkehrsdirektionen (RVD) wurden am 6. September 1941 als Haupteisenbahndirektionen (HBD) für das rückwärtige Gebiet eingerichtet. Ihre Standorte waren in

Der Hauptbahnhof von Kiew im Jahre 1943: Die Anschrift am mächtigen Empfangsgebäude ist deutsch. Zahlreiche regelspurige Fahrzeuge durchlaufen den Bahnhof

Die 57 2473 des Bw Shlobin nimmt Wasser. Ein Soldat betrachtet in Ruhe die alte G 10

Das Bahnbetriebswerk Konotop, nordöstlich von Kiew gelegen. Reichsadler und Hakenkreuz zeigen, wer die neuen Herrscher sind

Riga, Brest-Litowsk (dann Minsk), Lemberg (später Kiew), Poltawa (Dnjepropetrowsk) und in Rostow. Die HBD Rostow kam allerdings erst zum 5. September 1942 hinzu.

Bis zum 15. September 1942 hießen sie allerdings nicht nach den Städtenamen des Standortes, sondern waren der geographischen Lage entsprechend als Nord (Riga), Mitte (Minsk), Süd (Kiew), Ost (Poltawa) und Südost (Rostow) bezeichnet. Sie unterstanden der Betriebsleitung Osten beim Chef des Transportwesens in Warschau-Praga (am 14. Januar 1942 in Zweigstelle des Reichsverkehrsministerium und am 1. Dezember 1942 in Generalverkehrsdirektion Osten umbenannt). Nicht in diesen RVD waren Strecken:

- des bis 1939 polnischen Bezirkes Bialystok – sie kamen zur angrenzenden RBD Königsberg,
- des bis 1939 polnischen Galizien – sie kamen zum Generalgouvernement, somit zur Gedob,
- des bis 1940 rumänischen Bessarabien, Gebiet zwischen Pruth und Djestr, und Transnistrien bis zum Bug – die Betriebsführung übernahm die CFR bis auf die Durchgangsstrecken Shmerinka – Odessa und Birsula – Golta.

Im Mai des Jahres 1942 unterstanden den HBD'en 15.975 km Normal- und 24 km Breitspurstrecken. Die noch näher vorzustellenden Feldeisenbahndirektion bzw. Feldeisenbahnkommandos (FBD bzw. FEKdo´s) betrieben 4334 km Normal- und 1326 km Breitspurstrecke (siehe auch Abschnitt 5.1).

Zum Jahresende 1943 wurden fast 800.000 Eisenbahner im Osten gezählt. Hinter dieser Zahl verbargen sich über 630.000 Einheimische, also Russen, Letten, Litauer usw. (Siehe auch Anhang 4, Organisation des Betriebsmaschinendienstes, mit den Zahlen der deutschen und einheimischen Beschäftigten).

Waren in den einst polnischen Direktionen die Deutschen noch zahlenmäßig in der Mehrheit, veränderte sich das Bild in Richtung Osten. In den RVD Riga und Minsk war dann noch ein ausgeglichenes Verhältnis feststellbar, in den RVD Kiew und Dnjepropetrowsk überwog der Anteil der einheimischen Eisenbahner. Deutsche Eisenbahner hatten dort Aufsichts- und

Leitungsaufgaben inne. So waren in den neuen RBD'en und OBD'en im einstigen Polen etwa 64.000 deutsche und über 40.000 „ausländische", zumeist Eisenbahner aus Polen, Galizien oder aus Rumänien, und in den HBD/RVD'en im Osten etwa 40.000 deutsche und fast 160.000 „ausländische", diesmal russische, litauische, lettische oder ukrainische Eisenbahner im Betriebsmaschinendienst zu finden. Auch zahlreiche Frauen arbeiteten im Betriebsdienst, ja sogar als Heizerinnen. Zwar schützte der Dienst bei der DRB die Einheimischen vor der Deportation zur Zwangsarbeit ins Reich, doch waren sie „Eisenbahner letzter Klasse", was dem Bericht vom Ministeralrat Günther aus dem Reichsverkehrsministerium in Berlin zu entnehmen ist, der im November und Dezember 1942 den Bezirk der HVD Poltawa (die spätere RVD Dnjepropetrowsk) bereiste. Günther stellte u.a. fest:

„Bw Jasinowataja (26.11.42): Das Bw klagt über unzureichende Winterbekleidung. Für deutsche Personale fehlen noch 90 % der Mäntel und Filzstiefel. Für russische Lokpersonale ist nichts vorhanden. Krankenstand 15 %.

Bw Ilowaskoje (27.11.42): Belegschaft 163 Deutsche und 1020 Einheimische. Verpflegung der Einheimischen ist schwierig. Bekleidung fehlt zum Teil, weswegen Einheimische öfter ausbleiben.

Bw Nikitowka (29.11.42): Belegschaft 142 Deutsche, 627 Einheimische. Verpflegung auch für Deutsche nicht immer ausreichend, Brot fehlt öfter. Verpflegung der Einheimischen noch schlechter. Es werden an sie auch keine warmen Suppen ausgegeben.

Bw Debalzewo (29.11.42): Belegschaft 224 Deutsche, 554 Russen. Unterbringung der deutschen Bediensteten zu eng, teilweise in Privatquartieren. Verpflegung der Deutschen befriedigend, der Russen unzureichend. Bekleidung und Schuhe für letztere fehlen. Russen erhalten keine warmen Suppen. Winterbekleidung für Deutsche fehlt. Seit drei Monaten ist keine Seife und keine Marketenderware * gelie-

---

* Die an die Soldaten gegen Bezahlung gelieferte Ware

Im Bw Sinelnikowo der RVD Dnjepropetrowsk waren die 57 2501 und der österreichische VT 44 beheimatet. Der Triebwagen wurde als Befehlswagen genutzt

fert worden. Lampen, Karbid, Holz und Gas fehlen."

So schnell, wie die neuen Direktionen und Ämter aufgestellt wurden, mußten sie nach den schweren Rückschlägen und Gebietsverlusten aufgegeben werden:

- GVD Osten in Warschau-Praga, im August 1944 nach Bromberg verlegt, im Januar 1945 nach Reppen, weiter über die mit der OBD Warschau gemeinsame Abwicklungsstelle nach Waren (Müritz);
- Gedob in Krakau, im Januar 1945 nach Oppeln verlegt, am 23. Januar 1945 aufgelöst;
- OBD Krakau am 24. Oktober 1944 aufgelöst, Aufgaben von Gedob in Krakau übernommen;
- OBD Warschau am 23. Januar 1945 aufgelöst (nach dem Warschauer Aufstand bestand lediglich noch eine Ausweichstelle in Tschenstochau und ein Befehlszug in Koluszki);
- OBD Radom im Januar 1943 als MA Lublin zur OBD Warschau;
- OBD Lemberg im Januar dem General des Transportwesen Süd unterstellt, 30. März 1944 mit Befehlszug nach

Krakau verlegt, Ämter Stanislau und Tarnopol aufgelöst, im Juni dann das Amt Lemberg, Befehlszug weiter nach Laube, dort zum 31. Oktober 1944 aufgelöst;
- RVD Riga: zum 5. Oktober 1944 aufgelöst;
- RVD Minsk: von Brest-Litowsk nach Minsk (September 1941), im Juli 1944 geräumt;
- RVD Kiew: im Oktober 1943 nach Winniza, im Dezember 1943 nach Lemberg verlegt (Kiew am 6. November 1943 verloren), Bezirk bis April 1944 geräumt;
- RVD Dnjepropetrowsk: im September 1943 nach Dolginzewo, im November 1943 nach Uman, im Januar 1944 nach Birsula, ab 19. März 1944 in Odessa, übernahm von der CFR die Betriebsführung der Eisenbahn in Transnistrien (Gebiet zwischen Dnjestr und Bug);
- RVD Rostow: im Februar 1943 Bezirk verloren.

Zur Vollständigkeit seien auch jene Reichsbahndirektionen aufgezählt, die aufgrund der vereinbarten Aufteilung Deutschlands nach Kriegsende zu Polen gehören sollten:
- RBD Breslau: der Befehlszug mit dem Präsidenten verließ Breslau am 26. Januar 1945. Über Görlitz, Reichen-

Heinrich Schinke als Lokomotivführer auf der 50 1054 im Osteinsatz

bach (bei Görlitz) gelangte er nach Coburg. Bis März verblieb in Hirschberg (Schlesien) eine Außenstelle. Über Reichsraming bei Steyr im Juli wurde dann Regensburg als „Abwicklungsstelle der RBD Breslau" erreicht. Endgültige Auflösung Februar 1946;

- RBD Danzig: Aufgrund des Kessels um Danzig verließen seit dem 16. März 1945 die Eisenbahner der RBD die Stadt auf dem Seewege. In Schwerin war die Auffangstelle der RBD Danzig, die nach einem Telegramm des RVM vom 13. März (!) aufgelöst wurde. Die Abwicklungsstelle der RBD Danzig arbeitete noch bis 1946 in Lübeck bzw. Hamburg weiter;

- RBD Königsberg: Im Januar 1945 mit der Räumung begonnen, die Eisenbahner wurden in das Wehrmachtsgefolge übernommen. Aufgrund einer „Pause" an der Front um Königsberg wurde der Bezirk formell zum 13. April 1945 geräumt. In Schwerin befand sich die Abwicklungsstelle, die später dann nach Hamburg wechselte. Das Reichsverkehrsministerium erklärte zum 21. April die RBD für aufgelöst;

- RBD Oppeln: Am 21. Januar 1945 wurde die Direktion nach Neiße verlegt, dann folgten die Orte Jägernhof und Sternberg. Verschiedene Ämter wurden der RBD Breslau überschrieben. Der Befehlszug wurde noch am 9. Mai (!) nach Böhmisch-Trübau gefahren, wo dann am 10. Mai

die Auflösung der RBD folgte. Aus Sternberg versuchten sich die übrigen Eisenbahner über Schlesien in Richtung Erfurt (geplante Abwicklungsstelle) und weiter in Richtung Westen abzusetzen; westlich der Moldau gerieten sie in sowjetische Gefangenschaft;

- RBD Osten: Im Februar 1945 wurden zahlreiche Reichsbahn-Gebäude geräumt; oftmals aber nur vom oberen Teil (Pbf) zum unteren (Vbf); als am 23. April die Stadt verloren war, brannte das RBD-Gebäude. Nachweise über einen Abzug fehlen;

- RBD Posen: 21. Januar 1945 Räumung begonnen, Fahrt über Neu Bentschen nach Booßen bei Frankfurt (Oder), aufgelöst im Februar 1945;

- RBD Stettin: Räumung der Stadt seit dem 8. März 1945, am 20. März verlegte die RBD ihren Sitz nach Neustrelitz. Über Greifswald nach Lübeck gebracht, zum 2. Mai 1945 aufgelöst.

1.7 Bw-Chef für den Osten gesucht

Heinrich Schinke war von 1941 bis 1944 als Gruppenleiter oder Leiter in verschiedenen Bahnbetriebswerken in der besetzten Sowjetunion tätig. Wie man dafür „auserwählt" wurde und wie dort der Tagesablauf war, hat er in seinem Tagebuch notiert.

Am 8. Oktober 1911 wurde Heinrich Schinke in Lingen (Ems) geboren. Sein Vater war in der dortigen Eisenbahnwerkstätte beschäftigt. Bis 1928 besuchte Heinrich Schinke die Mittelschule in Dissen (Rothenfelde), von 1932 bis 1934 studierte er an der Ingenieurschule Technikum Ilmenau in Thüringen. Danach arbeitete er zunächst als Maschinenschlosser im Getriebebau in der Maschinenfabrik Tacke in Rheine, später im Konstruktionsbüro der Firma Fritz Tacke. In dieser Zeit meldete er sich auch bei der Deutschen Reichsbahn, doch der Antwortbrief der Direktion Münster erreichte ihn erst nach längerer Wartezeit. Schließlich folgte dann die probeweise Anstellung im Beamtenverhältnis der RBD Münster als technischer Aspirant der Deutschen Reichsbahn, am 1. Januar 1941 die Ernennung zum außerplanmäßigen technischen Reichsbahninspektor (tRI) im Dienste der RBD Münster.

Eine T 3 mit Frostschutzverkleidung, aufgenommen 1942 im Osten. Personale aus dem Bahnbetriebswerk Coesfeld verrichteten auf der Maschine Dienst

Im Sommer des gleichen Jahres besuchte Heinrich Schinke die Verwaltungsschule in Kirchmöser bei Brandenburg. Dort sollte er sich innerhalb eines achtwöchigen Schulbesuchs mit weiteren Inspektoren das nötige Rüstzeug für die Verwaltungsarbeit aneignen. Doch bereits nach drei Wochen wurde der Lehrgang abgebrochen. Heinrich Schinke wurde zum Kriegsdienst als Eisenbahner im Osten eingezogen.

Ein Einsatz im Osten? Die Erinnerungen an einige Badesonntage im Sommer 1940, die Heinrich Schinke mit seiner Ehefrau Charlotte in Breslau verbracht hatte, waren zwiespältig. Deutlich sichtbar am Eingangstor zur Badeanstalt stand: „Eintritt für Juden verboten".

Dazu Schinke: „ ‚Klein-Paris' haben wir zu Breslau immer gesagt. Da war in Westfalen wer weiß wie lange schon Verdunklung, da durften keine Laternen an der Straße brennen, auch nicht an den Lokomotiven. Da hatten die in Breslau noch alles hell beleuchtet, dort war's eben noch nicht so gefährlich."

Seine Frau hatte er im gleichen Jahr in einem Geschäft in Oppeln kennengelernt. Kurz darauf wurde geheiratet. Verständlicherweise war es ihr Anliegen: „Wenn ich schon als Reichsbahn-Telefonistin eingezogen werde, dann möchte ich auch gerne Dienst bei meinem Mann tun! Wenn ich wenigstens in seiner Nähe bleiben kann!" Dem Wunsch wurde entsprochen. Beide taten längere Zeit gemeinsam Dienst im Osten. Waren sie an verschiedenen Orten eingesetzt, versuchten sie, daß sie wenigstens den Urlaub gemeinsam bekamen.

Als E-Gruppenleiter kam Schinke am 1. September 1941 zum Bw Kasatin II Gbf in der Ukraine. Bereits im Dezember des gleichen Jahres mußte er zum Bw Wapnjarka, gelegen an der Strecke Lemberg – Odessa/Kiew, umziehen. „Ich wurde versetzt von Kasatin West II nach Wapnjarka. Da war ich selber Chef. Wir

Die Greuel des Krieges: Zehn Menschen sind erhängt worden, wofür, verrät das Bild nicht

Die Hauptleidtragenden: Ein alter Jude sitzt bei seinem Hab und Gut und wartet auf den Abtransport

Andrusowo: Hier entgleiste diese Lok. Der Kessel war noch gut, Heinrich Schinke ließ ihn im Bw zum Heizen verwenden

hatten auch Russen zur Arbeit im Bw. Die waren schlau und geschickt, sie machten aus einer Patronenhülse ein Feuerzeug. Sie waren hervorragende Handwerker."

Das Weihnachtsfest im Jahre 1941 feierten die Reichsbahner im Bw Wapnjarka:

„Nachdem wir geschmückt hatten, der Tannenbaum stand und die Gabenteller bereitet waren, haben wir alle Mitarbeiter eingeladen, auch die Russen. Die haben sich unwahrscheinlich gefreut! Sie haben erstmals ihre alten Fahnen und ihre Heiligenbilder wieder ausgegraben, die sie seit Einbruch des Kommunismus versteckt hatten. Sie waren uns unheimlich dankbar, daß sie ihren alten Glauben wieder offen zeigen durften."

Schinke erinnert sich an den Abbau des Kessels einer russischen Dampflok: „Das war schwere Arbeit! Mit einfachen Werkzeugen mußten wir den Kessel vom Fahrwerk abmontieren und mit Kanthölzern abstützen. Die Lok war eine zerstörte russische Dampflok, die an der Strecke liegengeblieben war, von der der Kessel für Heizzwecke zum Bw abtransportiert wurde. Das Fahrgestell war überflüssig, wir konnten nur den Heizkessel brauchen. Unter die Rauchkammer und den Stehkessel haben wir eine U-Schiene gelegt, mit Fett eingeschmiert und zirka zehn Kilometer bis zum Bw Wapnjarka geschleppt. Die Schlosser und die Russen überhaupt waren froh, daß sie im Bw endlich Heizung bekamen. Die kannten das ja gar nicht."

Vom Neubau des Wasserturms vom Bw Wapnjarka erzählt Schinke: „Dabei wäre ich beinahe vor's Kriegsgericht gekommen und eingesperrt worden. Ich hatte einen Auftrag von meinem Eisenbahndirektor. Die Öltanks waren leer, die durften wir abreißen. Die Wehrmacht hatte das Sagen. Unsere Direktion Lemberg hatte sich die Strecken ‚unter den Nagel gerissen', obwohl die Wehrmacht noch alles für sich beanspruchte. Da hatten wir von Rechts wegen noch gar keine Genehmigung. Wir haben die Tanks umgedreht, hochgekantet, sie auf einen Niederbordwagen geschoben und mit den Dampfloks abgeholt. Zwei Behälter haben wir auf Holzgerüste gesetzt und mit Holz verkleidet, damit sie vor Sturm und Schnee geschützt waren. Wir haben uns noch gütlich geeignet, einige Telefonate zwischen Wehrmacht, Direktion und Schinke brachten die Klärung: Weitermachen!"

Die Versorgung der Reichsbahner sicherte der „Eisenbahner-Hof", auf dem stets Schweine mit Ferkeln und Pferde mit Fohlen zu finden waren. „Das Gut lieferte das Essen für das Bw Wapnjarka. Wir brauchten nicht zu sparen, das ging hier anders zu als zu Hause. Wir hatten einen Mittags- und Abendtisch! Dabei half uns ein Kollege. Ich hatte herausbekommen, daß wir einen Eisenbahner hatten, der von Beruf Schlachter war. ‚Wenn Du Schlachter bist, kannst Du auch kochen!' Wir hatten reichlich Vieh."

Im Monat Juni '42 folgte für Heinrich Schinke die Ernennung zum technischen Reichsbahn-Inspektor der RBD Münster „im Osteinsatz".

Der Monat Juli '42 brachte die Versetzung als Leiter der Dienststelle zum Bw Andrusowo West. Somit gehörte Schinke zu den 37 deutschen Eisenbahnern, die dort beschäftigt waren. Gleichzeitig waren 184 russische Bedienstete angestellt. Vorwiegend Lokomotiven der Baureihen 38 (P 8),

Winter in Wapnjarka 1942. Mit dem vorgefundenen russischen Schneepflug ließen sich einige Gleise freihalten

Freizeit: In Ostrowo sitzen die Eisenbahner vor ihrer Baracke, hinten links Dienstvorsteher Schinke

Das Bw Andrusowo West war im Sommer 1942 in hervorragendem Zustand. Eine G 8 wartet vor den Toren

Im Bw Wapnjarka wird
1941 die 55 1611
bekohlt. Den einfachen
Kohlekran hatten sich die
Eisenbahner selbst gebaut,
die Kohle ist eher als
„Blumenerde" zu
bezeichnen

57 (G 10) und 91 (T 9.3) waren in diesem Bw beheimatet.

Das Dienstgebäude des Bw Andrusowo West war kein Brettergebäude, sondern ein stattliches Bauwerk, etwas abseits vom Bw. Das Bw selbst war so neu, daß von den russischen Loks noch keine darin gestanden hatte. Die Russen mußten wohl so schnell fliehen, daß sie das neue Bw nicht mehr selbst nutzen konnten. Es fiel unzerstört den Deutschen in die Hände, weil die Russen überhastet abzogen oder weil

sie meinten, die Deutschen würden sich nicht lange halten können.

Schinke über seine Zeit in Andrusowo: „In Andrusowo hatten wir noch ein Gut dabei. Wir hatten 40 Stück Rindvieh. Allerdings war es 14 Kilometer entfernt. Aber wir verstanden es, damit auch die Kantine zu versorgen."

„Mit der russischen Landbevölkerung sind wir gut zurechtgekommen. Die haben uns öfter eingeladen, so war ich mit meiner Frau bei ihnen, in Begleitung meines Schreibgehilfen,

Ein einsamer Steineklopfer
von der Organisation Todt
arbeitet im zerstörten Bw
Ostrowo. Heinrich Schinke
fotografierte im Fahren
beim Rückzug

eines urgemütlichen Burschen aus Berlin. Die Kinder waren etwas scheu, ließen sich dann aber mit uns zusammen ablichten. In den Häusern ging es ganz einfach zu, der Boden bestand aus gestampftem Lehm."

Zu den russischen Bauern schien ein herzliches Verhältnis zu bestehen, wie Bilder vom „Eisenbahnergutshof" Andrusowo West aus dem Sommer 1943 bezeugen. Allerdings war der Bauernführer ein strammer Nationalsozialist, er wollte stets mit Blasmusik empfangen werden.

„Bis nach Kasatin hin kam der Russe angerückt, da mußten wir eilig verschwinden. Innerhalb von vier Stunden mußten alle weg sein. Ein Leerwagenzug stand noch im Bahnhof, in den mußten wir hinein. Ein Zug aus G-Wagen, da konnten wir nach oben durchgucken, alles war zerfetzt. Aber wir waren froh, daß überhaupt noch etwas fuhr."

„Die Ukraine (Winniza, Kasatin, Wapnjarka u.a.) war unglaublich fruchtbar, die Sonnenblumen wuchsen haushoch. Wie die Russen etwa ihr Korn transportierten, das war für mich nicht nachvollziehbar, sie schaufelten es einfach auf Niederbord- und Rungenwagen hoch auf und wenn die Züge losfuhren, war alles vom Winde verweht.

Zur Zeit des Rückzugs haben wir Züge gesehen, zum Beispiel mit Brückenteilen, die wurden von Pontius nach Pilatus geschickt und erreichten ihr Ziel nicht. Da mußte doch Sabotage im Spiel sein.

Wenn wir neue Loks bekamen – Baureihe 52 – fuhren die zu dreien oder vieren hintereinander. Das haben die Russen herausgekriegt. Von Kasatin ging es nach Schmerinka rein, eine Stichstrecke, dort haben sie die Schienen auseinandergerissen, da lagen dann alle vier Loks auf der Seite. Wir mußten sie mühsam wieder aufrichten und auf die Gleise stellen. Mit den Kränen waren sie sehr sparsam von der Direktion. Wenn ich dann sagte: ‚Schicken Sie uns doch einen 25 Tonnen-Kran!' – damals hatten unsere blauen Eisenbahner das Sagen – bekam ich die Antwort: ‚Wenn Sie den bezahlen wollen …'. Es blieb uns nichts anderes übrig, wir

In der Nähe von Andrusowo war ein Lokomotivkessel explodiert. Über einen Kilometer entfernt fand man Treibstange und Kolben

mußten uns mit Preßluft abquälen, um die Loks wieder auf die Schienen zu bekommen. Wir mußten sie hochheben, aufstellen und auf die Seite ziehen. Eine mühsame Sache! Auch die russischen Eisenbahner mußten dabei helfen. Unter den Russen waren tüchtige Kerls, Schlosser vor allem. Sie haben von uns regelmäßig jede Woche ihren Lohn gekriegt. Sie waren froh über das gute Auskommen mit uns. Sie kamen teilweise zehn bis zwanzig Kilometer zu Fuß bis zu ihrer Dienststelle gelaufen, unterwegs haben sie ihre Schuhe ausgezogen und gingen barfuß, um ihr Schuhwerk zu schonen. Damals standen diese Ukrainer noch mehr auf unserer, als auf der russischen Seite. Die blauen Eisenbahner haben die Menschen in Rußland doch wohl anerkannt, sie konnten ja auch nichts dafür, daß sie an diese Stellen versetzt wurden und dann das Sagen hatten."

Rückzug hieß es dann im Mai 1943. Nun war Schinke wieder B-Gruppenleiter im Bw Kasatin II. Diese Aufgabe nahm er bis zum Dezember 1943 wahr. Als Leiter eines Bw arbeitete er erst wieder seit dem Februar 1944. Das war im

Stryj in Laube ordnete diese Versetzung zwangsläufig vor der nahenden Front an. Als B-Gruppenleiter blieb er dort ganze acht Tage, drei Tage war er dann Gerätewagenaufsicht im Bw Sambor in Galizien sowie ab dem 28. Juli 1944 Leiter des Bw Sambor, geflohen zum Standort Sianki in Ungarn.

„Meine Frau und ich haben dann noch einmal Urlaub gemacht, dann habe ich sie aber gleich daheim gelassen. Ich selbst mußte allerdings wieder zurück. Da ging doch das Knattern und die Knallerei in Lemberg schon los. Wir hatten einen Hilfszug, da bin ich auf dem Trittbrett herausgekommen. Ich war Leiter des Hilfszuges und war der letzte, der den Ort verließ. Die Feldgrauen waren alle schon verschwunden Richtung Heimat. Aber wir blauen Eisenbahner mußten noch dableiben und sichern. Wenn noch mal etwas passierte, sollten wir z.B. die Züge wieder aufgleisen. Wir waren nicht unbewaffnet, hatten aber nur ‚eine Knarre‘."

Ein leerer Öltank beim Aufrollen auf Flachwagen, aus ihm wurde ein Wasserbehälter

Bw Potutory in der Ukraine. Eigentlich war Potutory nur eine Einsatzstelle vom Bw Tarnopol. Am 15. Juli 1944 folgte der Wechsel zum Bw Drohebycz in Galizien. Die Abwicklungsstelle

Die Bahnlinie von Sambor (Kreisstadt mit Eisenbahnknotenpunkt) nach Stryj führt über den Dnjestr und weiter in Windungen durch das Vorland der Karpaten. Sianki (Ungarn) ist 90 Kilometer von Sambor entfernt, etwa dreieinhalb Stunden Fahrzeit mit dem Personenzug. Die kurzen Dienstzeiten sind eine Folge

Die ehemaligen Ölbehälter wurden auf eine Holzkonstruktion aufgeständert und schließlich noch völlig verkleidet. Aufnahme aus Wapnjarka 1942

aus den raschen Absetzbewegungen der Deutschen Wehrmacht und damit der deutschen Eisenbahner nach dem verlorenen Rußlandfeldzug „Heim ins Reich".

Sieben Wochen später, am 22. September 1944, wurde der Rückzug mit einem Eisenbahnausbesserungszug nach Westen, an die Elbe, befohlen. Über die letzten Tage im ehemaligen Ostdeutschland sagte Schinke:

„Mit dem Fotoapparat habe ich Glück gehabt. Es ist alles heil im Westen angekommen. Als wir in Oppeln auf dem Rückmarsch räumen mußten, da haben wir eingepackt, was man so einpacken konnte, meine Frau war bei der Güterabfertigung, das war schon ein Pluspunkt, denn so nahm die Bahn sämtliche Kisten ab. Meine Frau kam noch einmal zurück in den Osten; aus Angst um mich und trotz der drohenden Verhaftung, da sie bei der Reichsbahn ihre Arbeit nicht wieder aufnahm.

Froh waren wir, daß es geschneit hatte, so konnten wir die schweren Kisten auf dem Schlitten ziehen, wir hätten mit dem Bollerwagen gar nicht alles mitbekommen. Wir haben in Breslau dann auf die Wehrmachtszüge gewartet, aber da war was los, unbeschreiblich! So viele Leute wollten alle auf einmal nach Hause! Ein Chaos ohne Ende. Wir lagen buchstäblich in den letzten Zügen …"

Schinke erinnert sich noch einmal an die zuvor erwähnte „Knarre": „Mit dieser Pistole habe ich mehrfach Schwierigkeiten bekommen. Einmal erhielt ich in Winniza (Ukraine) wegen unvollständiger Uniform, ich war ohne Koppel und die Pistole erschienen, eine Rüge. Auf dem Rückzug aus dem Osten bin ich manchmal als letzter mit einem Hilfszug, mit der Pistole in der Hand, aus aufgegebenen Stationen entkommen, nachdem die Soldaten und die übrigen Eisenbahner bereits geflohen waren."

Nach dem Krieg sagte sich Schinke: „Ach, die alte Pistole gibst Du nicht ab, behältst Du sie mal als Andenken."

Er vergrub das gute Stück im Garten seiner Dienstwohnung. Schinke fürchtete auch den Weg mit der Waffe per Fahrrad von seiner weit entfernten Wohnung in Rheine zur Ablieferung bei der Dienststelle, um nicht unterwegs bei einer Kontrolle verhaftet zu werden. Da ihn jemand anschwärzte, kam heraus, daß er, statt die Pistole abzuliefern, sie zu Hause vergraben hatte.

Er wurde wegen unerlaubten Waffenbesitzes vor ein englisches Gericht gestellt und vom Amtsgericht Rheine zu neun Monaten Gefängnis verurteilt. Auf unablässiges Ersuchen seiner Frau und unter Zuhilfenahme einer Anwältin, die mit Naturalien bezahlt wurde, entließ man ihn nach drei Monaten vorzeitig, und er konnte zum Bw Rheine R zurückkehren.

Heinrich Schinke, seit 1944 als Gruppenleiter im Bw Rheine, arbeitete bis 1973 als Leiter oder Außenstellenleiter in den Bw Coesfeld, Gronau und Haltern.

Rückblickend auf die Zeit im Osten äußerte Heinrich Schinke:

„Ich habe eigentlich immer Glück gehabt, keine Verwundungen erlitten, bin viel herumgekommen und manchmal mit dem letzten Zug heil herausgekommen. Die ganze Zeit des Krieges mitzumachen, war zugleich schön und schlimm. Grausam sind jedoch die Erinnerung an die verschleppten und umgebrachten Juden oder russischen Menschen.

Mein Wunschtraum war immer, all die Orte und Gegenden im Osten, in den ehemaligen deutschen Gebieten in Polen und Rußland, nach dem Krieg noch mal wieder aufzusuchen, aber das war mir leider nie möglich."

2 Der Lokomotiveinsatz

2.1 Leihlokomotiven in den Krieg

Mit welchen Lokomotiven konnten die Frontbereiche rechnen? Oftmals wurden Maschinen von anderen Direktion abgesandt, die kaum für den Osteinsatz geeignet oder bereits überaltert waren. Das traf besonders bei den älteren preußischen Typen zu. Aufgrund der Aktivitäten an der Westfront gelangten zur DRB auch französische und belgische „Leihlokomotiven". Oftmals waren dies ebenfalls einst preußische Typen, die entsprechend der Klausel VII des Waffenstillstandsvertrages vom 11. November 1918 und des Versailler Vertrages nach dem Ersten Weltkrieg von Deutschland an jene Länder abgegeben werden mußten.

Bereits im November 1940 beauftragte die Deutsche Reichsbahn Eisenbahnabteilungen des RVM in einem Telegrammbrief über die „Abgabe von Reichsbahn-Lokomotiven für die eingegangenen französischen Leihlok der 1. Welle", u.a. die RBD Essen fünf G 8.1 an die RBD Posen „beschleunigt abzugeben." Unter dem Vermerk „Übernahme von Lok aus den westlichen Gebieten" erhielt beispielsweise die RBD Breslau „aus der Zuteilung 1. Welle" drei G 8.2 und aus der 3. Welle acht P 8 und jeweils vier G 8.1 sowie G 8.2.

Auch die RBD Oppeln profitierte davon. Oppeln erhielt mit der 3. Welle im Dezember 1940 vier einstige preußische T 16.1, die als französische 050 TB eintrafen. Aus der 5. Welle erhielt die RBD im März 1942 neun T 16. Auch der RBD-Bezirk Posen wurde noch einmal bedacht. Diesmal waren es im Jahre 1941 fünf einst französische 050 TB bzw. T 16.

Beispielsweise zeigt der Jahresnachweis der RBD Karlsruhe von 1942 über ihren Lokomotivpark, von welchen Fahrzeugen sich diese Direktion „entledigte" und wie demzufolge Ostdirektionen kaum davon profitierten. An zwei Beispielen sei dies skizziert:

An RBD Danzig:
- 58 211, 253, 269, 300, 312, 1689, 1833, 2131

An RBD Posen:
- 52 086 – 088, 090, 093

An OBD Warschau (und andere im Osten):
- keine.

Übernommen wurden u.a. von der RBD Oppeln zwölf Maschinen der Reihe G 8.1, von der OBD Warschau sechs badische G 12 sowie 37 (neu ab Werk) 44, vier 50, 15 Maschinen der Baureihe 52 (von denen fünf an die RBD Posen geschickt wurden) und sieben neue 86.

Offenbar erst im Folgejahr wurde erkannt, wie dringend die Ostdirektionen Lokomotiven benötigten. Neben den Neulieferungen von 39 Maschinen der Baureihe 50, 29 der Baureihe 44 und vier der Baureihe 86 an die RBD Karlsruhe wurden im Jahre 1943 von dieser Direktion insgesamt 273 Lokomotiven abgegeben. Dazu zählten:

An RBD Königsberg:
- 50   036, 2684,
- 55   5016, 5040, 5064, 5179, 5189, 5221, 5250, 5259, 5269, 5369
- 040 D   479, 532, 539, 411, 422

An Gedob Krakau:
- 38   2800, 3272, 3355, 3810,
- 50   844, 1631
- 58   216, 242, 284, 289, 292, 316, 1159, 1564, 1634,
- 55   5014, 5029, 5048, 5057, 5074, 5079, 5083, 5105, 5173, 5197, 5213, 5222, 5243, 5246, 5253, 5255, 5279, 5305, 5313, 5316, 5343, 5346
- 140 A   502, 517, 545, 558, 564, 570, 571, 576, 582, 597, 1028, 1029
- 140 B   1109, 1237
- 140 D   300, 309, 686,
- 140 G   4, 9, 197, 286, 505

Weitere 36 französische Leihlokomotiven der Reihen 040 und 140 erhielt die RBD Oppeln, die RBD Posen bekam 21 der Reihe 140.

Die Anzahl der Leihlokomotiven, die seit Spätherbst des Jahres 1940 die DRB den Ostdirektionen überstellte, zeigt die nebenstehende Tabelle. 1942 übernahm die DRB 490 französische und belgische Maschinen, von denen lediglich 33 zunächst in den Osten gingen. Im Folgejahr änderte sich das Bild.

Nicht nur an der Ostfront, im besetzten Polen und in der Sowjetunion, benötigte die Reichsbahn Lokomotiven, auch an der Westfront sowie bei der WVD Südost in Belgrad fehlten sie. Am 2. September meldete der Bearbeiter Nagel der RBD Wien, daß sie gemäß des Auftrages des Mineis („Drahtwort" für Ministerium für Eisenbahnwesen, siehe auch Anhang 9) über das Bw Wien Süd an Wehrmachtstransportleitung Südost (WTL SO) 104 Lokomotiven der Gattung G 10 und 24 der Gattung G 12 abgegeben hätten. Diese Maschinen trafen im August von den Direktionen München, Kassel, Königsberg, Breslau, Oppeln, Osten und Linz in Wien ein.

Die RBD Schwerin ermittelte im Jahre 1941, daß die 55 3773, 56 002, 56 204, 209, 55 2679 im Osten und die RVM-Reserve 57 1015, 1408, 1496, 1542, 1640, 2404, 2690 und 2982 im Westen wären.

Im Juni 1940 erhielt die RBD Nürnberg laut Statistik sieben Lokomotiven der Reihe 57, eine der Baureihe 50 von der WVD Brüssel zurück und stellte fest, daß sich dort noch eine 38, zwei 55, drei 56 und elf Lokomotiven der Baureihe 57 der RBD Nürnberg befinden. Aber auch die zuvor genannten acht Maschinen wurden noch aufgeführt.

Im RBD-Bezirk Nürnberg waren seinerzeit auch verschiedene Triebwagen-Gattungen im Einsatz. Im Jahresbericht von 1943 der RBD stand hinter den VT 137 017 – 021 „Sondereinsatz im Westen" und den VT 137 452 – 454 und 137 456 – 458 „Sondereinsatz im Osten" vermerkt. Eine nähere Ortsangabe sowie ein Einsatzzweck fehlten. Zwei Monate später kamen dann auch die VT 137 459 – 461 zum Sondereinsatz im Osten.

Die Kö 4305, bisher im Eisenbahn-Pionierpark Fürstenwalde eingesetzt, wurde zum 2. Januar 1943 an den Osten verliehen.

Leihlokomotiven für die Ostfront

RBD	1940 Stück	1942 Stück	1943 Stück
Breslau	27	10	144
Danzig	32	–	110
Königsberg	20	12	200
Oppeln	34	8	241
Osten	32	3	74
Posen	40	–	186
Stettin	30	–	115
Gedob	–		343

Auch im Jahre 1942 benötigten die östlichen Direktionen stets Ersatz an Lokomotiven. So gab die RBD Dresden ab:
An die RBD Breslau:
- 38   1307, 1956, 2312, 3290, 4046
- 50   163, 167, 750, 751, 1100 – 1108, 1505 – 1508, 1510, 1829, 1832, 1833
- 58   414, 416, 426, 1415, 1871, 1906, 2116

An die RBD Danzig:
- 50   2203, 2207, 2208

An die RBD Königsberg:
- 50   2201, 2205, 2206, 2885 – 2887
- 55   1720, 1846, 1935, 1961, 2012, 2014, 2031, 2114, 2140, 2160

An die RBD Oppeln:
- 01   1091
- 50   604, 749, 752, 755, 1098, 1514, 1826, 2200, 2605 – 2608, 2888 – 2890

An die RBD Osten in Frankfurt (Oder):
- 50   600, 2204, 2891, 2892

An die RBD Posen:
- 38   1930, 4049
- 50   154, 164, 167 – 169, 606, 748, 1109, 1541, 1543, 1544, 1827, 2202, 2599 – 2601

An die Gedob Krakau:
- 38   1253, 1732, 2029, 4030, 4051
- 50   166, 1095, 1099, 1511, 1542, 2602 – 2604
- 57   1126, 1295, 2686, 3077, 3111, 3131
- 91   537.

Die in der Übersicht auf den folgenden Seiten genannten Abgaben aus dem Direktions-Be-

Abgaben des RBD-Bezirkes Nürnberg nach dem Osten 1939 – 1943

Monat	Lokomotiven	Bestimmung	Summe	Bestand * (alt/neu)
September 1939	57 1034, 1092, 2327, 2678, 2681, 2689, 2691, 2692, 2707, 2709, 2710, 2711, 2926, 3006, 3420	RBD Oppeln	15	95/75 G 10
	57 3421, 3424	RBD Osten	2	
	57 1503, 2708, 3009	RBD Posen	3	
Oktober 1939	57 1721, 2714, 3002, 3003, 3004	RBD Oppeln	5	75/70 G 10
Februar 1940	38 2794 (leihweise)	Gedob	1	65/64 P 8
März 1940	55 2598, 3591	RBD Breslau	2	22/20 G 8
August 1940	57 1018, 1076, 1340, 2715, 3422	CFR	5	-
September 1940	57 1020, 2894, 3018	RBD Königsberg	3	70/59 G 10
	57 1115, 1340, 2715, 3422	(über RBD Oppeln, waren für Rumänien bestimmt)		
Oktober 1940	91 509, 1402	Gedob	2	25/23 T 9
März 1941	57 2706, 2895, 3429	RBD Königsberg	3	48/45 G 10
	55 3546, 3745, 4518, 4930	RBD Danzig	4	24/20 G 8
April 1941	58 1093, 1678, 1883, 1916 verliehen	BDZ	4	85/- G 12
Mai 1941	55 2504, 2689, 2832, 3164, 3505, 3600, 3749, 3864, 4035, 4300, 4495, 4768, 4827	Gedob	13	20/6 (?) G 8
	56 420	Gedob	1	
	56 464, 728	RBD Danzig	2	12/9 G 8.1 U
	57 1015	RBD Breslau	1	45/44 G 10
	38 2035, 4008	Gedob	2	70/68 P 8
Juli 1941	57 1004, 2209, 2691, 2712, 2892, 2898, 3010, 3012, 3016, 3017, 3400, 3419, 3425, 3460	RBD Posen verliehen	14	44/- G 10
August 1941	58 1695, 1749, 1764, 1890, 1984	RBD Oppeln	5	89/84 G 12
	57 2206, 2280, 2689, 2711, 2926 verliehen	RBD Danzig	5	44/- G 10
September 1941	50 254, 258, 1420, 1421, 1422	RBD Osten	5	29/24 R 50
	56 446 verliehen	Bw Bobrinskaja	1	4/- G 8.1 U
	91 559, 784, 1269, 1278, 1644 verliehen	Bw Luga	5	29/- T 9
Oktober 1941	57 1746 verliehen	Bw Dnjepro	1	44/- G 10
	57 3374 verliehen	Bw Wilna	1	
	91 669, 1093 verliehen	Bw Minsk	2	29/- T 9
Dezember 1941	38 1187, 1228, 1489, 1603, 2796, 2797, 2798, 2804, 2806, 2928, 3699, 3703, 4000, 55 105, 281, 1692, 1693, 1786, 1806 56 217, 436, 446, 458 57 1004, 1005, 1018, 1076, 1139, 1163, 1169, 1292, 1746, 2159, 2206, 2209, 2280, 2425, 2643, 2678, 2680, 2690, 2691, 2711, 2712, 2892, 2926, 3010, 3012, 3013, 3014, 3015, 3016, 3017, 3020, 3374, 3400, 3404, 3418, 3419, 3423, 3425, 3426, 3432, 3460	An die Wehrmacht im Osten verliehen		
	91 549, 559, 669, 742, 784, 818, 851, 984, 1083,	An Rumänien verliehen		➜

Abgaben des RBD-Bezirkes Nürnberg nach dem Osten 1939 – 1943 (Fortsetzung und Schluß)				
Monat	Lokomotiven	Bestimmung	Summe	Bestand * (alt/neu)
noch Dez. 1941	91 1093, 1269, 1278, 1299, 1310, 1445, 1644, 1745			
	45 026, 027	An Bulgarien verliehen		
	58 1093, 1678, 1883, 1916			
Januar 1942	38 1845, 3704	Gedob	2	66/64 P 8
	58 1571, 1681, 1683, 1694, 1703, 1751, 1828, 1830, 1982, 1985	Gedob	10	87/63 G 12
	44 022, 128, 277, 306, 312	RBD Posen	5	57/50 R 44
	44 053, 126, 231	RBD Breslau	3	
	38 1240, 2813, 2805, 2940, 3349, 3758	HBD Nord	6	
	38 1439, 2004, 2045	FBD 4	3	
	55 1746	HBD Mitte	1	
Januar 1942	An den besetzten Osten abgegeben		93	
Februar 1942	58 2084	Gedob	1	87/69 G 12
	38 1973, 2229, 2808, 2824, 3759	Gedob	5	
	38 1701, 3702, 4015	HBD Süd	3	66/57 P 81
	58 247, 1713, 1987, 2080	HBD Mitte	4	
	58 1709, 1988, 2128	HBD Süd	3	
	91 1576	HBD Mitte	1	29/28 T 9
März 1942	41 303	RBD Osten	1	30/29 R 41
	58 1241, 1827	RBD Breslau	2	69/64 G 12
	58 295, 1891	Gedob	2	
	140.561, 1395, 1423, 1463, 1544	Gedob	5	
	140.388, 476, 685, 1451	RBD Posen	4	
März 1942	An den besetzten Osten abgegeben		127	
April 1942	91 720, 1525 verliehen	FBD 3	2	
Juni 1943	An den besetzten Osten abgegeben		148	
Oktober 1943	Im besetzen Osten – verliehen		135	
	In Bulgarien – verliehen		7	
	Bei WTL Südost		17	
	Kleinlok bei Dritten		135	

Anmerkung: Der Bestand (*) kann aufgrund weiterer Abgaben oder Zuführungen von der rechnerischen Differenz abweichen; ferner wurde diese von der RBD nicht immer ermittelt

zirk Nürnberg veranschaulichen, wie sich der Lokomotivpark in den Bahnbetriebswerken im „heimischen Reich" veränderte und wie sich letztlich der Park in den Ostbezirken zusammensetzte.

Die Abteilung E III des RVM gab am 18. Juni 1942 das Schreiben zum „Bestand an eigenen Fahrzeugen bei der Deutschen Reichsbahn und der Ostbahn (Gedob) – ausschl. Elsaß, Lothringen, Luxemburg, Untersteiermark u. Oberkrain – Voll- und Schmalspur in Stück" heraus. Die Übersicht auf der folgenden Seite zeigt den Fahrzeugbestand zum Zähltag, dem 31. März 1942. In den Zahlen sind auch die in Polen erbeuteten Fahrzeuge enthalten. Die einst „polnischen Lokomotiven sind umgenummert, in

Fahrzeugbestand DRB und Gedob (außer Elsaß, Lothringen, Luxemburg, Untersteiermark, Oberkrain) am 31.3.1942		
Fahrzeugart	bei der DRB	bei der Gedob
Dampflok	28 304	1 373
davon betriebsfähig	17 449	896
elektrische Lok	924	6
davon betriebsfähig	726	4
Triebwagen für Fahrleitungen	1 430	44
davon betriebsfähig	1 276	34
Steuer- und Beiwagen	1 587	40
davon betriebsfähig	nicht erfaßt	
Triebwagen mit eigener Kraftquelle	1 125	12
davon betriebsfähig	948	7
von den Triebwagen sind der Wehrmacht zur Verfügung gestellt	207	–
Steuer- und Beiwagen zu Triebwagen	1 032	2
davon betriebsfähig	959	2
von den Steuer- und Beiwagen sind der Wehrmacht zur Verfügung gestellt	8	–
Personenwagen	70 500	2 435
Güterwagen (ausschließlich Bahndienstwagen)	804 580	20 765

In der Zeile der Dampflokomotiven wurde noch zusätzlich folgende Unterteilung vorgenommen:

	Lok bei der DRB	Lok bei der Gedob
betriebsfähig	17 449	896
Ausbesserung	4 715	393
verliehen	6 140	84
Summe	28 304	1 373

den deutschen Nummernplan eingereiht und ab 1.1.42 in den Bestand der DRB übernommen." Zu den erbeuteten Fahrzeugen gehörten:

- Dampflokomotiven 3 000
- Elektrische Lokomotiven 6
- Triebwagen für Fahrleitungen 44
- Steuer- und Beiwagen dazu 40
- Triebwagen mit eigener Kraftquelle 38
- Steuer- und Beiwagen dazu 2
- Personenwagen 1 730
- Güterwagen (ausschließlich Bahndienst- und Schmalspurwagen) 64 947

In den Anhängen 1 und 2 sind weitere Lokomotivzuführungen für die Gedob und Stationierungsangaben zu finden.

Für den Monat Mai 1944 liegt noch ein Vergleich der Anzahl der Lokomotiven vor:

DRB	Gedob	RVD Riga	RVD Minsk	FEKdo 2
30 860	2103	922	668	119

Die bereits zuvor erwähnten Abgaben aus dem RBD-Bezirk Nürnberg können für das Jahr 1943 noch einmal aktualisiert dargestellt werden. Im Februar ermittelte die RBD folgende 159 Lokomotiven, die nach dem „Osten verliehen" wurden:

Lok-Nummer   Gesamtstückzahl
- 38   1146, 1187, 1228, 1240, 1266, 1302, 1315, 1340, 1438, 1439, 1440, 1489, 1596, 1602, 1824, 1835, 1906, 1973, 2004, 2045, 2116, 2229, 2287, 2742, 2793, 2795, 2796, 2797, 2798, 2805, 2807, 2808, 2812, 2813, 2824, 2928, 2940, 3028, 3349, 3352,

Vom Bw Romni (oder Romodan) ist die 55 3366 auf Reisen geschickt worden. Der sowjetische Eisenbahner gibt dem Lokführer des Zuges ein Haltesignal mit der Fahne (BA 413/1674/1)

	3353, 3475, 3477, 3699, 3700, 3701, 3702, 3703, 3705, 3758, 4001, 4015	57
• 55	105, 281, 1692, 1693, 1746, 1786, , 2504, 2689, 2832, 3164, 3505, 3600, 3749, 3864, 3895, 4035, 4300, 4495, 4768, 4827	14
• 56	217, 240, 446, 458	4
• 57	1004, 1005, 1018, 1076, 1139, 1163, 1169, 1292, 1746, 2159, 2206, 2209, 2280, 2425, 2643, 2678, 2680, 2691, 2689, 2690, 2711, 2712, 2892, 2898, 2926, 3010, 3012, 3013, 3014, 3015, 3016, 3017, 3020, 3374, 3400, 3404, 3418, 3419, 3423, 3425, 3426, 3432, 3460	43
• 58	1697, 1987, 1988, 2011, 2128	5
• 91	436, 559, 608, 669, 720, 742, 784, 793, 818, 851, 984, 996, 997, 1093, 1188, 1269, 1278, 1310, 1445, 1474, 1525, 1576, 1644, 1659, 1709, 1745	26
• 92	521, 586, 615	3

Ferner wurden im Park geführt:
- • 58   1298, 1748, 1792, 1822, 1882 und 1883 verliehen nach Bulgarien;
- • Kö   4239, 4241, 4242, 4243, 4244, 4263, 4264 und 4305 verliehen an den Eisenbahnpionierpark Fürstenwalde (Spree).

Der Jahreswechsel 1943 / 1944 brachte nicht nur die Rückwärtsbewegung an der Front, sondern damit verbunden auch die Rückkehr einst verliehener Dampflokomotiven:

Zum 31. Januar 1944 wurde für die Reichsbahndirektion Nürnberg folgender Ausleihbestand festgehalten:
- • In den besetzten Osten verliehen: 118
- • In Bulgarien eingesetzt: 16
- • Bei GTrSO Belgrad: 11
- • An WTL Südost in Wien: 1
- • Kleinlok bei Dritten: 8

Allein im Februar 1944 kehrten zehn Maschinen der Baureihe 38 (P 8), im März neun 38 zurück. Somit waren nur noch 99 Lokomotiven leihweise im „Ost-Einsatz". Im nächsten Monat kehrten elf Lok der Baureihe 38, jeweils eine 55 und 56 sowie sechs Lokomotiven der Baureihe 57 zurück.

Dieser Prozeß setzte sich nicht nur hier fort, ähnliche Entwicklungen waren auch in den anderen Direktionen feststellbar.

Von der RBD Breslau wurde die 56 2625 zum Bw Snamenka geschickt. Südwestlich von Krementschug hat sie einen langen Zug mit Kriegsgerät übernommen (BA 233/894/29)

Abgabelokomotiven der RBD Erfurt im Jahre 1942

Empfänger	Lokomotiven
HBD Süd	38 1075, 1596, 1601, 1602, 1641, 1793, 1877, 1981, 2214, 2565, 2568, 2708, 2941, 3129, 3130, 3507
	55 4440, 4592, 4737, 4806
	93 1134
HBD Mitte	38 1157, 1515, 2198, 2828, 3134
	55 2607, 3173, 3551, 4350, 4894
	57 1646, 2647, 3263
	91 397
	93 830, 952
HBD Nord	38 1594, 1598, 1650, 2945
	55 5327, 5392
HBD Ost	91 1107
	93 1138, 1171, 1214
im Osten (Wehrmacht)	38 1250, 1639, 1693, 1746, 1807, 1873, 1875, (1923), (2133), 2267, 2548,

Empfänger	Lokomotiven
im Osten (Wehrmacht)	38 2943, 3127, 3135
	55 2564, 2565, 2608, 2835, 2836, 2838, 2885, 2889, 3165, 3236, 3349, 3390, 3553, 3555, 3558, 3561, 3562, 3581, 3614, 3684, 3688, 3774, 3965, 3969, 3971, 3973, 3976, 3977, 4038, 4192, 4199, (4237), 4240, 4257, 4301, 4377, 4623, 4624, 4668, 4713, 4733, 4817, 4896, 4898, 4904, 5067, 5070, 5126, 5254, 5284, 5287, 5295, 5369, 5391, 5566, 5606
	57 1041, 1094, 1095, 1097, 1099, 1145, 1146, 1147, 1167, (1171), 1174, 1245, 1277, (1333), (1436), (1451), (1501), 1635, 1650, 1651, 1652, (1764), 2013, (2017), 2160, (2198),

Zum 30. Juni 1944 liegt erneut der Gesamtbestand aller Leihlokomotiven der RBD Nürnberg vor:

Lok-Nummer		Gesamtstückzahl
Im Osten:		
• 38	1187, 1906, 1973, 2045, 2116, 2795, 2997, 2806, 2812, 2813, 2824, 2928, 3028, 3353, 3699, 3700, 3703, 3705, 4000, 4001, 4015	21
• 55	105, 281, 1692, 1693, 2689, 3164, 3505, 3600, 3895, 4300, 4495, 4768, 4827	13
• 56	217, 436, 446, 458	4
• 57	1004, 1005, 1018, 1079, 1577, 2206, 2425, 2643, 2678, 2689, 2690, 2691, 2711, 2926, 3374, 3424	16
• 58	2011	1
• 91	436, 559, 669, 742, 784, 793, 818, 996, 1078, 1310, 1445, 1576, 1644, 1709, 1745	15
In Bulgarien:		
• 57	1307, 1462, 1475, 2612, 3176, 3472, 3488	7
• 58	1298, 1882, 1883, 1982, 1985	5
GTrSO Belgrad:		
• 55	2504	1
• 57	1163, 2952, 3013, 3015	4
• 58	1212, 1269, 1750, 1987, 2081	5

Kö im Osten:

• Kö	4305	1
In Fürstenwalde:		
•	4239, 4241, 4242, 4243, 4244, 4263, 4264	7

Gesamtsumme: 100

Wenn bisher in der Literatur erklärt wurde, daß lediglich die östlichen Direktionen des Reiches Lokomotiven nach dem Osten abgeben mußten und nur die „Löcher" mit Zuführungen aus den westlichen RBD'en „gestopft" wurden, kann dies am Beispiel der Direktionen Frankfurt am Main und Erfurt widerlegt werden. Beide RBD'en gaben Lokomotiven an östliche Direktionen sowie für den Osteinsatz an die Frontgebiete ab.

Die Auflistung der RBD Erfurt über die Abgaben hebt lediglich jene hervor, die direkt an die Ostfront gingen. Bisher nicht berücksichtigt wurden die Abgaben an die RBD Posen, Osten, Oppeln mit nahezu dem Gesamtbestand der Baureihe 50, den „Elsaß-Lokomotiven" (Baureihe 55) an die RBD Breslau sowie den zahlreichen französischen und belgischen Leihlok, die

Empfänger	Lokomotiven
im Osten	(2201), 2208, 2213, (2214), 2343,
(Wehrmacht)	57 2353, (2393), (2394), 2396, 2418, 2419, 2421, (2424), (2426), 2443, (2580), 2620, (2623), 3168, 3170, (3172), (3173), 3190, 3194, 3195, 3198, 3337, 3339, 3340, 3402, 3403, 3407, 3408, 3409, (3410), 3463, (3464), (3480), 3481, 3482, 3488
	91 (1217), (1651), (1820)
	Kleinlok 4168, 4202, 4205, 4206, (4429), 4430, 4835, 4933
Gedob Krakau	38 2546
	57 3485
RVD Riga	38 1923
RVD Minsk	38 2860, 2933
FBD 3	38 1620, 1729, 2133, 2804, 2841
	91 663, 972

Empfänger	Lokomotiven
FBD 3	93 506, 594, 601, 709, 710, 823, 829,
	93 886, 887, 988, 989, 1034, 1035, 1127, 1135, 1139, 1144, 1172, 1184, 1215, 1228, 1244
FBD 4	91 819
	93 1143, 1242
FBD 5	38 1470, 2564, 2939, 2946, 2947, 3128, 3200, 3502
FBD (Nr.?)	50 2404
unbekannt	38 1472, 2227, 2935, 3164
an BDZ verl.	58 1086, 1088, 1388, 1543, 1545, 1941 getauscht gegen 1947

Anmerkung: Bei Lokomotiven in Klammern im Verzeichnis der RBD Erfurt wurde im Jahre 1942 der Zusatz „z.Zt. Wehrmacht" gestrichen, dafür ein anderer Bestimmungsort vermerkt (zum Beispiel: 38 1923 von „im Osten" an RVD Riga).

Im Bw Cherson (südwestliche Ukraine) wird die 38 2321 versorgt. Die Schlosser bemühen sich um den linken Kreuzkopf, einfachen Kohlekran. Das Bahnbetriebswerk Lübbenau hatte diese P 8 für den Osteinsatz hergeben müssen

u.a. die HVD Paris erhielt. Anhand verschiedener Aufzeichnungen entstand für das Jahr 1942 eine Gesamtübersicht des Lokparkes der RBD Erfurt (siehe Übersicht auf Seite 64).

Im Jahre 1943 erschien wiederum eine gedruckte Ausgabe des Lokomotivverzeichnisses der RBD Erfurt. Von kurzer Dauer war der Zugang von 24 neugebauten Lokomotiven der

eichzeitig plagen sich sowjetische Kriegsgefangene an dem

Baureihe 52, die aber noch im gleichen Jahr an andere Direktionen übergeben werden mußten. Auch ist in der Spalte Bemerkungen bei allen Abgabelokomotiven nur der Vermerk

„Ostgebiete" angebracht; eine Unterscheidung nach Wehrmacht oder FBD fehlt. Diese Abgaben hatten bis etwa 1944/45 Bestand. Lediglich einzelne Rückgaben wurden vermerkt. Oft handelte es sich hierbei um Schadlokomotiven. Bemerkenswert waren der 20. und 22. August 1943: Das Bw Erfurt P überließ die 01 144, 214 und die 01 1083, 1084 dem Bw Dünaburg. Bereits im Mai des gleichen Jahres wurden die 58 1294, 1300, 1301, 1366, 1452, 1652, 1654, 1682 an die „RVD Südost", RVD Dnjepropetrowsk, und die 58 1704 dem FEKdo 1 überstellt.

Im Verschubdienst bewährte sich die Reihe 91 (T 9.3) im Osten. Stellvertretend für die zahlreichen Abgaben sollen vier Bahnbetriebswerke aus dem Reich stehen.
Das Bw Hanau gab ab:
• 91   1450, 1452, 1461, 1572, 1573, 1578, 1580, 1642
Vom Bw Hamburg Berliner Tor:
• 91   744, 1114, 1117, 1118, 1119, 1201, 1346, 1353, 1403, 1405, 1693, 1715, 1731
Vom Bw Hagenow Land:
• 91   448, 460, 658, 832, 939
Vom Bw Nürnberg Rbf:
• 91   509, 720, 742, 984, 996, 997, 1093, 1188.
Aus dem RBD-Bezirk Posen wurden die:
• 91   434, 816, 934, 1054 an das Bw Tschaplino
sowie die
• 91   573, 670, 675, 729 an das FEKdo 3 gesandt.

Konnte der zuständige Sachbearbeiter Schulz der RBD Erfurt im Jahre 1944 weitere Rückführlokomotiven verzeichnen, so stand der nachfolgende Mitarbeiter Schleif in dieser Direktion im Frühjahr 1945 vor der Aufgabe, Lokomotiven überhaupt wiederzufinden. Die 38 1316 stand noch im RAW Königsberg, die 55 5111 im RAW Bromberg, die 57 3190, 3195, 3407 waren u.a. (noch) in den Ostgebieten, die 57 3401, 3481, 3514 in den Westgebieten, die Kleinlokomotiven 4166, 4169, 4346 führten noch den Vermerk „G.D.Tr. Italien" und die 4168, 4205, 4206 und 4348 blieben irgendwo in den Ostgebieten.
Auch die 99 221 und 223 mußte er abschreiben, sie gehörten zur Reichskommandantur Nor-

Im RAW Berlin-Tempelhof wurde die 57 2191 des Bw Berlin-Pankow 1942 mit einer zusätzlichen Frostschutzeinrichtung und Wasserwagen versehen. Im Hintergrund die 57 2337

Lokomotivpark der RBD Erfurt 1942					
Bau-reihe	Anzahl	1941 an Wehrmacht	1942 an Osten	an andere RBD	Rest in der RBD Erfurt
01	22	–	–	–	22
38	127	15	50	13	49
39	32	–	–	–	32
41	20	–	–	7	13
43	15	–	–	5	10
44	60	–	–	30	30
50	54	–	1	45	8
55	74	58	11	5	0
AL	23	–	–	23	0
57	78	67	4	7	0
58	146	–	6 an BDZ	61	79
62	6	–	–	–	6
74	55	–	–	1	54
78	21	–	–	–	21
86	26	–	–	21	5
91	9	3	6	–	0
93	83	–	31	–	52
94	37	–	–	1	36
95	33	–	–	2	31
Kb/Kö	46	2	7	–	37
Summe	967	145	116	221	485

wegen. Bis zum Sommer des Jahres 1945 dezimierte sich der Lokomotivbestand des RBD-Bezirkes weiter. Die Besatzungstruppen aus den USA nahmen etliche 01, 38, 44 und 52 mit. Nach dem Wechsel der Besatzungstruppen folgten Abgaben nach dem Osten, für die SMA D und den Kolonnenzugdienst.

Von der RBD Köln liegt der Lokomotivbestand vom 31. Januar 1944 vor. Er verdeutlicht das Verhältnis vom eigenen Einsatzbestand zu den „Ost-Abgaben". Abschließend sei der Leihbestand (Stand vom 12. Februar 1944) von Lokomotiven der RBD Stettin vorgestellt.

2.2 Der Austausch

„Im Nachgang zur Verfügung 34 Büw 33 vom 7. Februar", schrieb die Deutsche Reichsbahn, Eisenbahnabteilungen des Reichsverkehrsministeriums, am 7. April 1942 allen Direktionen,

Lokomotivbestand der RBD Köln, Stand 31.5.1944		
Baureihe	in RBD	im Osten
38	122	61
50	168	10
55.0	42	45
55.16	17	18
55.25	101	116
56.2	17	29
56.20	47	53
57.10	4	–
58.10	16	10
91.3	48	41
93.0	20	4
Summe	908	399

Hinzu kamen noch drei G 12 in Bulgarien, fünf 50 in Rumänien, acht G 10 in Frankreich sowie 12 Maschinen in Griechenland (G 8, G 12, T 9).

werden „ab 1. April 1942 die mit dem Raum Lemberg übergebenen reichsdeutschen Lokomotiven der Gedob Krakau, die mit dem Raum Bialystok übergebenen der RBD Königsberg zugeteilt. Gedob und Königsberg bringen die Lok im Zugang …".

Es erhält Gedob Krakau:
- 55.0-6   G 7   8 Lokomotiven
- 55.16-22   G 8   4
- 55.25-56   G 8.1   11
- 56.2-4   G 8.1 u   20
- 57.10-40   G 10   79

Es erhält RBD Königsberg:
- 55.0-6   G 7   3 Lokomotiven
- 55.16-22   G 8   11
- 55.25-56   G 8.1   35
- 56.2-9   G 8.1 u   23
- 57.10-40   G 10   73
- 91.3-18   T 9.3   8
- 92.5-10   T 13   4

An dieser Abgabewelle beteiligten sich nahezu alle Reichsbahndirektionsbezirke.

Zum 2. Februar 1943 ordnete das RVM an, daß der RVD Dnjepropetroswk die bei Borsig fertiggestellten 44 1542 – 1547 sofort überwiesen

Leihlokomotiven aus der RBD Stettin, Stand 12.2.1944		

An die Wehrmacht für die Ostfront und den Balkan:

Lok-Nummer		Stückzahl
38	1057, 1241, 1424, 1427, 1503, 1504, 1766, 1816, 1861, 1933, 2104, 2158, 2183, 2696, 2729, 2884, 2887, 3303, 3307, 3492, 4010	21
55	1681, 1690, 1834, 1865, 1870, 1874, 1876, 1878, 1891, 1894, 1934, 1937, 1941, 1948, 1949, 1969, 3028, 2078, 2082, 2083, 2084, 2085, 2086, 2087, 2088, 2089, 2092, 2138, 2151, 2153, 2198, 2204, 2208, 2225, 2226, 2227, 2251, 2781, 2963, 3176, 3559, 4604, 4798, 4804, 4881, 5139, 5195, 5379, 5484, 5594	50
56	210, 213, 214, 216, 219, 247, 270, 276, 277, 316, 351, 413, 417, 432, 434, 439, 444, 506, 507, 508, 509, 530, 532, 546, 557, 621, 628, 632, 725, 730, 731, 735, 736, 746, 747, 782, 841, 844, 845, 847, 849, 852, 853, 871, 883, 887, 888, 889	48
57	1035, 1081, 1124, 1177, 1181, 1182, 1185, 1186, 1187, 1190, 1224, 1262, 1319, 1353, 1356, 1357, 1361, 1390, 1408, 1412, 1440, 1459, 1460, 1461, 1463, 1465, 1466, 1467, 1494, 1522, 1546, 1563, 1567, 1636, 1669, 1682, 1685, 1688, 1689, 1690, 1692, 1694, 1700, 1716, 1719, 1729, 1849, 1850, 1851, 1852, 1889, 1917, 1920, 1924, 2004, 2024, 2070, 2098, 2180, 2197, 2231, 2304, 2305, 2355, 2392, 2406, 2444, 2445, 2446, 2450, 2453, 2517, 2672, 2695, 2987, 3032, 3045, 3141, 3145, 3174, 3243, 3256, 3257, 3258, 3357, 3358, 3388	75
91	1708, 1796	2

An Transportkommandantur III in Oslo (Norwegen):

52	1100, 1101, 1104, 1106, 2485, 3609, 3610, 4830, 4831, 4832, 4833, 4834, 4835, 4836, 4837, 4838, 4839	17

werden. Vom Bw Snamenka aus befuhren die sechs Maschinen die Strecke nach Bobrinskaja. Allerdings war aufgrund der hohen Achslast bzw. des schwachen Oberbaus die Höchstge-

Lokomotivverzeichnis der RBD Frankfurt (Main), Abgabelokomotiven

Empfänger	Lokomotiven 1941	1942
Bw Posen	55 3568, 3692, 3701, 3650, 3775 57 1027, 1069, 1070, 1100, 1199, 1231, 1297 91 1451, 1647	38 1455, 2396, 3396
RBD Posen	57 2496, 2524, 2538, 2541, 2626	
Bw Sagan	38 1454, 1517, 1630, 1958, 2544 78 191, 223, 225, 240	38 2165
Bw Warschau West	38 1970 55 3282, 3368, 3376, 3394, 3719, 3766, 3770, 3776, 3779, 3982 4075, 4076, 4569, 4578, 4874	38 1647, 2393, 2656, 3300, 3398, 3439, 3587, 3592, 3624
Bw Warschau-Praga		57 1513
Bw Tarnowitz	44 189	58 1057, 1366, 1627, 1739
Bw Karsznice	44 334, 336, 338, 348	
Bw Konitz	50 184, 186, 188, 190, 233, 349, 1255, 1264, 1593, 1594, 1595, 1596	
Bw Gleiwitz	55 3400, 3543, 3761, 3839, 5851 56 319, 495, 588, 710, 711	
Bw Königsberg	50 222, 228	
Bw Katowice	50 270 56 486, 703, 723 58 1196, 1517, 1855	50 223, 224, 225, 226, 227, 1590, 1591, 1597 58 1097, 1123, 1674, 1838, 2048
Bw Krakow Plaszow		58 1514, 1911
Bw Thorn	55 3023, 4064, 4067, 4082, 4256	58 1119 leihweise
Bw Oppeln	50 229, 232	
RBD Oppeln	56 325 (?), 337, 480, 482, 493, 576, 583, 825, 835 86 284, 285	
Bw Hirschberg	89 7180, 7319	
RBD Osten	93 508, 509, 510	
Gedob		57 2495
Bw Allenstein	55 3372, 4074 56 494 57 2478	
RBD Stettin	93 511, 521	50 1385, 1386, 1387 leihweise
Riga		38 1707, 2543, 3588
Minsk	55 3369, 3646, 3765, 4343, 4579, 4877	
Bw Grodno	55 3650, 3772 56 323, 477, 496, 579, 708	
Bw Tarnow	55 3370, 3541 56 476, 492, 497, 574	

→

Lokomotivverzeichnis der RBD Frankfurt (Main), Abgabelokomotiven (Fortsetzung und Schluß)		
Empfänger	Lokomotiven 1941	1942
Bw Brjansk	38 1796, 3623	
Bw Pjatichatki	38 1808, 1969, 2803	
Bw Gomel		38 1898, 2059, 3637
Bw Eydtkau	50 1592	
	55 3552, 3795, 4065, 4374, 4822	38 2058, 3364
Bw Smolensk	55 3767, 4568, 4571	57 3185, 3188
	56 489, 836	93 666, 865
Bw Snamenka		91 1662
Bw Brest		38 2587, 3115
Bw Lemberg	55 5639	
	56 328, 465, 699, 571	
	57 1778, 2479, 2539	
Bw Kowno	57 2471, 2492, 2493, 2494, 2537	
Bw Petrikau ?		58 2001 ?
Bw Zdolbunow	91 1814, 1480, 1580, 1646, 1817	38 3505
		55 3651
Bw Wjasma	55 4570, 4808	
Bw Witebsk	57 1366, 1511, 2474, 2480	
Jasinowataja		93 272
HBD Mitte	91 1573, 1750	
FBD 2 Bw Brest/	55 3425, 3762, 4124, 4572, 4873,	
Bw Baranowitsche	4944, 5474, 5664	
	56 322, 720	
	57 2481	
FBD 3	56 311, 467, 707, 832, 834	91 1572
	57 1609, 1780, 3186, 3187	
Bw Tschaplino		91 1569, 1582, 1645
FBD 4 Bw Pleskau	55 3406, 3956, 4160, 4647	38 2879, 3616
	56 312	
FBD 4 Bw ?	57 1072, 1776, 2477, 2540	
Bw Birsula	55 3335 (?), 3373 (?), 3375 (?),	
	3763, 3981	
an BDZ verliehen	58 1253, 1674 (?)	

schwindigkeit auf 45 km/h festgesetzt, so daß dieser Versuchsbetrieb bereits am 6. April 1943 zugunsten der Reihe 58 beendet wurde.

Im Jahre 1943 versuchte die Deutsche Reichsbahn, ihren Lokomotivpark nach Gattungen wieder zu bereinigen bzw. zu ordnen. So

wurde u.a. am 7. Mai 1943 aus Berlin angewiesen, daß „die an die Generaldirektion der Ostbahn in Krakau verliehenen 83 G 12 Lok nunmehr im Zuge der Typenbereinigung gegen die noch im Altreich eingesetzten Ty 23 Lok ausgetauscht werden sollen. Reichsbahndirektionen Danzig und Posen erhalten als Ersatz Neubau-

Die 56 816 mit ihrem speziellen Kälteschutz wurde vom Bw Osipowitschi eingesetzt. Die Bildrückseite trägt lediglich die Aufschrift „Wassertürme im Osten" und den Stempel: „Freigegeben durch OKW (Heer) und Presseabteilung der Reichsregierung am 15.5.43"

lok Reihe 52, Reichsbahndirektion Oppeln erhält 24 G 12 Lok von der Gedob und zwar:
- 58 1514 (bisherige Heimat-RBD Frankfurt [Main])
- 58 1034, 1066, 1070, 1155 (Kassel)
- 58 1102 (Köln)
- 58 1429 (Mainz)
- 58 1048 (Wuppertal)
- 58 1191, 1285, 1328, 1529 (Erfurt)
- 58 1159, 1564, 1634 (Karlsruhe)
- 58 1189, 1732, 1820 (München)
- 58 1571, 1681, 1683 (Nürnberg)
- 58 1356, 1691, 1106 (Regensburg).

Die restlichen 59 G 12-Lok sind nach Eingang der Ty 23 Zug um Zug von der Gedob den Heimat-Reichsbahndirektionen zuzuleiten und zwar:
- 58 1911, 2001 (RBD Frankfurt (Main))
- 58 1544, 1632, 1652, 1682 (Erfurt)
- 58 1166, 1186, 1199, 1463, 1469, 1472, 1534, 1569, 1585, 1861, 1929, 1971, 2043, 2126 (Kassel)
- 58 1676 (Mainz)
- 58 240, 1823 (München)

- 58 295, 1694, 1703, 1751, 1828, 1830, 1891 (Nürnberg)
- 58 216, 242, 284, 289, 292, 316 (Karlsruhe)
- 58 1982, 1985, 2084 (Nürnberg)
- 58 1691, 1745, 1762, 1877, 1939, 2113 (Regensburg)
- 58 2015, 2134 (Saarbrücken)
- 58 283, 540, 541, 543, 1007, 1419, 1498, 2135 (Stuttgart)
- 58 1580, 1994, 1997, 2039 (Wuppertal).

Reichsbahndirektion Danzig erhält 26 Neubaulok der Firma Schichau Reihe 52 5442 bis 5464 und 5471 bis 5473. Reichsbahndirektion Posen erhält 36 Neubaulok der Firma Borsig Nr 370 bis 405. Mit dem Austausch Gedob – Oppeln ist im gegenseitigen Benehmen sofort zu beginnen, dann folgen Danzig und Posen. Die Gedob führt die Lok vorerst als Leihlok, bis entschieden ist, ob sie käuflich erworben werden."

Inzwischen verdingte sich die polnische Reihe Ty 23 (DRB-Baureihe 58.23-27) im besetzten Osten. Herr Bergmann von den Eisenbahnabteilungen des Reichsverkehrsministeriums

Am 15. Februar 1943 zerstörte die Wehrmacht die Stadt Ljubotin. Vier Wochen später waren die Deutschen wieder da, die Drehscheibe ist noch defekt. Die ehemals Breslauer 38 1016 wird umgesetzt

Die Rückseite dieses Fotos trägt leider nur den Vermerk „Bw im Osten": Rechts zwei G 8.1, in der Mitte eine weitere, die 55 2679, und links eine T 9.3

Die beiden Landser sind froh, ihren Zug erreicht zu haben. Die 55 4755 gehört zum Bw Osipowitschi. Aufnahme von Ende 1943 (BA 665/6803/33)

sandte am 23. Dezember 1943 einen Telegrammbrief zur Typenbereinigung an die Generalverkehrsdirektion Osten in Warschau: „Die im besetzten Osten eingesetzten 103 Lok Ty 23 werden gegen 70 Lok Reihe 52 ausgetauscht. Es erhalten OBD Krakau 30, OBD Warschau 73 Lok Ty 23. Krakau gibt dafür 30, Warschau 11 Lok Reihe 52 an die GVD Osten in Warschau ab. Die fehlenden 29 Lok Reihe 52 der OBD Warschau erhält die GVD aus Neulieferung, und zwar die Lok 52 540 bis 568 von Borsig. OBD Warschau gibt weiter 62 Lok Reihe 50 im besten Betriebszustand an das Reich ab. Hiermit ist zu beginnen, sobald die 12. Ty 23 Lok eingegangen ist. Es erhalten Gbl West 32, Gbl Süd 30 Lok Reihe 50."

Es ist schwierig, trotz zahlreicher Übergabeprotokolle von Lokomotiven, ein detailliertes Bild über den Einsatz der Lokomotiven darzustellen. Allein durch die zahlreichen Ausfälle, Reparaturen und Rückgaben an das Reich und dem damit verbundenen Austausch sind lediglich genaue Zahlen des Fahrzeugparks nur zu Stichtagen und einzelnen Direktionen möglich. Beispielsweise waren im März des Jahres 1942

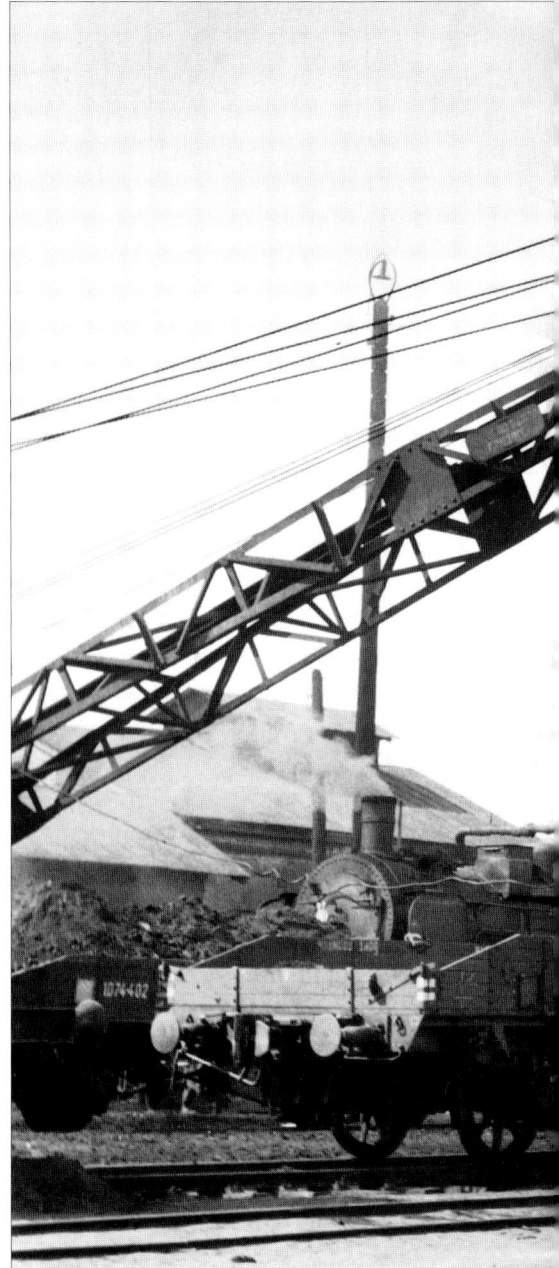

Freigegeben wurden nur Bilder mit optimistischen oder bes **sich hin, und im Schuppen wird gerade die 55 243 (aus de**

bereits 535 Lokomotiven der Baueihe 38.10 im Osten. Unmittelbar zum Jahreswechsel zuvor meldete die Deutsche Reichsbahn, daß sich 120 P 8 bei der GBL Ost, 50 bei der GBL Süd und

...lichen Sujets. Im Bahnbetriebswerk Nikolajew entfernen sowjetische Zwangsarbeiter Schlacke, die 38 2829 säuselt vor ...ir 1904!) repariert

weitere 180 mit Frostschutzausrüstungen bei der GBL West befanden. Im Sommer 1942 wurde der Bestand der Baureihe 57.10 im Osten erfaßt. So gehörten zur RVD Kiew 210, zur RVD Dnjepropetrowsk 125 und zur RVD Minsk 220 Maschinen dieser Baureihe.

Im folgenden Jahr kam der Wechsel zur Kriegsdampflokomotive Baureihe 52. Im Juli 1943

Die aus Flensburg stammende 57 2430, nun Bw Fastow I, im umgebauten Hauptbahnhof von Kiew. Die Maschine hat keinen Frostschutz, läuft jedoch mit einem bayerischen Tender 3T20

„Verschneite Loks im Osten" lautet hier lapidar der Bildtitel, handschriftlich auf der Rückseite vermerkt. Deutschland führte Krieg, gefahren – oder eben nicht, wie hier – sind alte Preußen …

Der polnische Adler ist entfernt, die TKp 1-1 ist „Deutsch". Im Bezirk der RBD Posen nahm Hermann Maey die später in 92 951 umgezeichnete T 13 auf. Frisch angeschrieben ist u.a. die letzte Bremsuntersuchung vom 27.12.1939

standen der RVD Kiew 424, der RVD Dnjepropetrowsk 333, der RVD Minsk 74 sowie der RVD Riga 32 Exemplare der Baureihe 52 zur Verfügung.

Anhand der RVD Kiew sei als Beispiel dieser Wechsel belegt: Im Dezember 1942 gehörten zu dieser RVD 168 P 8, zum gleichen Zeitpunkt im Folgejahr waren es nur noch 84. Im gleichen Monat wurden in der RVD Kiew noch 36 Lokomotiven der Reihe T 9.3 (91.3) und neun T 14 (93.0) erfaßt. Der Gesamtbestand der RVD Kiew betrug 808 Lokomotiven. Jedoch muß diese Zählung bereits Wochen zuvor durchgeführt worden sein, da Kiew zum Jahresende 1943 von den Deutschen bereits geräumt war.

2.3 Die Umzeichnung

Die deutschen Eisenbahner standen im besetzten Polen vor einer Vielzahl verschiedener Lokomotivbauarten. Einige von ihnen waren preußischer Herkunft, andere waren nach- bzw. neugebaut. Um sie zu unterscheiden, und sie entsprechend ihrer Leistungsklassen einzu-

setzen, war dringend eine Umzeichnung vorzunehmen. Entsprechend ihrer Bauart, der Achsformel oder einst preußischen Herkunft wurde die Einordnung vorgenommen. Gemäß mehrerer Verfügungen aus den Jahren 1941 und 1942 der Eisenbahnabteilungen des Reichsverkehrsministeriums lagen u.a. ein am 29. August 1941 beim RZA aufgestellter „Umzeichnungsplan für die Dampf-Lokomotiven der ehemaligen polnischen Staatsbahnen (Regelspur)" sowie am 25. Februar 1942 ein Umzeichnungsplan für die Schmalspurlokomotiven vor. Er beinhaltete 75 regelspurige Gattungen. Ein Auszug dieses Umzeichnungsplanes befindet sich im Anhang 3.

Mit einigen Kompromissen mußte der Plan für die übernommenen ehemaligen polnischen Lokomotiven mit 750 und 760 mm Spurweite verfaßt werden. Dazu teilten die Eisenbahnabteilungen des RVM dem RZA am 16. Februar 1942 mit: „Die zur Zeit bei der DRB und der Ostbahn insgesamt vorhandenen 350 Schmalspur-Lok lassen sich innerhalb der Stammnummernreihe 99 nicht mehr ausreichend nach Spurweiten

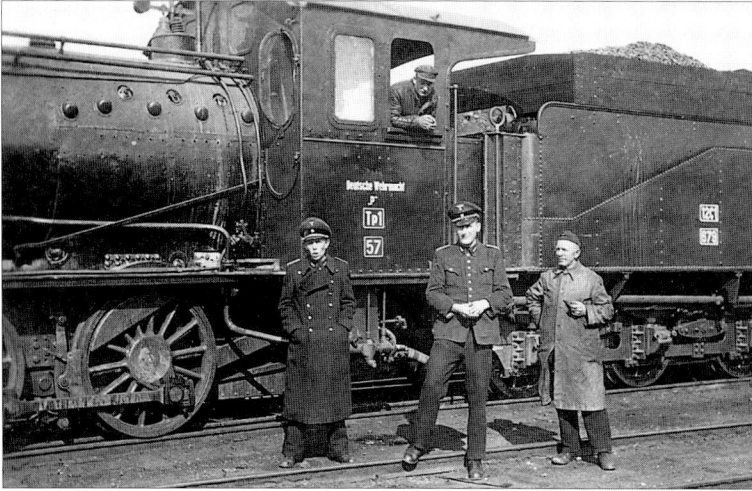

Die deutsche Wehrmacht führte diese polnische Tp 1-57, eine (auch später) nicht umgezeichnete preußische G 7.1, in ihrem Bestand. Das führte zu Spannungen mit der Reichsbahn, da die Bahn über solche Loks nicht verfügen konnte, sie aber unterhalten und fahren mußte.
Aufnahme aus Lemberg von 1941

und Bauarten einordnen. Es muß aber einer späteren Zeit nach Eintritt ruhiger Verhältnisse vorbehalten bleiben, für diese Lok eine einfache klargegliederte Nummernreihe etwa dadurch aufzustellen, daß eine neue zweistellige Stammnummernreihe etwa mit Zusatz eines Kennbuchstabens gebildet wird, mit der dann die Spurweiten und Achsordnungen ausreichend gekennzeichnet werden können. Bei den Ordnungsnummern wird dann in den meisten Fällen mit nur 2 Stellen auszukommen sein."
Tatsächlich enthält der Umzeichnungsplan lediglich 179 Schmalspurfahrzeuge. In ihm fin-

den sich auch einige Maschinen mit deutscher Herkunft wieder. So u.a. 16 Lokomotiven der Reihe T 38, zwei der Reihe T 39 und zehn der sogenannten T 40 bei den Oberschlesischen Bahnen mit einer Spurweite von 785 mm sowie zwölf der „Militäreisenbahnen" mit einer Spur von 600 mm von der Strecke Mlawa – Praschnitz – Zichenau. Aber auch auf den anderen Netzen verdingten sich eine Vielzahl von Lokomotiven, die einst in Deutschland gebaut worden waren. Insgesamt wurden 96 Lokomotiven mit einer Spurweite von 600 mm, 53 mit einer Spur von 750 mm, zwei mit einer von

Ebenfalls im Wehrmachtsbestand wurde die polnische Ti 12-70, eine österreichische Reihe 60 von Karl Gölsdorfs Zeichentisch, geführt.
Aufnahme von 1941

29 1

Deutsche Reichsbahn-~~Gesellschaft~~

Reichsbahndirektion Königsberg (Pr)

| Postanschrift:
Reichsbahndirektion
Königsberg (Pr) 5
Postfach | Vorstädtische
Langgasse 117—121 | Fernruf:
Königsberg (Pr)
Nr. 46321 und 46331 | Konto bei der Deutschen
Verkehrs-Kreditbank,
Zweigniederlassung
Königsberg (Pr) | Reichsbankgirokonto
Postscheck
Königsberg (Pr) 1601 |

E D S
mit Zug*)

An
Reichsbahn-Zentralamt

B e r l i n

Frei durch
Ablösung
Reich*)

Eingangs- und Bearbeitungsvermerke

RZA Berlin
Eing. 2 1. APR. 1939
2Anl.

| Ihre Zeichen | Ihre Nachricht vom | Unser Zeichen
21 M 32 Bla | Tag
19. April 1939 |

Betreff: Nummerung der von der Litauischen Verwaltung übernommenen Lokomotiven.

Es wird gebeten, in der Antwort Tag
und Zeichen dieses Schreibens anzugeben.

Gemäß "Abkommen vom 31.3.39 über den Übergang der Eisenbahnen des bisherigen Memelgebietes von der Litauischen Staatsbahn an die Deutsche
Reichsbahn" haben wir bei der Übernahme des Memellandes von der Litauischen Verwaltung nachstehend genannte 17 Lok übernommen:

Lfd Nr.	Lit Lok Nr	Alte preuß. Gattung	Achsen- anordnung	
1	152	P 4^2	2 B	
2	153	P 4^2	2 B	*P 24 15*
3	156	P 4^2	2 B	*36 441 - 443*
4	201	S 3	2 B	*S 24.15 13 331*
5	351	G 7^1	D	
6	356	G 7^1	D	*G 44.13*
7	360	G 7^1	D	*55 691 - 694*
8	365	G 7^1	D	
9	361	G 7^2	D	*G 44 13*
10	363	G 7^2	D	*55 1411 - 1412*
11	655	G 5^4	1 C	
12	657	G 5^4	1 C	
13	660	G 5^4	1 C	*G 37.14*
14	687	G 5^4	1 C	*54 1101 - 1107*
15	688	G 5^4	1 C	
16	689	G 5^4	1 C	
17	691	G 5^4	1 C	
				Diese

*) Nichtzutreffendes streichen

17 litauische Lokomotiven bekamen 1939 bei der Übernahme des Memelgebietes DRB-Nummern

Ganz frisch ist noch die mit Farbe am Führerhaus dieser alten G 5.3 aufgemalte Beschriftung. Aus einer polnischen Ti 3

760 mm („wird auf 0,750 m umgespurt") und 28 mit einer Spur von 785 mm im Plan erfaßt.

Im „Merkbuch für die Fahrzeuge der Reichsbahn, Nachtrag 7" vom 1. Januar 1944 fanden sich bei den „Lokomotiven der Polnischen Staatseisenbahnen und des Freistaates Danzig" auch jene 17 Maschinen aus dem Memelgebiet wieder, die bereits am 2. Mai 1939 unter dem Zeichen „2339 Fkldau" des RZA Berlin in den Nummernplan der DRB eingeordnet worden

waren. Auf der vorhergehenden Seite ist der Brief der RBD Königsberg mit der Auflistung der einstigen litauischen Lokomotiven und ihren neuen Nummern abgebildet.

Am 6. Januar 1944 lag die Umzeichnung russischer Beutelokomotiven vor (Zeichen des RZA 2333 Fkldau). Die Pn 12-1, 2, 4 – 10, 12 – 14, 17, 19 – 22 erhielten die DRB-Nummern 16 045 – 050 und 16 061 – 071. Hinzu kamen 18 weitere Lokomotiven polnischer Herkunft. Diese Um-

wurde die 54 702 des Bw Lissa. Im Umzeichnungsplan von 1942 ist sie jedoch nicht enthalten

zeichnungen beinhalten aber keine neuen Bau-reihen-Nummern, sie ergänzten lediglich mit den Ordnungsnummern den im Anhang abge-druckten Umzeichnungsplan. Anhand dieses Planes wird auch erkennbar, daß die Reihe Pn 12 österreichischer Herkunft (Reihe 310) ist und einige Exemplare bereits unter der DRB-Bezeichnung 16.0 erfaßt waren.

Ebenfalls bringt ein Plan mit 34 einst polni-schen Maschinen, die offenbar als Rückführ-lokomotiven im Frühjahr 1945 die RBD Wien erreichten, nur weitere Ordnungsnummern. Sie wurden unter dem Zeichen „St 25 Wien 21 B19 Bln 340" vom 6. März 1945 erfaßt.

Ein Umzeichnungsplan für sowjetische Beu-telokomotiven lag nicht vor. Diese behielten ihre Bezeichnung, erhielten bei den FEKdo teil-weise neue Ordnungsnummern in fortlaufen-der Reihenfolge oder die bisherigen letzten drei Ziffern wurden groß an die Rauchkammertür geschrieben. Die Reichsbahn sah auch keine

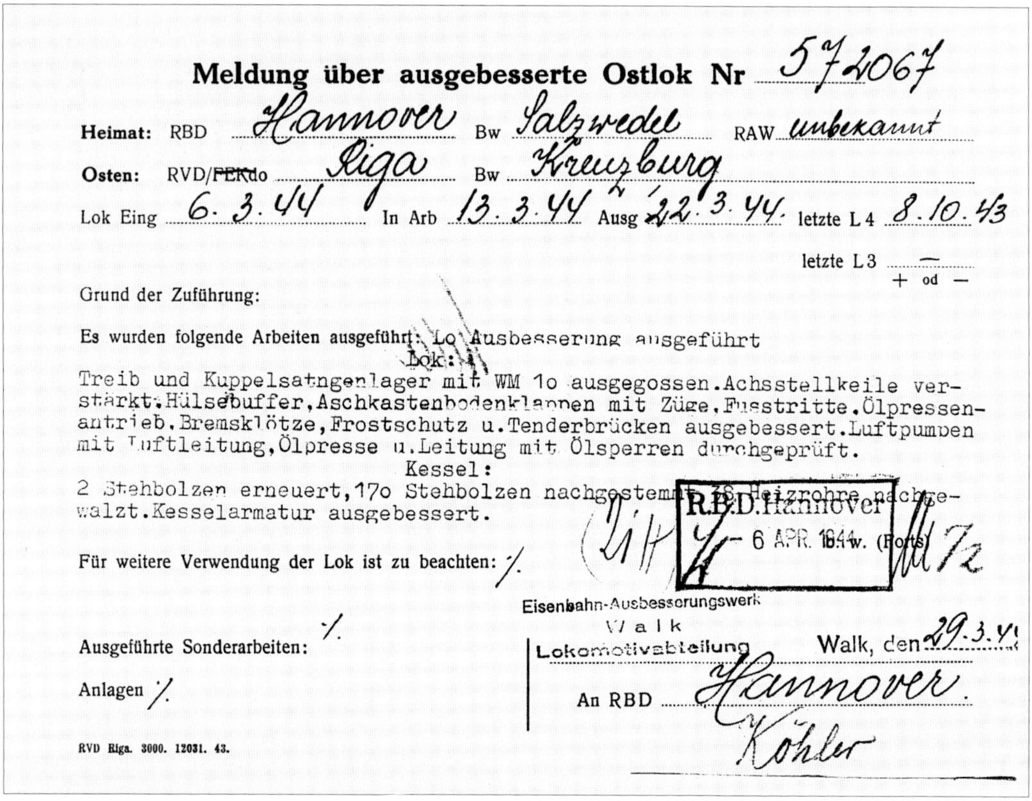

Meldung über ausgebesserte Ostlok Nr 57 2067

Heimat: RBD Hannover Bw Salzwedel RAW unbekannt

Osten: RVD/~~FEKdo~~ Riga Bw Kreuzburg

Lok Eing 6. 3. 44 In Arb 13. 3. 44 Ausg 22. 3. 44. letzte L 4 8. 10. 43

letzte L 3 —

\+ od —

Grund der Zuführung:

Es wurden folgende Arbeiten ausgeführt: Lo Ausbesserung ausgeführt

Lok:

Treib und Kuppelsatngenlager mit WM 1o ausgegossen. Achsstellkeile verstärkt. Hülsebuffer, Aschkastenbodenklappen mit Züge. Fusstritte. Ölpressenantrieb. Bremsklötze, Frostschutz u. Tenderbrücken ausgebessert. Luftpumpen mit Luftleitung, Ölpresse u. Leitung mit Ölsperren durchgeprüft.

Kessel:

2 Stehbolzen erneuert, 17o Stehbolzen nachgestemmt, 38 Heizrohre nachgewalzt. Kesselarmatur ausgebessert.

R.B.D. Hannover
6 APR. 1944 w. (Post)

Für weitere Verwendung der Lok ist zu beachten: ./.

Eisenbahn-Ausbesserungswerk
Walk
Lokomotivabteilung

Ausgeführte Sonderarbeiten: ./.

Walk, den 29. 3. 44

Anlagen ./.

An RBD Hannover.

Köhler

RVD Riga. 3000. 12031. 43.

Die 57 2067 vom Bw Kreuzburg der RVD Riga, einst Bw Salzwedel, wurde im März 1944 im Eisenbahnausbesserungswerk Walk repariert. Im Dezember 1943 war sie noch nach einem Unfall im EAW Dünaburg ausgebessert worden. Da gehörte sie noch zum FEKdo 4 Pleskau/Dno

Veranlassung für einen weiteren Plan, da diese sowjetischen Beutelokomotiven der Wehrmacht gehörten. Ausnahmen waren u.a. einige Pt 31 oder Ok 22.

Allerdings bekamen regelspurige Beutelokomotiven, die auf dem Rückzug der Deutschen in den Jahren 1944/45 „in das Reich" gelangten und bisher nicht im Umzeichnungsplan enthalten waren, eine deutschen Bezeichnung.

2.4 Lokomotiven fehlen

Im Jahre 1936 gab Hitler in einer geheimen Denkschrift an, daß die deutsche Armee und die deutsche Wirtschaft in vier Jahren einsatz- und kriegsfähig sein müßten. Mit Panzern und einer Lufthoheit wäre ein Blitzkrieg zu gewinnen. Die Motorisierung stand, wie bereits dargelegt, an vorderster Stelle. Die Deutsche Reichsbahn und vor allem ihr Güterverkehr standen nicht zur Debatte. Für eine neue, starke Güterzuglokomotive fehlte der DRB seit langem das Geld. Neben den alten Preußen der Baureihen 55 und 57 standen nur wenige Neubauten zur Verfügung. Bis zum letzten Friedensjahr 1938 bauten die Fabriken lediglich 193 Maschinen der Baureihe 41, 35 der Baureihe 43 (bis 1928), 138 der Baureihe 44, zwei der Baureihe 45 und 300 der Baureihe 86.

Im Herbst 1941 machten sich die ersten Nachschubprobleme an der Ostfront bemerkbar. Nun reichten die vorhandenen Lokomotiven nicht mehr aus, auch die neuen Maschinen der Baureihe 50 mußten in östlichere Direktionen umgesetzt werden. Allein zu den neuen Direk-

tionen im Osten, sowie zur „alten" RBD Königsberg gelangten nachfolgend genannte Stückzahlen in den Jahren 1941 und 1942:

Direktion	1941	1942
RBD Danzig	58	40
RBD Posen	61	53
RBD Königsberg	40	105
Gedob	–	79

Andere RBD'en entbehrten sie. Die RBD Erfurt, gab die 50 060 (Bw Coburg) sowie die 50 356, 357, 360, 363, 364 u.a. ab.

Aber gerade im Osten gab es gegenüber der neuen Baureihe 50 auch eine ablehnende Haltung. Sie sei noch nicht „eingefahren" war eine oft zu hörende Antwort. Doch auf welche Baureihe konnte und sollte sich die Reichsbahn stützen?

Die Ostbahn mit entsprechend geeigneten Lokomotiven für den Krieg vorzubereiten, war ein Ziel der Besprechung vom 4. Februar 1941. Ein Jahr später, am 15. Mai 1942, zeigte eine Zählung der Erhaltungswerke der Ostbahn, wie sich der Park von Lokomotiven der Gedob entwickelt hatte:

OBD	Anzahl
Krakau	653
Radom	594
Warschau	735
Lemberg	399
Summe	2381

Von diesen 2381 Lokomotiven der Gedob waren an jenem Zähltag 1684 Maschinen polnischer Herkunft, 443 von der DRB und 254 von den SNCF.

Mit einigen typischen Baureihen läßt sich ein Überblick darstellen, welche Bauarten der Gedob zur Verfügung standen:

• Pt 31 / DRB 19.1	33
• Ok 1 / DRB 38.10	80
• Ok 22 / DRB 38.45	110
• Tp 4 / DRB 55.25	229
• Tr 20 / DRB 56.37	127
• Tr 21 / DRB 56.39	123
• Ty 23 / DRB 58.23	159

Heinz Hanschmann auf der 55 1715 des Bw Bachmatsch. Die Maschine war vom Bw Gleiwitz zunächst zum Ost-Bw Romny gelangt. In Bachmatsch gab es keine Drehscheibe, dafür ein Gleisdreieck, insgesamt fünf Kilometer Fahrstrecke waren dabei zurückzulegen

Der Reichsadler ist ab, die 55 3804, ehemals Ottbergen, gehört nun zur DR Ost, Bw Bachmatsch. In der Mitte Heizer Hanschmann

- Oki 1 / DRB 74.0   16
- Tki 3 / DRB 91.3   118
- DRB 50   90
- DRB 57.10   112
- DRB 58.10   73
- SNCF 130   49
- SNCF 040   40
- SNCF 140   165

Am 11. Mai 1943 erklärte Dr. Ganzmüller, Staatssekretär im RVM, daß „zur Zeit eine Typenbereinigung durchgeführt wird, deren Endziel der ausschließliche Einsatz der Reihe 50 im Westen und der 52 im Osten ist."

Dieser Austausch, siehe auch in dem gleichlautenden Kapitel, spiegelte sich im Jahre 1943 deutlich anhand der Ost-Direktionen wider. So gaben die Direktionen:

Danzig   14
Posen   33
Königsberg   75
Gedob   42

Lokomotiven der Baureihe 50 an andere, westlichere RBD'en zurück. Beachtlich waren auch die Abgaben der RBD Breslau mit 180 Maschinen und der RBD Oppeln mit 95 Exemplaren der Baureihe 50.

Im Folgejahr, zum 30. Juni 1944, lauteten die Stückzahlen der Baureihe 50 in den RBD'en:

Danzig   61
Posen   55
Königsberg   15
OBD Warschau   11

Die Baureihe 52 wurde vermehrt in die östlichen Direktionen, so über die Lokauffangstellen Lemberg, Zdolbunow, Brest am Bug, Eydtkau oder Debrica weiter an die Ostfront in die RVD'en geführt. Im Abschnitt 3.2 ist dargestellt, in welchem Umfang die Baureihe 52 im Osten zum Einsatz kam.

Eine Statistik über die „im Osten gebundenen Lokomotiven" für die Jahre 1942 bis 1944 aus „Reichsbahn hinter der Ostfront" belegt, wie hoch der Bestand an Lokomotiven insgesamt und an einsatzfähigen in dieser Zeit war.

Zu der Summe von 5307 Lokomotiven vom 23. Juni 1942 kamen noch 321 normalspurige und 869 breitspurige Beutelokomotiven hinzu. Waren von denen der Regelspur genau die Hälfte einsatzfähig, so waren es bei den anderen nicht einmal 30 Prozent.

Noch im ersten Halbjahr des Rußlandfeldzuges, genau am 7. Oktober 1941, spielte die

Lokomotivbestand Osten						
Datum	HBD/RVD'en		FEKdo's		Summe	
	Bestand	betriebsfähig	Bestand	betriebsfähig	Bestand	betriebsfähig
23.06.1942					5 307	3 764
31.07.1942	5 063	3 223	1 033	863	6 096	4 086
30.09.1942	6 004	3 645	1 441	1 176	6 445	4 821
31.12.1942	6 051	4 047	2 062	1 464	8 113	5 511
31.03.1943	6 909	4 399	1 518	704	8 427	5 103
30.06.1943	6 757	4 472	1 707	1 075	8 464	5 547
30.09.1943	7 762	4 381	1 091	443	8 853	4 824
31.12.1943	7 250	2 905	1 112	543	8 362	3 448
31.03.1944	5 784	2 308	763	191	6 547	2 499
30.06.1944	4 133	1 664	550	93	4 683	1 757

Eisenbahn eine untergeordnete Rolle. Lediglich 2075 Lokomotiven zählte die DRB „im Osten". Bei dem Gesamtbestand der Reichsbahn von 22.915 waren dies lediglich neun Prozent. Zwei Jahre später betrug dieser Wert schon rund 35 Prozent. Weit mehr als 1100 weitere Lokomotiven mußten an die MAV, TCDD, BDZ, BMB oder nach Südosten (Serbien, Kroatien, Griechenland) verliehen werden. Davon waren 331 der Baureihe 57 (G 10), 215 der Baureihe 58 (G 12), 219 der Baureihe 56.33 (Tr 11) und (ab 1944) 293 der Baureihe 52. Hinzu

kamen weitere Abgaben von Leihlokomotiven an die CFR, für die die RBD Wien und Linz verantwortlich zeichneten.

„In einer Arbeitstagung der am Ostbau 1942 beteiligten maschinentechnischen Dezernenten der Haupteisenbahndirektionen und Feldeisenbahnkommando am 3./4. August 1942 bei der Zweigstelle in Warschau wurden mit den zuständigen Dezernenten der Reichsbahn-Zentralämter und Reichsbahnbaudirektion Berlin der Stand der Bauarbeiten und der An-

Das alte Foto von Heinz Finzel hat arg gelitten: Es zeigt die 19 135, die vormals polnische Pt 31-55 (Chrzanow 1937). Sie ist im Gegensatz zu all den alten Preußen eine hochmoderne Lok, als sie um 1942/43 einen schweren Reisezug bei Bialystok bespannt

Standorte und Leiftungen der Lokomotive

1	2	3	4	5	
	Bahnbetriebswerk		Eifenbahnausbefferungswerk oder Privatwerk	Leiftung in km*)	
				feit der letzten bahnamtlichen Unterfuchung des Fahrgeftelles	fei Anli
Often	von 2. 2. 42	Reichsb.-Ausb.-Werk Königsberg (Pr) Lok.-Abtlg.	L4 von 21. 3. 42	132 366	
	bis 20. 3. 42		bis 30. 6. 42		
Often	von 22. 6. 42	Lauv. Schwerdennik.	von 31. 12. 43 L2 bis 26. 1. 44	72 115	
	bis 30. 12. 43				
"	von 27. 1. 44		von		
	bis		bis		
Jup. Landsberg (Wartheb.)	von 12. 2. 44		von		
	bis 2. 4. 44		bis		
Kov Fahmkau	von		von		
	bis 23. 4. 44		bis		

1	2	3	4		
	Bahnbetriebswerk		Eifenbahnausbefferungswerk oder Privatwerk	Leiftung in km*)	
				feit der letzten bahnamtlichen Unterfuchung des Fahrgeftelles	feit der Anlieferung
Bw Lida und Krolewtschisna	von 5. 9. 42	ENW Molodetschno LO	von 2. 3. 44		
	bis 1. 3. 44		bis 23. 3. 44		
Bahnbetr.werk Bilau	von 8. 6. 44	R. A. W. Cottbus	von 29. 7. 44	Σ 142 410 Anlief.	
	bis 29. 7. 44		bis 17. 8. 44		
	von 18. 8. 44	R A W. Stendal Abt. 1	von 7. 5. 44		
	bis 10. 10. 45		bis 6. 7. 44 L4		
Bw Golßen	von 7. 7. 48	R A W. Leipzig Lok.-Abt.	von 15. 3. 50		
	bis		bis 13. 4. 50 L2		

Selten sind Ost-Bw-Eintragungen in den Betriebsbüchern: Lediglich „Osten" wurde bei der 57 1993 eingeschrieben (oben), bei der Riesaer 38 2492 war man mit Lida und Krolewtschisma exakter

Nicht umgezeichnet wurde die polnische Ok 22-132, die zum Wehrmachtsbestand zählte. 1942 wird sie nach einer kleinen Reparatur in Bulgakowo gleich ihren Zug übernehmen

lieferung aus der Heimat besprochen", heißt es einleitend im „Ministerbericht" der Zweigstelle Osten des RVM. Dieses Schreiben aus Warschau C 1, datiert vom 3. September 1942, wurde an das Referat 34, Maschinenamt Rußland, im RVM in Berlin W 8 gesandt.

„Von den im Ostraum befindlichen rund 5400 Lokomotiven waren am 29. August 1942 rund 3800 mit endgültigen Frostschutz ausgerüstet, davon 793 in den Eisenbahnausbesserungswerken des Ostraums. Für die Ausrüstung der restlichen 1600 Lokomotiven stehen noch 4 1/2 Wochen zur Verfügung. Die Ostausbesserungswerke rüsten z Zt 180 – 190 Lokomotiven je Woche aus, das sind bis 1. Oktober rund 800. Die restlichen 800 Lokomotiven müssen noch im Reich ausgerüstet werden.

Der Lokausfall durch Partisanentätigkeit hat im Monat August gegenüber den Vormonaten weiterhin zugenommen. Während im Monat Juli insges 89 Lokomotiven beschädigt wurden, davon 49 schwer, erhöht sich diese Zahl für August auf 152. Von den 152 Lokomotiven sind 87 schwer beschädigt und müssen einem Reichsbahn-Ausbesserungswerk zugeführt werden. Zum Teil liegen diese Lokomotiven noch am Bahndamm und konnten bisher nicht geborgen werden.

Durch den ständigen Ausfall von Lokomotiven konnte der Lokbestand der Haupteisenbahndirektion Mitte trotz planmäßiger Zuführung von 78 Lokomotiven und außerplanmäßiger Zuführung von 96 Lokomotiven nicht dem Lokbedarf angeglichen werden. Darüber hinaus wirkt sich die auf verschiedenen Strecken der Haupteisenbahndirektion Mitte eingeführte Nachtruhe ungünstig auf den Lokumlauf aus.

Durch Kohlenzufuhr unter dem Soll ist die Bevorratung im Monat August abgesunken. Die betrieblichen Verhältnisse machen es aber erforderlich, daß rechtzeitig eine Bevorratung von mindestens 30 Tagen erreicht wird und daß deshalb Dienstkohlenzüge nicht ohne weiteres zu Gunsten von Wehrmachtszügen zurückgehalten werden. ..."

Oberreichsbahnrat Dr. Friedrich von der Generalverkehrsdirektion Osten, wie die Zweigstelle Osten des RVM seit dem 1. Dezember 1942 hieß, informierte am 4. Februar 1943 die Eisenbahnabteilungen des RVM in Berlin über den Unterhaltungszustand der Ost- und Ostabgabelokomotiven. „Die Lokzuführungen aus dem Reich in den Ostraum ist in den letzten Monaten stark angewachsen. Dieser Anstieg ist einerseits auf den erhöhten Lokbedarf für die Leistungssteigerung und Streckenzuwachs, andererseits auf den erheblichen Lokverschleiß zurückzuführen, was deutlich aus dem Ansteigen der Schadlokrückführung hervorgeht. Das Ansteigen des Lokverschleißes hat seinen Grund nicht nur in den Verhältnissen des Ostens und seinen Witterungseinflüssen, sondern auch in dem nichtbefriedrigenden Allgemeinzustand der aus dem Reich zurückgeführten Lokomotiven. ..."

Obwohl die zugeführten Maschinen in den Lokauffangstellen untersucht wurden und diese die Anweisung erhielten, bei der Übernahme „nicht kleinlich zu verfahren", sind allein zwischen dem 15. November 1942 und dem 15. Januar 1943 71 Lokomotiven von den Auffangstellen zurückgewiesen worden. „Die Hauptgründe für die Nichtübernahme von Lok waren Kesselschäden (undichte Rauch-

und Heizrohre, undichte oder gebrochene Stehbolzen) und Triebwerksschäden (Lagerschäden, undichte Kolben und Schieber)."

Der Sachbearbeiter Oberreichsbahnrat Mühlbauer der RVD Dnjepro übergab der GVD Osten am 8. Januar 1943 eine Auflistung mit 14 „Ostlok, die mit größeren Schäden aus dem Reich überführt werden".

„Lok 55 4896 wurde am 15.11.42 aus dem Reich kommend Bw Losowaja zugeführt. Bei dem sofort vorgenommenen Auswaschen des Lokkessels wurden ... starke Kesselsteinvermauerungen festgestellt, durch die etwa 60 Stehbolzen undicht geworden waren. ...Heimat-RBD und Heimat-Bw sind nicht bekannt.

Lok 57 1411, die aus dem Reich kommend am 26.11.42 Bw Losowaja zugeteilt wurde, zeigte ... über dem Bodenring einen Riß von 30 mm. Die Lok mußte einem EAW zugeführt werden. Heimat-RBD: Oppeln, Heimat-Bw Neiße.

Vom Bw Tschaplino wurde die 56 597 auf die Reise geschickt. In einem unbekannten Bahnhof – die Strecke ist gerade umgespurt worden – drückt die Maschine ihren Zug zurück

Auszug aus der Schadlokliste der Lokauffangstellen der GVD Osten vom 18.1.1943 bis 8.6.1943

lfd. Nr.	Lok-Nr	aus Lokzug	von Lokafa zurückgegeben	Untersuchungsbefund
1	56 725	Frkft M 7	16.1.43	Kesselschäden, Triebwerkschäden
2	55 2691	Frkft M 7	16.1.43	Kesselschäden, Triebwerkschäden
8	38 1020	Berlin 72	23.1.43	Kesselschäden, Triebwerkschäden – mittlere Achse schlägt am Rahmen
10	55 1745	Frkft M 18	25.1.43	unter dem Schaufelblech im Tender ein Loch
27	Tp 3-70	GVD-Reserve	25.2.43	Kesselschäden, Triebwerkschäden – rechts hinteren Puffer auswechseln, rechts beide vorderen Tenderachsen wärmen
34	93 1263	Hannover 34	12.3.43	Kesselschäden, Triebwerkschäden
35	55 2860	Hannover 34	12.3.43	Kesselschäden
36	57 1043	Hannover 35	14.3.43	Kesselschäden, Triebwerkschäden – rechte Ausströmung hinter der Bekleidung undicht
67	91 523	Warschau 13	23.4.43	Kesselschäden, Triebwerkschäden – Achslagerstellkeile nachziehen
157	38 1437	Regensburg 7	24.2.43	Kesselschäden, Kolbenstange rechts im Kreuzkopf lose
265	58 2390	Radom 8	20.1.43	mangelhafter Frostschutz
273	55 3299	Lemberg Ost 106	23.1.43	an sämtlichen Achsen starke Flachstellen

Lok 57 1032 Heimat-RBD Königsberg, die uns mit Lokzug Kassel 1 aus dem Reich zugeführt wurde, hatte bei der Übernahme im Bw Stalino am 8.12.42 folgende Schäden:
Sämtliche Heizrohre undicht, 4 Schieberringe gebrochen, ein Teil des Rostes fehlte, Rohr zur rechten Dampfstrahlpumpe fehlte, Dampfbremse unbrauchbar, Hauptkuppeleisen gebrochen, Feuerschirm stark beschädigt.
Lok 55 3867, die uns mit Lokzug Kassel 6 am 10.11.42 zugeführt wurde, zeigte bei der sofort vorgenommenen Untersuchung einen Feuerbuchsriß von 350 mm. Lok konnte hier nicht instandgesetzt werden und wurde am 22.11. dem Reich wieder zugeführt.
Lok 55 4890 vom Lokzug Wuppertal 89, traf am 9.12.42 vom Reich kommend mit einem Riß in der linken Feuerbuchsseite, starkem Rohrlaufen und etwa 20 stark undichten Stehbolzen beim Bw Tschaplino ein.
Lok 55 5414 vom Lokzug Wuppertal 89, die dem Bw Ilowaskoje zugeführt wurde, hatte auf der linken Seite stark undichte Bodenanker, 30 undichte Stehbolzen und einen Stegriß. ..."

Am 25. Juni 1943 mußte Dr. Friedrich von der GVD Osten wieder die Berliner Vorgesetzten im RVM über den mangelhaften Unterhaltungszustand der zugeführten Ost- und Ostabgabelokomotiven informieren. „In der Zeit vom 18.1 bis 8.6.1943 wurden dem besetzten Osten 3112 ausgebesserte Ost- und Ostabgabelok zugeführt. Von diesen Lok mußten von den Lokauffangstellen 280 Lok wegen größerer Schäden zurückgewiesen werden. Dies sind 8,7 % der zugeführten Lok. Von diesen 280 Lok wurden 46 Lok wegen Kesselschäden, 90 Lok wegen Kessel- und Triebwerkschäden, 59 Lok wegen Kessel- und sonstiger Schäden, 34 Lok wegen Triebwerkschäden, 5 Lok wegen Lagerschäden, 46 Lok wegen sonstiger Schäden zurückgewiesen. ...
Ferner bitten wir, die Bw nochmals anzuweisen, nur solche Lok nach dem Osten abzugeben, die sich in einem einigermaßen befriedigendem Zustand befinden, oder die Ostabgabelok soweit instandzusetzen, daß sie dem anstrengenden Dienst im Osten gewachsen sind."

Auffallend bei dieser Erfassung war der relativ große Anteil defekter Lokomotiven aus dem RBD-Bezirk Hannover. Allein im Lokzug Hannover 51 (25. April 1943) waren fünf Lokomotiven mit Kesselschäden (55 2155, 57 1451, 2351, 2520, 3192).

Auch das Problem „fehlender/mangelhafter Frostschutz" zeigte wiederholt, nicht nur wie in dem zuvor zitierten Schreiben vom 3. September, wie die Reichsbahn mit ihrer inneren Organisation zu kämpfen hatte. Die Schadlokomotivzüge, auch jene zum Einbau des Frostschutzes, sollten von der Oberzugleitung der RBD Posen sofort dem für die Verteilung zuständigen Bearbeiter der Geschäftsführenden Direktion Berlin gemeldet werden. Von da aus sollte der Laufweg zu den RAW im Reich führen.

Am 8. September 1942 mußte sich der Sachbearbeiter Oberreichsbahnrat Dr. Lutteroth der RBD Berlin gegenüber der Reichsbahn im RVM rechtfertigen. Sechs Ostschadlokomotiven wurden trotz Vormeldung für die RBD Stuttgart dem RAW Schneidemühl zugeleitet. „Die 6 Ostschadlok fehlen uns zur Erfüllung des Solls in der 35. Woche umso mehr, als die Zufuhr zu unseren Werken … sowieso schon zu gering war. In der 34. Woche sind uns insgesamt nur 21 anstatt etwa 40 Ostschadlok zugeführt worden. Wir bitten, uns für die ausgebliebenen Lok Ersatz zuzuteilen", schrieb am 29. August 1942 die RBD Stuttgart der Reichsbahn im RVM.

Diese sechs Lokomotiven trafen im Bw Kutno ohne genaue Beschilderung ein, so daß sie auf andere RAW verteilt wurden.

Dr. Lutteroth: „Nach Verständigung mit der RBD Stuttgart haben wir aber am 27.8.42 die Zuführung der Lokomotiven 58 1502 und 58 1837 und am 28.8. d. Js die Zuführung der Lokomotiven 56 2102, 56 2411, 56 2636, 56 2637, 67 2638 * und 56 2618 zum Reichsbahn-Ausbesserungswerk Offenburg angeordnet."

* Bei der Loknummer 67 2638, gemeint ist sicher die 56 2638, handelt es sich wohl um einen Tippfehler

Das Fehlen eines „Kälteschutz für die in Rußland eingesetzte Reichsbahn-Lok" war der Reichsbahn bereits seit dem Spätherbst 1941 bekannt. Unter genannter Überschrift schrieb das Reichsbahn-Zentralamt Berlin am 22. Oktober 1941 an die GDW Berlin, Breslau, Königsberg und Wien: „Um große Ausfälle an den in den besetzten russischen Gebieten eingesetzten Reichsbahnlok, vor allem der Gattungen G 8, G 8.1, G 8.1 umbau und G 10, durch die Kälte zu verhindern, soll nach Anordnung des RVM für ausreichenden Kälteschutz der Lok Sorge getragen werden. Nach den Erfahrungen auf reichsdeutschem Gebiet sind an den Lok besonders gefährdet die Luft- und Speisepumpe sowie ihre DK-Pumpen.
Wir empfehlen, an den in Rußland eingesetzten Lok zweiteilige Holzkästen als Schutzvorrichtungen für die Luftpumpen anzubringen. … Die Speisepumpen … sind ebenfalls mit einem leicht abnehmbaren Holzkasten zu verkleiden."
Am 23. Dezember 1941 empfahl das RZA allen GDW Frischdampfheizungen für die Knorr-Speisepumpe und die Knorr-Vorwärmer, eine Heizung für die DK-Schmierpumpen und einfache Windschutzbretter für die Wasserschläuche zwischen Lok und Tender anzubringen.
Das Ergebnis ist bekannt – all das brachte nicht viel. Schließlich formulierte die Reichsbahn im RVM am 28. Februar 1942 einen Brief an das RZA betreffend „Endgültige Frostschutzausstattung für Osteinsatz-Lok". „Um die im Ostfront eingesetzten Dampflok noch besser als bisher gegen Frostschäden zu sichern, sollen bis zum 1. Oktober 1942 nach festem Programm 5000 Ostdienst-Lok nicht nur mit behelfsmäßiger, sondern endgültiger Frostschutzsicherung ausgerüstet werden. Hierzu rechnen folgende Maßnahmen:
a) Ausbau der Knorr-Speisepumpen und Vorwärmer und Anbau einer zweiten Dampfstrahlpumpe. Die Druckrohrleitungen und Kesselspeiseventile sind gut zu ummanteln.
b) Die Luftpumpe ist zum besseren Schutz möglichst auf der rechten Seite unmittelbar vor das Führerhaus zu setzen …

Einen Zug mit Schadlokomotiven „Heim ins Reich" hat die 56 298 des Bw Orscha Ost (einst Bw Elsterwerda) 1943 am Haken. Darin u.a. die 55 654 und 38 3625

c) Die Ölpumpen sind zu heizen. …Neben guter Isolierung sind die Leitungen mit Schutzkästen zu ummanteln."

Neben den im Osteinsatz befindlichen Güterzugtypen der Baureihen 55, 56, 57 war vereinzelt auch die Baureihe 58, die preußische G 12 dort zu finden. „Die für die Abgabe an die Ostgebiete vorgesehene … mit behelfsmäßiger Frostschutzeinrichtung ausgerüstete G 12=Lok Nr. 58.1737 des Bw Gießen war vom 3.2. – 20.3.43 wiederum im RAW zur Ausführung einer L 4 und Ausrüstung mit vollem Frostschutz", schrieb Abteilungspräsident Havliza der RBD Frankfurt (Main) am 9. April 1943 der Reichsbahn im RVM in Berlin. „Bei der Ausrüstung der Lok mit behelfsmäßiger Frostschutzeinrichtung wurde u a die Vorwärmeranlage einschließlich Speisewasserpumpe ausgebaut und dafür die 2. Dampfstrahlpumpe eingebaut. Obwohl bereits mit Verf vom 11.2.43 – 38 Ful 8 – die Frostschutz- und Osteinsatzausrüstung der G 12=Lok aufgehoben wurde, ist an der vorgenannten Lok gelegentlich des letzten Aufenthaltes im RAW noch die Oberlagerkastenschmierung eingerichtet, das Pyrometer, der Schieberkastendruckmesser und die zusätzliche Schmierpumpe für den mittleren Zylinder ausgebaut worden. Sofern die G 12=Lok für den Osteinsatz nicht mehr infrage kommen und von der Vorhaltung einer Reserve abgesehen wird, bitten wir die GDW anzuweisen, die vorgenannten betriebsnotwendigen Einrichtungen an den Lok zu belassen und die mit einer zweiten Dampfstrahlpumpe ausgerüsteten Lok wieder mit Vorwärmeranlage und Speisepumpe auszurüsten. …Der Fortfall des Pyrometers wäre gerade in der jetzigen Zeit, in der die Lokführer oftmals mit wenig erfahrenen Heizern ihren Dienst versehen müssen, sehr zu bedauern."

Handschriftlich vermerkte der Referent 34 („MA Rußland") am 5. April 1943 unter diesem Schreiben, daß „150 G 12-Lok zur Reserve für den Osteinsatz mit vollem Frostschutz erhalten bleiben." Bei den übrigen Lok könne sie bei einer Aufnahme im RAW entfallen.

Schadhafte oder für den Osteinsatz nicht geeignete Lokomotiven sollten im Reich repariert und entsprechend hergerichtet werden. Doch in den seltensten Fällen kamen die instandgesetzten Fahrzeuge zurück. Die Gedob benachrichtigte am 21. Januar 1944 alle Direktionen, daß zwischen dem 31. Mai 1943 und dem 4. November 1943 insgesamt 489 reparierte Lokomotiven nicht nach dem Osten zurückgeführt wurden. Nach Einschalten des RVM konnten zum Jahresende lediglich 91 Fahrzeuge überstellt werden, 153 hielten die Bw „im Reich" zurück und von 244 fehlte jeglicher Nachweis.

2.5 Irrfahrt nach Osten

Johann Coenen wurde als 23jähriger 1939 zum Beginn des Polenfeldzuges als Soldat einberufen und von 1940 bis 1943 für die Reichsbahn vom Wehrdienst zurückgestellt. Er versah seinen Dienst als Heizer und befuhr von dem Bw Köln Betriebsbahnhof aus die Strecken nach Hamm, Frankfurt (Main) oder nach Dortmund. Als Lokomotivführer im Ruhestand erzählte Johann Coenen:

„Im Januar 1942, im ‚Gefrierfleischwinter', bekam ich vom Lokdienstleiter den Auftrag, zum nächsten Dienst mit warmer Kleidung und Bettwäsche zur Überführung von Lokomotiven zur polnisch-russischen Grenze zu erscheinen.

Zusammen mit dem Lokomotivführer Immel vom Bw Köln Betriebsbahnhof und mit zwei weiteren Führern und drei Heizern von Wuppertal und wahrscheinlich aus Dortmund überführten wir einen Lokzug, bestehend aus acht Maschinen und einem Zweiter-Klasse-Waggon als Schlafwagen. An der Zugspitze befand sich eine Dampflokomotive der Gattung G 10, dahinter G 8-Lokomotiven. Die erste wurde befeuert und zog den gesamten Zug, die letzte wurde nur zum Heizen des Waggons unter Dampf gehalten.

Nach Möglichkeit wurde durchgefahren. Jedoch nach acht Stunden lösten wir uns untereinander ab, danach schliefen wir etwa acht Stunden. Oftmals standen wir aber auch lange, teilweise bis zu acht Stunden, in den Bahnbetriebswerken zum Bunkern von Kohlen und Wasser. Das dauerte daher so lange, da das Wasser für den Tender mit kleinen Kreiselpümpchen gefördert wurde.

Unsere Bekleidung waren u.a. dicke Filzstiefel und ‚Klappermäntel' *. Verpflegt wurden wir von der Wehrmacht mit Konserven und sechs Zigaretten täglich! Gewaschen wurde sich nur im Waggon, rasiert haben wir uns nicht.

Da niemand die Maschinen haben wollte, fuhren wir sie von Bw zu Bw. Gefahren wurde ohne Fahrplan, so wie die Weichen lagen und die Signale es erlaubten. Die Pioniere hatten die Bahnstrecken auf Normalspur umgespurt und elektrische Signale installiert. So waren wir etwa fünf Wochen unterwegs, bis wir die Loko-

* So wurden die Kunststoffmäntel genannt.

motiven in der Nähe der Krim, im Bw Christinowka abstellten.

Obwohl wir durch Partisanengebiet geschickt wurden, hatte die Wehrmacht uns keine Waffen mitgegeben. Unsere Fahrt wurde nur einmal durch kriegerische Einflüsse gestoppt. Wir fuhren auf Minen, aber es entstand nur Materialschaden. Beschossen wurden wir nicht.

Einmal blieb mir der Atem weg: Ich öffnete die Tür zur Feuerkiste und sah in der entstandenen Helligkeit vier Russen am Tender. Diese wollten aber nur ein Stück mitfahren und boten sogar Wodka an.

Aus dem ukrainischen Bw fuhren wir mit einem Güterzug nach Lemberg an die polnische Grenze. Dort wurden wir entlaust (obwohl wir gar keine Läuse hatten) und konnten zum ersten Mal duschen. Von dort ging es mit dem letzten Fronturlauberzug nach Berlin. Für diese Reise hatten wir keine Verpflegung mehr. In Berlin wurden die aufgesparten Raucherkarten von zu Hause zunächst in Zigaretten umgesetzt und gegen Eßbares umgetauscht. Von Berlin fuhren wir mit einem D-Zug nach Köln zurück.

In Köln angekommen, beschlossen ich und mein Lokführer Immel, sich die nächsten drei Tage zu verstecken und sich nicht auf der Dienststelle zu melden, um noch ein wenig Zeit für die Familie zu haben. Doch zunächst mußte ich meine Frau suchen, denn sie wurde auf dem Kölner Hauptbahnhof verhaftet, weil sie sich dort auffällig lange herumgetrieben hatte. Sie wartete aber nur auf ihren Mann.

Meine Tochter (damals neun Monate alt) hatte sich bei meinem unrasierten, vollbärtigen Anblick und in den Filzstiefeln und dem Klappermantel gewaltig erschrocken.

1943 wurde ich dann wieder eingezogen. Ich sollte nach Rußland. Da ich das Elend aber kannte, meldete ich mich zum Einsatz nach Italien. Dort wurde ich gefangengenommen und nach Amerika in die Gefangenschaft geschickt. Von dort wurde ich nach Frankreich ausgeliefert und kam acht Tage vor der Währungsreform im Juni 1948 aus der Gefangenschaft nach Hause."

3 Eine Lok für den Krieg

3.1 Der Weg zur Baureihe 52

Die Bewegungen an der Front erstarrten, aus dem Blitzkrieg wurde mehr und mehr ein Stellungskrieg. An der Front fehlte es den deutschen Truppen an allem – und kein Nachschub in Sicht. Tausende Lokomotiven waren defekt, waren den klimatischen Gegebenheiten nicht gewachsen. Brauchte die Deutsche Reichsbahn doch eine Lokomotivtype speziell für diesen Krieg?

Zunächst sollte sich deren Form in Richtung einer vereinfachten Baureihe 50 bewegen. Vor allem mußten die Maschinen den tiefen Minustemperaturen gewachsen sein, auch das Füh-

rerhaus, damit endlich die Personale besser geschützt waren.

Im Reichsverkehrsministerium wurde am 22. Dezember 1941 der Vermerk über „Bedingungen für die von den Lokomotivfabriken zu entwickelnde neue Lokomotivgattung" niedergeschrieben. „Es wird zunächst vom Herrn Ref L 3 ausgeführt, daß für die Lokomotive der Reihe 50 vorgeschrieben worden war, sie solle einen Güterzug von 850 t in der Ebene mit 75 km/h und auf der Steigung 1:80 denselben Zug mit 25 km/h befördern können. Die Geschwindigkeit der Truppentransportzüge sei z. Zt. nur 55 km/h … Zum Abschluß einer

September 1942: Die 52 001 setzt im Werksgelände der BMAG in Wildau vor die 50 377 und den Propagandazug

längeren Diskussion wird vom RVM erklärt, daß die Lokomotive als 1 E Maschine gebaut werden müsse mit Rücksicht auf schlechten Oberbau. Nach den bisherigen Erfahrungen neigen E Lokomotiven zum Entgleisen und verursachen Beschädigungen des Oberbaus .... Die Haltbarkeit der Lokomotive muß so abgestimmt sein, daß sie bestimmt bis zum Ende des Krieges aushält, was so zu verstehen ist, daß auch bei längerer Kriegsdauer die wichtigsten Teile der Lokomotive nicht ersetzt zu werden brauchen.

Es wird noch ausdrücklich darauf aufmerksam gemacht, daß das von den Oberreichsbahnräten Stutterheim, Witte und Rünzi aufgestellte Gutachten für den Bau der Lokomotive nicht entscheidend sei. Von der Lokomotive wird erwartet, daß sie möglichst wenig frostempfindlich sei und daß mit Rücksicht auf diese Forderungen auch auf den Vorwärmer verzichtet werden könne."

Am 7. März 1942 wurde in einer Sitzung beim Reichsverkehrsminister der Hauptausschuß Schienenfahrzeuge gebildet. Es wurden zwölf Arbeitsausschüsse bestimmt, deren Leiter den Sonderausschuß Lokomotiven bildeten. Vorsitzender des Ausschusses war Gerhard Degenkolb. So war der Niederschrift des Arbeitsausschusses vom 19. März 1942 zu entnehmen, daß „laut Führerbefehl 7500 Lok pro Jahr gebaut werden" sollen. „Die Reichsbahn hat telegrafisch 15.000 Lok bestellt, davon 500 Lok Reihe 44, die übrigen Reihe 50. Auf Befehl des Führers genießt das Lokbauprogramm den Vorrang vor allen anderen Schwerpunktprogrammen, außer Mineralölprogramm.

Gebaut wird die vereinfachte Kriegslokomotive Baureihe 50 und, insoweit Kropfachsen verfügbar, Baureihe 44. Die bei Krauss bestellten 30 Lok Baureihe 83 fallen weg, dafür baut Krauss Kriegslok Baureihe 50. Böhmisch-Mährische, DWM, Henschel, Krupp berichteten umgehend, wie viel der bei ihnen bestellten Lok 86 fortfallen können. Die genannten Firmen bauen dafür Kriegslok Baureihe 50, Krupp Baureihe 44. Krupp wird Vorschläge für Verein-

fachung der Baureihe 44 dem Vereinheitlichungsbüro einreichen.

Die Lokfabriken melden bis zum 26. März, wieviel Lok sie monatlich herstellen können, wobei mit Rücksicht auf den Engpaß Radsätze bis Ende 1942 monatlich 200 Lok und bis Ende 1943 monatlich 300 Lok als Gesamthöchstleistung zu erwarten sind."

Ständig wurden diese Ziele höher gesetzt. Bereits am 17. April hieß es im Rundschreiben Nummer 19 des Hauptausschusses, „dass die Lokomotivfabriken etwa ab Ende 1942/Anfang 1943 unter gewissen Voraussetzungen 225 Lokomotiven insgesamt pro Monat ausliefern können und ab Mitte 1943 bei Erfüllung weiter Voraussetzungen insgesamt etwa 335 Lok pro Monat. Da diese Zahlen noch weit hinter der Forderung des gesteckten Zieles, nämlich 625 Lok pro Monat, zurückbleiben, muss wenigstens darauf hingearbeitet werden, dass die genannten Monatsausbringungen erreicht werden."

Storniert wurden im Interesse der Kriegslok bei:

Böhm.-Mähr. Masch.-Fabrik	14 Lok	Baureihe 86
Henschel	70 + 90 Lok	Baureihe 86
Krupp	33 Lok	Baureihe 86
Krauss-Maffei	10 + 30 Lok	Baureihe 83.

Mit der Bildung dieses Hauptausschusses wurde die Reichsbahn aus der Entwicklung heraus und in die Rolle eines Bestellers gedrängt. Trotz des Ausschusses versuchte jede Lokomotivfabrik ihre Variante einer vereinfachten Kriegsdampflokomotive zu bauen.

Am 22. April unterzeichnete Gerhard Degenkolb die Anordnung 14: „Die Lokomotivfabriken, welche für das Programm der Baureihe 50 respektive Baureihe 42 und im Augenblick noch Baureihe 44 vorgesehen sind, haben ihr Programm in Zukunft so zu bereinigen, dass nur noch obengenannte Typen gebaut werden. Aufträge auf andere Lokomotivtypen, die bereits in Bestellung sind und nicht diesen Baugruppen angehören, sind sofort zu annullieren, wenn nicht die Dringlichkeitsstufe ‚SS', ‚S', ‚Bergbau' oder gleichwertige vorliegt …"

Als „Einzelfrage" wurde die Baureihe 42 erörtert. Diese Type wurde dringend für die Oststrecken benötigt. „Die Einschaltung einer weiteren Baureihe neben Reihe 50 muss zunächst zurückgestellt werden, da sonst die geforderte Zahl der gelieferten Lokomotiven nicht erreicht wird. Nach Abschluss der Entwurfsarbeiten für die Fertigungseinrichtungen der Baureihe 50 – also in etwa 3 Monaten – wird sofort mit dem Entwurf der Baureihe 42 begonnen. Erst nach Anlieferung einer entsprechend grossen Zahl von Lokomotiven der Baureihe 50 und entsprechender Entlastung des Betriebes soll die Aufnahme des Baus der Reihe 42 erneut geprüft werden."

Ferner wurde festgehalten, daß „die für den Osteinsatz dringend benötigten 240 Lok der Baureihe 50 mit Kondensationstender nicht zurückgestellt werden" dürfen. Auch über 50 dringend herzustellende Schneeschleudern wurde diskutiert.

Mit dem Hauptausschuß konnte sich der Leiter des Arbeitsausschusses Auftragsregelung und Typenbereinigung einigen und legte 1942 den Stand der Typenbereinigung vor. „Im Einvernehmen mit dem OKH, der Fachgruppe Bauindustrie, Bergbau und der Wirtschaftsgruppe Maschinenbau ist es gelungen, aus den über 100 zurzeit in Auftrag befindlichen Lokomotivspielarten 8 Ausweichtypen herauszufinden, die zur Befriedigung des gesamten Bedarfs der oben genannten Bedarfsträger ausreichend sind."

„Im Einvernehmen mit dem RVM soll nach Ablieferung von insgesamt 500 Lokomotiven Reihe 44 auf Reihe 42 umgeschaltet werden, was im Sommer resp. Herbst nächsten Jahres der Fall sein wird." Weiterhin wurde erörtert, welche Fabriken in den zehn Ländern Frankreich, Belgien, Holland, Schweiz, Dänemark, Norwegen, Rumänien, Italien, Bulgarien und im Protektorat (Böhmen und Mähren) Lokomotiven der Reihen 44, 50 bzw. Schmalspurlokomotiven bauen können.

Direktor Degenkolb richtete am 28. April 1942 ein Schreiben an das Reichsbahn-Zentralamt in Berlin zur Auftragsregelung zum Bau von 15.000 Kriegslokomotiven der Baureihe 50. Er hatte diese Größe wie folgt verteilt:

Böhmisch-Mährische	100
Warschau	250
D.W.M.	500
Esslingen	500
Grafenstaden	500
Jung	500
Oberlok (Krenau)	500
Skoda	500
M.B.A.	750
Schichau	1000
Krauss-Maffei	1400
Borsig	1500
Krupp	1500
Schwartzkopff	1500
Wien	1500
Henschel	2500

„Diese Auftragserteilung soll eine Richtlinie sein für die Leistungssteigerung, die die Lokomotivfabriken durchzuführen haben, wobei dieselben in dieser Hinsicht keinen Beschränkungen unterworfen sind … Aus Gründen weitgehendster Rationalisierung haben wir ausschliesslich die Baureihe 50 vorgesehen. Sollte es sich aber im Laufe der Zeit als notwendig erweisen, eine andere Baureihe, z.B. die Baureihe 44 oder die neue Baureihe 42 noch einzuschalten, so wären zu gegebener Zeit die den Lokfabriken erteilten Aufträge entsprechend abzuändern."

Der Vorsitzende Degenkolb mußte sich am 13. März 1942 in seiner Anordnung Nummer 2 auch mit der „Lieferung von Ersatzteilen an die Deutsche Reichsbahn" beschäftigen. „Die Lieferung von Ersatzteilen für Lokomotiven der Deutschen Reichsbahn ist vordringlich. Wenn für reparaturbedürftige aus dem Betrieb gezogene Lokomotiven die Ersatzteile schnell geliefert werden, so können diese Lokomotiven alsbald dem Betrieb wieder zugeführt und erhöhen den Bestand an betriebsfähigen Lokomotiven der Reichsbahn schneller als die Lieferung neuer Lokomotiven.

Der Gedanke, speziell für den Kriegseinsatz eine Lok zu konstruieren, war im Ersten Weltkrieg in Ansätzen aufgekomm
bleme – hausgemachter Natur – auftraten. Mit am besten bewährte sich die einfache preußische G 7. Nun mußte sie zu

Im Verlaufe des Krieges war schnell deutlich geworden, daß mit einer Vielzahl unterschiedlicher Bauarten riesige Pro-
zweiten Mal in den Krieg ...

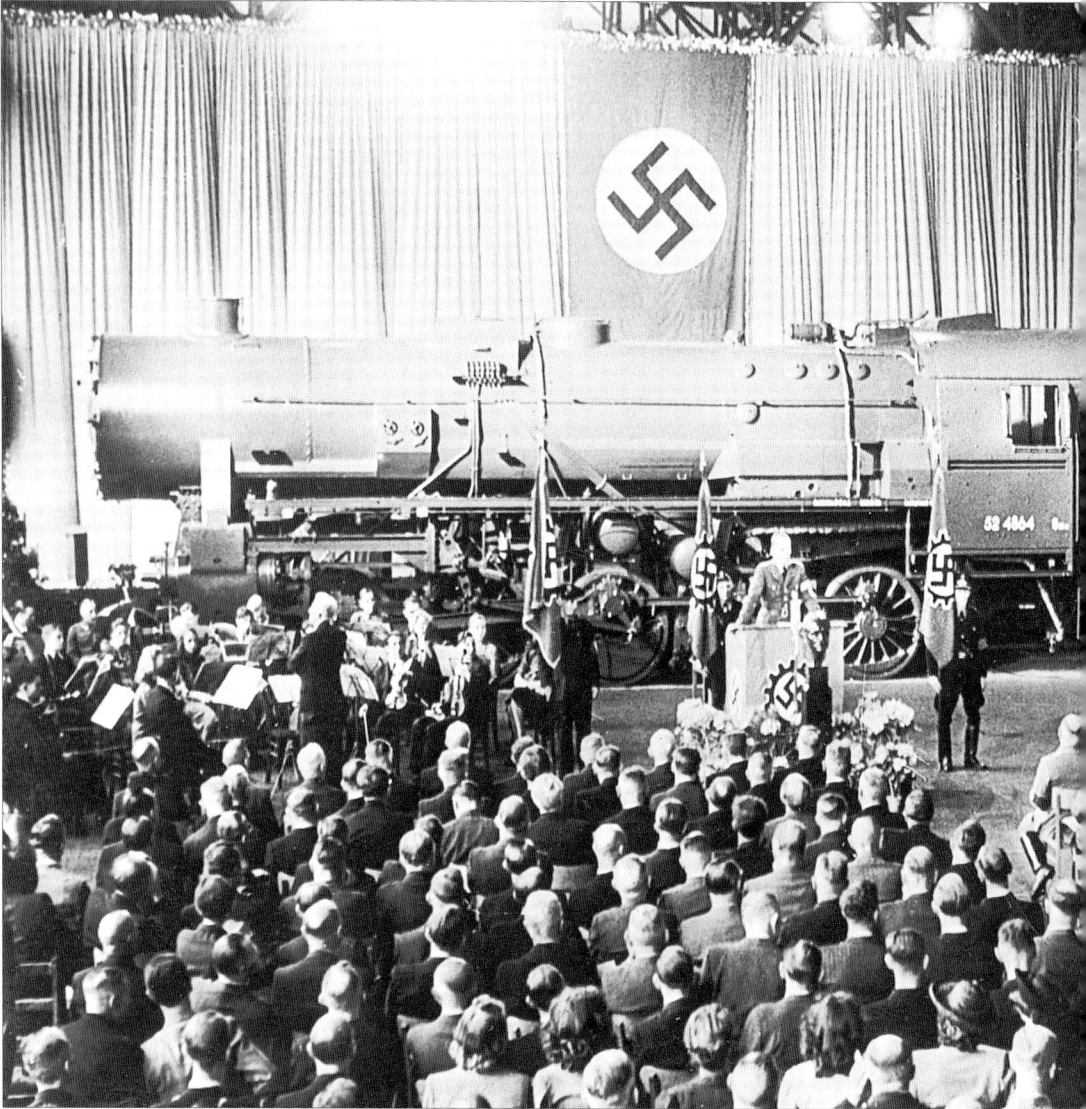

Am 3. Juli 1943 hält Rüstungsminister Albert Speer im BMAG-Werk Babelsberg eine Rede, bei der er die Kürzung des

Ich ordne daher an, Ersatzteilbestellungen der Deutschen Reichsbahn unter allen Umständen unter Zurückstellung von Neubaulokomotiven zu befriedigen …"

Bei einer Aussprache beim Reichsverkehrsminister Dorpmüller am 30. April 1942 legte Direktor Degenkolb die Aufgaben des Hauptausschusses vor. Für das Lokomotivprogramm mit den Stufen I bis IV einschließlich der zu bauenden Kesselschmiede in Falkensee

veranschlagte man gegenüber Reichsminister Speer 24 Millionen Reichsmark. Sechs Millionen Tonnen Stahl wären nötig, um die geforderten 7000 Lokomotiven und 210.000 Güterwagen zu bauen.

Die Kennzeichnung der Kriegslokomotive wurde in der Anordnung 6 vom Hauptausschuß Schienenfahrzeuge am 21. März 1942 geregelt. „Alle Lokomotiven, welche durch die bereits ergangene Anordnung eine Änderung

bezw Vereinfachung erfahren haben, werden in Zukunft als ‚Kriegslokomotive' bezeichnet und sind mit grauer Farbe RAL 7011 … einmal zu streichen (matt lackieren). Die Beschriftung ist schwarz auszuführen. …Dieser Farbanstrich hat den Zweck, die Abnahmebeamten, das Lokomotivpersonal usw. von vornherein klar darauf hinzuweisen, daß es sich hier um eine Kriegslokomotive handelt und nicht erst langatmige Untersuchungen angestellt werden

müssen, warum dieser oder jener Maschinenteil fehlt oder nicht so sauber aussieht."

Oberreichsbahnrat Witte sandte am 4. April 1942 einen Brief an den Oberingenieur Alfons Meckel, Leiter des Arbeitsausschusses Konstruktion im Hauptausschuß Schienenfahrzeuge, und beschrieb darin die Forderungen nach einer Kriegslokomotive mit 18 Tonnen Achsdruck. „Der Reichsbahnbetrieb verlangt dringend neben dem Großeinsatz der 1 E-Lok mit 15 t Achsdruck nach einer Lok gleicher Achsordnung mit 18 t Achsdruck und entsprechend höherer Leistung. Der Mangel an Personal und die schon im weiter rückwärtigen Verkehrsnetz beschränkte Zahl leistungsfähiger Strecken für den Ost-Nachschub verlangt gebieterisch die Auslastung der Züge bis an die durch Strecken, Profil und Oberbau gezogenen Grenzen. Es muß deshalb so schnell wie irgend möglich mit dem Bau der 1 E-Lok mit 18 t Achsdruck begonnen werden.

Um nicht 3 Typen nebeneinander bauen zu müssen, soll die Fertigung der Lokomotivreihe 44 möglichst bis zu einer Zahl von 500 Stück auslaufen und dann zum Bau der 1 E mit 18 t übergegangen werden. Ein entsprechender Auftrag des Reichsverkehrsministeriums an den Hauptausschuß ist in Kürze zu erwarten … .

Zunächst erscheint es am einfachsten, die an sich leistungs- und lauftechnisch ausreichende 1 E der ehem. polnischen Bahnen weiter zu bauen, wobei natürlich entsprechende Vereinfachungen auch bei dieser Lok durchzuführen wären. Wenn die Sicherheit besteht, daß die im VB bereits in der Entwicklung befindlichen Lok der Reihe 42 genau so schnell gebaut werden können, steht an sich nichts im Wege, diese Type zu wählen. Ziel muß aber bleiben, daß die Lok so schnell wie irgend möglich gebaut wird. Ich empfehle deshalb schnellstens festzustellen, ob für die poln. 1 E-Lok bereits alle Zeichnungen vorhanden sind, diese herbeizuschaffen und dem Ausschuß zur Besprechung zuzustellen, damit sie in Vergleich gesetzt werden können mit den im VB bereits fertigen Zeichnungen der Reihe 42.

Es handelt sich vorerst um einen dringenden Bedarf von etwa 1000 Lok."

Während Friedrich Witte für die Reichsbahn eine stärkere Lokomotive für den Osteinsatz forderte, hatten einige Lokomotivfabriken ihre eigenen Vorstellungen von einer neu zu bauenden Maschine.

In einem fünfseitigen Brief nahm Witte am 7. April 1942 Stellung zu Darlegungen von Dr. Gilli, Lokomotivfabrik Florisdorf, es genüge auch eine Lokomotive mit der Achsfolge E. „Es kann bei der Beurteilung der Frage 1E oder E das Laufwerk nicht allein betrachtet werden. Für das Laufwerk besteht wohl nach allen bisherigen Besprechungen und besonders nach dem Ergebnis der unmittelbaren Beobachtung während der Versuchsfahrten am 27.4. Übereinstimmung darin, daß das 1E-Laufwerk der E-Anordnung weit überlegen ist, soweit es sich um Sicherheit und Ruhe des Laufs und somit Schonung der Lok selbst und besonders des Oberbaus handelt. Dabei wurden im Verlauf der Versuchsfahrt nur wenig mehr als 65 km pro Stunde Geschwindigkeit gefahren. Diese Geschwindigkeit würde wohl für eine Lok ausreichen, die allein für den Fronteinsatz infrage kommt, nicht aber für eine Lok, die auf Grund ihrer außerordentlich großen Stückzahl für den Kriegseinsatz im gesamten Eisenbahnnetz geeignet sein muß. Hier bestimmt aber die Geschwindigkeit die Leistung der Strecken und eine zu niedrige Höchstgeschwindigkeit beschränkt die Ausnutzbarkeit eines gegebenen Schienenweges. Wollte man sich aber im Hinblick auf die Begrenzung der Höchstgeschwindigkeit durch die vorgeschriebenen höchstens 15 % freier Fliehkraft über diese durch Vorschrift gezogene Grenze für die Kriegszeit hinweg setzen, so ist zu bedenken, daß im gleichen Augenblick die Beanspruchung des Oberbaus erheblich wächst und ebenfalls entsprechende Rückwirkungen auf die Lok selbst eintreten. Schienenbrüche sind aber z. B. schon heute auf den Strecken im Osten an der Tagesordnung. Es ist also völlig abwegig, bei dem Vorschlag, die Grenze der Höchstgeschwindigkeit nicht zu re-spektieren, nur die Laufsicherheit der Lok allein zu betrachten.

Die Gleise im Osten sind wiederholten Umspurungen unterworfen worden, dabei im letzten Winter unter den ungünstigsten Umständen. Die Schienennägel sind aus den glashart gefrorenen Schwellen mit Gewalt herausgerissen worden. Die Schwellen sind dabei stark beschädigt worden. Ein ausreichender Ersatz der Schwellen ist bei den außerordentlichen Streckenlängen, um die es sich hier handelt, erst über einen langen Zeitraum möglich. Die Umspurungen der Weichen in den Weichenstraßen der Bahnhöfe hat zu Fahrstraßen geführt, die an die Laufsicherheit der Lok größte Anforderungen stellen. Hier kommt die 1E Achsanordnung als lauftechnisch beste erst voll zur Geltung. Daß durch die, infolge der Vereinfachungen erzielten Gewichtseinsparungen für die Laufachse Entgleisungsgefahr bestehen soll, wie von Florisdorf befürchtet wird, ist durch zahlreiche Ausführungen von Lok mit niedrigem Laufachsdruck für das Ausland widerlegt. Eine zwingende Notwendigkeit zum Übergang zur E-Lok aus den Vereinfachungen heraus zu konstruieren, erscheint abwegig. Bei Fortfall der führenden Laufachse muß auf jeden Fall zusätzlich am Konstruktionsgewicht der Lokomotive und zwar am Kessel gespart werden ...

Wenn deshalb im Schlußsatz der Stellungnahme von Herrn Dr. Gilli zum Bericht der Arbeitsgemeinschaft der Reichsbahn vom 16.2.42 gesagt wird, daß man sich bei der Ausarbeitung des Entwurfs der E-Lokomotive streng an die Richtlinien gehalten habe, die in der ersten Sitzung im RVM im Sinne der vom Führer und vom Reichsmarschall gegebenen Weisungen bekannt gegeben worden sind usw, so trifft das meines Erachtens insofern für den Florisdorfer Entwurf nicht zu, weil nämlich die betreffenden Geräte, hier also die Lok, in ihrer Leistungsfähigkeit nicht beeinträchtigt werden sollte. Tatsächlich ist die E-Lok der 1 E-Lok lauf- und leistungstechnisch unterlegen. Die Reichsbahn steht deshalb nach wie vor auf dem Standpunkt, daß nur mit dem Laufwerk 1E die

Gerhard Degenkolb (1892 – 1954) „ist heute unumschränkter Diktator in der Lokindustrie. Im Juni 1943 hatte er das Ziel erreicht, das die Ausbringung von 5000 Loks in einem Jahr ermöglicht", sagte Rüstungsminister Speer über ihn. Am 9. Juli 1942 sitzt Degenkolb in seinem Büro hinter der 39 117

richtige und allen Anforderungen genügende Lösung erreicht werden kann.

gez. Witte"

Direktor Degenkolb erklärte der Wiener Lokomotivfabrik am 1. Mai, daß man sich aufgrund der schlechten Gleisverhältnisse im Osten nicht für eine Lokomotive mit Achsfolge E entschieden hätte. Ferner legte er dar, daß eine E-Type jetzt nicht ausgeführt werden kann, da es nicht tragbar wäre, drei Typen (Baureihe 50, 42 und die von Florisdorf konstruierte E-Lok) zu bauen. „Diese Umstellung könnte zu Störungen führen, die nicht zu verantworten wären … Die Einsparungen, die vielleicht durch den Bau dieser Type erzielt werden könnten, wird später bei weitem überwogen durch die notwendigen Gleisreparaturen. Man würde hier ein Loch stopfen und dort ein anderes wieder aufmachen. Ich bitte Sie also, die Arbeiten an der E-Lok einzustellen und die daran arbeitenden Kräfte für den neuen Tender und andere Aufgaben zu verwenden."

„Ich ordne an, dass die Entwicklung einer besseren Konstruktion der bisherigen Lokomotiven weitergehen muss", schrieb Degenkolb in seiner Anordnung Nr. 25 vom 15. Mai 1942.

Der Leiter vom Arbeitsausschuß Konstruktion Meckel äußerte sich in der Anweisung Nr. 9 vom 16. Mai 1942 über die Bauartbezeichnung der Kriegslokomotive: „Die aus der Baureihe 50 entwickelte ‚Kriegslokomotive' erhält die Bauartbezeichnung K 50.

Es ist dies die Lokomotive, bei welcher alle Änderungen gemäß Änderungsanweisungen durchgeführt sind. Das sind dann die Lokomotiven über Betriebsnummer 50 3044. Die tragen also die Betriebsnummer K 50 3045 usw."

Demnach waren die bis zur Betriebsnummer 50 3044 vereinfacht gebauten Lokomotiven der Baureihe 50 wie auch jene der Baureihen 44 und 86, einschließlich Vergebung 1942/II, gemäß der Weisung Nr. 6 vom 21. März 1942 mit einem K als „Kriegslokomotive" zu bezeichnen.

Die Anweisung Nummer 18 von Meckel regelte ab dem 8. Juni 1942, daß künftig die verein-

In die 57 3314 wurde eine sogenannte „Panzerkiste" eingebaut. Bei Beschuß aus Tieffliegern sollte sich darin das Lokpersonal verschanzen können

facht gefertigten Lokomotiven „hinter der Betriebsnummer den Zusatz ‚ÜK' (Übergang zur Kriegslok)" erhalten. In dieser Ergänzung drückte er auch aus, daß „auf Wunsch des Reichsverkehrsministers die aus der Baureihe 50 entwickelte ‚Kriegslokomotive' nicht die Baureihenbezeichnung ‚K 50', wie durch Anweisung Nr 9 bekanntgegeben, sondern die Bauartbezeichnung ‚52'", erhält.

„Die Baureihe 50 wird also lediglich noch bis zur Betriebsnummer 50 3044 benummert. Von da ab beginnt eine Nummernreihe 52 001 usw." Tatsächlich wurde die Nummernreihe der Baureihe 50 dann bis zur Ordnungsnummer 3164 besetzt.

Doch noch wurde die Baureihe 50 gefertigt. Degenkolb mußte dazu am 21. Mai alle Lokomotivfabriken in seiner Anweisung Nummer 31 noch einmal ermahnen, daß die Vereinfachungen und Entfeinerungen unbedingt durchgeführt werden. Lediglich die Firma Henschel konnte 75 Vereinfachungen an der Baureihe 50 vorweisen; andere Fabriken nur 25.

Um die hochgesteckten Lieferzahlen zu erreichen, bedurfte es neben höheren Materiallieferungen auch zusätzlicher Arbeitskräfte. So hieß es bereits im Protokoll vom 19. März 1942: „Es sind 7433 ukrainische Arbeiter angefordert, die beginnend ab Anfang April eintreffen." An die

Fabriken gewandt, sollten sich diese direkt an die zuständigen Wehrkreisbeauftragten unter dem Hinweis auf den Führerbefehl wenden, um Einberufungen von Fachkräften zu vermeiden. Ferner war vorgesehen, daß 2400 Arbeiter für Lokfabriken und Zulieferer sowie 2600 Arbeiter für Waggonfabriken, die bereits eingezogen waren, wieder aus der Wehrmacht zu entlassen seien.

Zum Schutz vor Entzug von Arbeitskräften sowie zur Selbstverantwortung der Deutschen Lokomotivindustrie erließ Degenkolb die Anordnungen Nummer 46 und 48. „Die deutsche Lokomotivindustrie steht, was für ihre bisherige Geschichte und ihre künftige Geschichte einzigartig ist und immer einzigartig sein wird, in der entscheidendsten Zeit des Daseinskampfes des deutschen Volkes an erster Stelle in der gesamten deutschen Rüstungsfertigung. Sie hat daher einen hervorragenden Anteil an der deutschen Industrie vom Führer zur Durchführung ihrer Aufgaben eingeräumten grösseren Selbstverantwortung."

Dieser heroische Appell von Degenkolb zeigte aber auch, daß die Lieferzahlen hinter den gewünschten Erwartungen zurückblieben. Er kündigte ferner an, daß „festgestellte Schwierigkeiten, die auf Nichtbefolgung der Maßnahmen des Hauptausschusses" zurückzuführen sind, gnadenlos zu Bestrafungen führen.

Doch die Produktion lief schlecht. Einheimische Arbeitskräfte fehlten und ausländische Arbeiter wurden nicht ihren Kenntnissen entsprechend eingesetzt. Direktor Degenkolb unterzeichnete am 14. Juli 1942 die Anordnung Nummer 50, die alle Lokomotiv- und Radsatzwerke erhielten. „Ich habe festgestellt, dass ausländische Arbeiter mit geringeren Arbeiten beschäftigt werden, als diese in Wirklichkeit leisten können. Z.B. wurden in einem Betrieb zwei Meister mit Hofkehren beschäftigt. – Ich ordne deshalb an:

1.) Es muss festgestellt werden, ob unter den Arbeitern ein Dolmetscher ist. Wenn ja, wird dieser Dolmetscher freigestellt zur Betreuung.

2.) Jeder neu eingetretene Arbeiter ist durch die Fabrik zu führen von Maschine zu Maschine, durch die Schweisserei, die Dreherei usw. zu führen, und dort soll er selbst sagen, ob er schon an dieser oder jener Maschine gearbeitet hat …"

Herr Jaeger vom Arbeitsausschuß Arbeitseinsatz konnte am 5. August 1942 u.a. Degenkolb berichten, dass sich die Arbeitseinsatzlage bei den Lokomotivfabriken wie folgt entwickelte:

31. Januar 1942	24.855
30. April 1942	27.144
31. Juli 1942	36.587 Beschäftigte.

Dem zuvor geplanten Soll-Bestand von 36.713 fehlten somit noch 126 Arbeiter. Ferner erklärte Jaeger: „Der von Lokfabriken gemeldete Soll-Bestand soll bis 31.12.1942 = 50.000 Mann betragen. …Der Prozentsatz an Facharbeitern in den Lokomotivfabriken ist immer noch sehr hoch (42 %); trotzdem wird versucht, durch eine besondere Aktion den Lokomotivwerken schnellmöglich französische Facharbeiter zuzuführen."

„5000 belgische Facharbeiter kommen zunächst für die Deutsche Reichsbahn in Betracht. Lokomotivführer und Heizer sind zunächst in Belgien auszubilden und dann im Reich einzusetzen", heißt es weiter im Protokoll.

Zum Lieferumfang der Baureihe 52 und Baureihe 42 berichtete Direktor Degenkolb am 5. August 1942 während der Sitzung der Leiter der Arbeits- und Betriebsausschüsse „über das Ergebnis einer Besprechung mit Herrn Staatssekretär Ganzenmüller, wonach die 15.000 Lok des Führerprogramms etwa nur zur Hälfte als Baureihe 52 und die andere Hälfte als Baureihe 42 herzustellen sind. Es ist daher angeordnet worden, daß rund 7000 Lok der Baureihe 52, deren Fertigung Januar/Februar 1944 ausläuft, gebaut werden und im Anschluß daran rund 8000 Lok Baureihe 42 aufgelegt werden. Ein genauer Lieferplan über die Aufteilung in die beiden Baureihen wird den Lokbauanstalten zu gegebener Zeit bekanntgegeben werden."

Lfd Nr	Baufirma	Anzahl der Lok	abge- liefert	ein- satz- fähig	nicht ein- satz- fähig	noch zu liefern	Frostschutz vollständig	Fehlende Frostschutzteile	bei Lok		bei Lok	Bemerkungen
1	Belgien	200	—	—	—	200		—	—		—	Die ersten Lok. werden voraussichtlich Januar bezw. Februar geliefert. Die ersten 5 Lok. sind ohne Frostschutz
2	Böhmisch-M.	20	—	—	—	20		—	—		—	Ablieferung der ersten Lok. mit vollständigem Frostschutz erfolgt voraussichtlich im März 1943.
3	Borsig	—	—	—	—	—		—	—		—	
4	DWM Posen	22	22	22	—	—		1. Heizbare Grundplatte (Luftpumpe) 2. Zylinderdeckelbekleidung 3. Schutzblech für Zylinderventil	22 13 10			Lt. Schreiben vom 30.11.1942 werden alle fehlenden Frostschutzteile bis zum 31.12.1942 nachgeliefert.
5	Esslingen	40	36	36	—	4		1. Heizbare Grundplatte (Luftpumpe) 2. Siebe für Wassereinlauf am Tender	2 28			Lt. Fernschreiben vom 14.1.1943 sind die fehlenden Teile zum Versand gegeben
6	Grafenstaden	—	—	—	—	—		—	—		—	
7	Henschel	114	114	110	4	—		1. Heizbare Grundplatte (Luftpumpe) 2. Siebe am Wassereinlauf 3. Wasserwagenanschluß mit Bekleidung 4. Bekleidung für Wasserwagenanschluß	114 35 4 34	5. Wärmeschutz für Dampfheizungsflansche 6. Bekleidung für Saugkasten am Tender 7. Wärmeschutz für Speisewasserkupplung	33 40 43	Heizbare Grundplatten werden von De Limon direkt an das RAW Göttingen nachgeliefert. Wegen Nachlieferung der fehlenden Frostschutzteile wurde von Henschel beim RAZ zurückgefragt.
8	Jung	23	23	23	—	—	ja	—	—		—	
9	Krauß	113	87	30	57	26		1. Eckventil (Strahlpumpe) 2. Verdrängerkegel 3. Heizbarer Wasserwagenanschluß 4. Bekleidung für Wasserwagenanschluß	22 52 58 58	5. Bohrung im Zylinderventil vergrößern auf 18 ∅	52	Wegen Einbau bzw. Nachlieferung der fehlenden Teile hat sich die Firma Krauß mit dem R.A.W. München - Freimann in Verbindung gesetzt.
10	Krupp	100	—	—	—	100		—	—		—	Ablieferung der ersten Lok. erfolgt voraussichtlich ab Januar 1943.
11	M.B.A.	20	19	19	—	1		1. Wärmeschutz für Boschschmierpumpe 2. Wärmeschutz für Speisewasserkupplung 3. Wärmeschutzkasten für Strahlpumpenflansche 4. Bekleidung für Wasserwagenanschluß	5 5 5 3	5. Schneeschaufeln	5	Lt. Schreiben vom 4.1.1943 werden alle fehlenden Frostschutzteile an die entsprechenden RAW. nachgeliefert.
12	Oberlok	—	—	—	—	—		—	—		—	
13	Schwartzkopff	32	32	32	—	—	ja	—	—		—	
14	Schichau	—	—	—	—	—		—	—		—	
15	Skoda	25	21	21	—	4	ja	1. Heizbare Grundplatte (Luftpumpe)	9			Grundplatten werden nach Bekanntgabe der Heimatstation nachgeliefert.
16	Warschau	30	—	—	—	30		—	—		—	
17	Wien	63	63	—	63	—		1. Heizbare Grundplatte (Luftpumpe) 2. Wärmeschutz für Kesselabblaseventil 3. Bohrung am Zylinderventil vergrößern auf 18∅ 4. Siebe für Wassereinlauf am Tender	63 63 63 63	5. Heizbarer Wasserwagenanschluß mit Bekleidung 6. Schneeschaufeln am Lok. 7. Saugkasten am Tender nicht isoliert	53 63 63	Lt. Schreiben vom 18.12.1942 werden alle fehlenden Frostschutzteile an die entsprechende R.A.W. nachgeliefert.

Übersicht über den Frostschutz bei der Baureihe 50 ÜK, Stand 31. Dezember 1942. Bis zum April 1943 wurden schon 7500 frostgeschützte Lok gefordert, 1942 waren es insgesamt nur 7317

Am 8. September 1942 berichtete Dr. Litz vom Hauptausschuß Schienenfahrzeuge vor dem selben Kreis:

„Es haben mit der Reichsbahn Verhandlungen stattgefunden über die Stückzahl der Baureihe 52 und Baureihe 42. Es scheint jetzt so zu sein, daß 10.000 Stück der Baureihe 52 gefertigt werden sollen, die im Juni 44 ausläuft, anschließend daran die Baureihe 42."

Von ORR Witte wurde im Ausschuß hingewiesen, „dass die Lok Reihe 42 dringend für den Engpaß Ostbahn benötigt wird. Wird nicht mit allen zur Verfügung stehenden Mitteln die Leistungsfähigkeit des Ostbahnnetzes als dem Verbindungsglied zwischen dem Reich und den neuen besetzten Ostgebieten gesteigert, so besteht die Gefahr, daß für die immer größer werdenden Aufgaben in den Gebieten der HBD'en der Nachschub nicht im erforderlichen Maße durchgeführt werden kann. Anstelle der für die Ausrüstung der Züge erforderlichen Lok der Reihe 42 zwei Lok der Reihe 52 zu nehmen, ist praktisch nicht durchführbar, weil die Lokomotivbehandlungsanlagen nicht in der Lage sind, die praktisch doppelte Zahl an Lokomotiven zu behandeln. Es liegen bereits im Hinblick auf fehlende Lok der Reihe 42 Ausbauforderungen für Lokomotivbehandlungs-

anlagen vor, die in dem erforderlichen Ausmaß nicht erfüllt werden können. Bei der ersten Besprechung über die Aufteilung des Lokomotivauftrages auf die Reihen 52 und 42 bei dem Herrn Reichsverkehrsminister ist vom letzterem zwar zugestanden worden, daß zunächst das Fertigungsprogramm der Lok-Reihe 52 voll auslaufen solle, es wurde aber vereinbart, daß nach Abschluß der Konstruktion der 52 sofort mit allen Kräften die Konstruktion der Reihe 42 in Angriff genommen werden solle.
Es wird um Veranlassung gebeten, dass die Konstruktion der Lok Reihe 42 nunmehr durchgeführt wird. Der Reichsbahn ist mit 600 Lok der Reihe 42 mehr gedient als mit 1000 Lok der Reihe 52."

Von Schwierigkeiten mußte auch Herr Drechsler vom Arbeitsausschuß Rationalisierung und Werkstättenausbau der Reichsbahn berichten. So betrug zum 31. Juli 1942 der Schadlokbestand noch 7398 Lokomotiven, das waren vom Gesamtpark 20,7 Prozent. Die Ausbesserungsleistung der RAW betrug in der 30. Woche (27. Juli bis 1. August 1942) 1224 Lokomotiven. „Schwierigkeiten, die noch zu überwinden sind, bestehen vor allem bei der Ausrüstung von Lok mit Frostschutz", erklärte Drechsler. „Hierfür war ein Gesamtstundenaufwand von 800 bis 1000 Std. angenommen worden; es fallen aber neben der Frostschutzausrüstung noch umfangreiche notwendige Ausbesserungsarbeiten an, so daß 2500 bis 3000 Stunden im Durchschnitt aufzuwenden sind. Durchschnittliche Wochenleistung an Frostschutzlok z. Zt. 450 Lok."
„Um die Schlagkräftigkeit und die Beweglichkeit des Werkstättendienstes der Deutschen Reichsbahn zu erhöhen, wurde ab dem 10. August 1942 die Leitung des Werkstättendienstes durch den Staatssekretär des Reichsverkehrsministeriums selbst übernommen." Doch auch jetzt mußte u.a. festgestellt werden, daß der Schadprozentsatz an französischen Leihlokomotiven noch immer sehr hoch ist. Allerdings wurde in der 34. Kalenderwoche die enorme Ausbesserungsleistung von 1361 Lokomotiven

erreicht. Von den geforderten „Winterlok" wurden von den verlangten 7000 bisher 5103 umgerüstet.

Diese Frostschutzmaßnahmen gingen auf einen umfangreichen Schriftwechsel zum Jahresbeginn von 1942 zurück. So wurde im März gefordert, die Baureihe 50 „nach den bisherigen Erfahrungen in Rußland" entsprechend „frostunempfindlich zu machen".
Am 10. April schrieb Witte an den Arbeitsausschuß Konstruktion: „Lokomotiven mit Vorwärmereinrichtung kommen für den Osteinsatz nicht in Frage. Bei diesen Maschinen ist deshalb von den für den Osteinsatz vorgesehenen Frostschutzmaßnahmen nicht durchzuführen. Lokomotiven ohne Speisewasservorwärmer erhalten eine 2. Strahlpumpe. Außerdem werden diese Lokomotiven besonders numeriert. Nur diese Lokomotiven kommen für den Osteinsatz in Frage. Von ihnen sind möglichst viel, möglichst bald zur Auslieferung zu bringen. Bei diesen Lok müssen die Frostschutzmaßnahmen durchgeführt sein."
Zum 31. Dezember 1942 wurde schließlich eine „Übersicht über den Frostschutz bei den bisher zur Ablieferung gekommenen Lok der Baureihe 50 ÜK" vorgelegt (siehe Auszug linke Seite).

Im Arbeitsausschuß Rationalisierung wurde mit den Lokomotivfirmen der Lieferplan für den Sommer 1942 besprochen. Im Rückstand war die Firma Henschel. Statt zwei Schneeschleudern wurde im Juni nur eine geliefert. Krupp in Cail fertigte statt vier Lokomotiven lediglich drei. „Begründung der Nichtlieferung ist angefordert", heißt es im Protokoll. Bei Esslingen ist vermerkt: „Sollte liefern 7 Lok, hat geliefert 9 Lok. Eßlingen hat somit seinen Rückstand vom Mai im Juni und Juli mit 3 Lokomotiven aufgeholt. Wir stellen dieses ausdrücklich fest und anerkennen den Fleiß …"
Insgesamt 203 Lokomotiven wurden im August der Reichsbahn übergeben. Im Juli waren es noch 193. Um die „Höchstleistung von 620 Lok pro Monat ab 1.7.43" zu erreichen, so nachzulesen in der Niederschrift vom 8. September

Auf dem Rangierbahnhof Seddin setzten sich am 7. Juli 1943 gleichzeitig 51 Lokomotiven der Baureihe 52 in Bewegung. Da

der Arbeits- und Betriebsausschüsse, ist ein „weiterer Kräftebedarf von 38.300 Mann als Sofortbedarf" gefordert worden. Es wurde gegenüber dem Ministerium für Munition* dargestellt, daß „bis Erreichung Höchstleistung

nur noch zehn Monate Zeit" sind. „Zu erwartende Zuweisungen im wesentlichen ungelernte Kräfte, für deren Einsatzfähigkeit mehrmonatige Anlernzeit notwendig. Besonderer Engpaß Verlagerungsfirmen, ganz besonders Kesselbaufirmen. Hier Arbeitskräfte sofort voll einsatzfähig notwendig, da der für bereits Anfang nächsten Jahres vereinbarte Beginn der Liefertermine sonst nicht garantiert."

---

* Der Hauptausschuß Schienenfahrzeuge war beim Reichsverkehrsministerium für Bewaffnung und Munition (Sonderausschuß Lokomotiven) angesiedelt

zu erfüllen. – Unter Berücksichtigung der Schwierigkeiten bei Wien ist mit einer Auslieferung von nur 198 Loks im September zu rechnen."

Schließlich wurde im September niedergeschrieben, daß „die Loklieferung August eine erfreuliche Erhöhung von Reichsbahnlok von 193 auf 203 und von Gesamtloks von 222 auf 235 Stück gebracht" hat. Herr Norpoth vom Arbeitsausschuß formulierte weiter: „Da die Septemberlieferung, die in Höhe von planmäßig 212 Loks nur mit 202 Stück von den Firmen bestätigt wurde, heute noch gefährdet ist, wird versucht, alles daran zu setzen, um nicht unter die Lokzahl von 202 zu kommen, da sonst die dem Führer mitgeteilte Lokzahl für September unterschritten wird, was unter allen Umständen verhindert werden muß."

Im Februar 1943 erschien ein Aufsatz zur „Bewährung der Kriegslok Baureihe 52 insgesamt". Im Absatz „Bewährung im Osteinsatz" ist folgendes zu lesen: „Jede neue Lokomotive wird bei ihrem Einsatz im Betrieb Wünsche auslösen, wenn man damit das Wort ‚Kritik' umschreiben will. Dazu sind die Auffassungen über Notwendigkeit und Zweckmässigkeit, Angemessenheit in der Kriegs- und Friedenszeit zu verschieden, als daß von vornherein zu allen getroffenen Maßnahmen eine einheitliche und allgemeine Zustimmung erreicht bzw. erwartet werden könnte. So geht es bei der 52 nicht anders.

Ganz besonders auch für das Personal geschaffene günstigere Verhältnisse auf dem geschlossenen Führerhaus werden im Osteinsatz dankbar anerkannt. …Daß auch mal ein Schatten auf das allgemein gute Bild fällt, ändert nichts an dem Gesamturteil. Diesmal sind es die Windleitbleche, deren Fehlen im Osteinsatz stark beklagt wird. Vorwiegend einseitige Windrichtung, leichtes Fahren sind der Anlaß, daß Dampf und Rauch die Sicht offenbar stark behindern, was besonders kritisch ist, wenn z B bei dichtem Verkehr auf Sicht gefahren werden muß."

...sprach der bis dahin höchsten Tagesleistung aller Lokfabriken

Dieses Problem der „Verlagerungsfirmen" wurde bereits im September 1942 akut. So war bekannt, daß „bei der Wiener Lokfabrik sich große Schwierigkeiten bei der Einhaltung der Lieferung von 28 Loks" ergaben.

„Durch die Verlagerung sind unbrauchbare Stücke geliefert worden. Es wird aber mit allen Mitteln versucht werden, auch noch die 4 Loks herzustellen, um die Lieferzahl vollkommen

Ab 1.12.1942:
Generalverkehrsdirektion Osten

Reichsverkehrsministerium

Zweigstelle Osten

21.201 Fklä

Es wird ersucht, in der Antwort Geschäftszeichen und Tag dieses Schreibens anzugeben

Fernruf: (Post) 75600
(Basa 994 — 1441 —)
Drahtwort: Osteis Warschau

Geschäftsgebäude: Warschau-Praga,
Targowastraße 74
Dienstbriefe (EDS m Zug) an Warschau Hbf

Warschau C 1, den ___19. Juli 1943___
Postfach 1333

An den

Hauptausschuß Schienenfahrzeuge
Arbeitsausschuß Reichsbahn beim
Reichsbahn-Zentralamt

B e r l i n

2 2. JUL 1943

Betr:
Windleitvorrichtungen für Kriegslok

Bezug: Ihr Schrb SL Fkl 9 vom 11.6.1943

　　　　Die Lok 52-2328 ging am 28.6.1943 bei der Lokauffangstelle
Sdolbunow ein und wurde zur Erprobung der Windleitvorrichtung dem
Bw Sdolbunow zugeteilt. RVD Kiew berichtet über die Bewährung der
Windleitvorrichtung wie folgt:

　　　"Die angeordneten Versuchsfahrten wurden vom Bw Sdolbunow
　　　durchgeführt und haben gezeigt, daß sich die Windleitvor-
　　　richtung bewährt. Bei einer Geschwindigkeit von 35 bis
　　　40 km/h war die Sicht auf dem Führerstand einwandfrei, auch
　　　bei Seitenwind".

　　　　Wir bitten zu veranlassen, daß nun bei sämtlichen Lok R 52
diese Windleitvorrichtung angebaut wird. Dabei müßten die jeweils
zur Ausbesserung im Reich stehenden Kriegslok in den RAW, die bei
den RVD'en eingesetzten Lok in den EAW und BwNW, ausgerüstet werden.

　　　　Zur Zeit sind die Kriegslok im Ostraum wie folgt verteilt:

```
        bei RVD Riga       32 Stück
         "   Minsk         74   "
         "   Kiew         424   "
         "   Dnjepro      333   "
```

　　　　Wir bitten die Zuführung der anbaufertigen vereinfachten
Windleitvorrichtungen an die Zentrallager Riga, Minsk, Kiew und
Nishnedneprowsk zu veranlassen.

　　　　　　　　　　gez Robrade

　　　　　　　　　　　　　　　　　　Beglaubigt:

　　　　　　　　　　　　　　　　　　t RJ

Vorwaltungsarchiv des Verkehrswese
Signatur TZA 1749
Veröffentlichungen sind nur mit Zustimmung de
Vorwaltungsarchivs möglich

An einigen 52ern wurden Windleitvorrichtungen getestet. Diese wurden dringend für den Einsatz im Osten gefordert, weil viel in flachem Gelände bei Wind und mit niedrigen Geschwindigkeiten gefahren werden mußte

3.2 Die Baureihe 52 kommt an die Ostfront

Im September 1942 wurde die 52 001 dem Führer und der Presse wirkungsvoll vorgeführt. Die Serienfertigung lief nun auf Hochtouren. Insgesamt 6204 Lokomotiven der Reihe 52 erhielt bis zum Kriegsende die Deutsche Reichsbahn. Diese Anzahl verteilt sich folgendermaßen und zeigt auf, daß die geforderten Höchstleistungen unerfüllt blieben:

Jahr	Anzahl
1942	192
1943	3 828
1944	2 156
1945	28

Einschließlich der Lieferungen für das Ausland (CFR, HDZ, SBZ, TCDD) sowie der Nachkriegsbauten entstanden insgesamt 6719 Exemplare dieser Kriegslokomotive.

Die neue Verteilung der Baulose und der beteiligten Fabriken für die Kriegsdampflokomotive 1 (KDL 1) – die Reihe 52 – wurde im August 1942 noch einmal festgeschrieben: Nun waren es nur noch 7559 für Deutschland zu bauende Maschinen. Am 1. Oktober 1944 sprach man jedoch schon wieder von 7900 Lokomotiven.

Auch an ausländische Bahnverwaltungen, deren Länder mit Deutschland sympathisierten, schickte Deutschland als „Wirtschaftshilfe" Lokomotiven der Reihe 52. Im Arbeitsausschuß Auftragsregelung am 5. August 1942 hieß es: „Die Lieferung von 100 Lokomotiven, Reihe 52, nach Rumänien im Laufe des Jahres 1943 erfolgt unter der Voraussetzung entsprechender Gegenlieferungen durch Verlagerungsaufträge. Die Abgabe von Maschinen der gleichen Bauart nach Bulgarien wurde jedoch vom Reichsverkehrsministerium abgelehnt."

Trotzdem wurden in den Jahren 1943 und 1944 noch insgesamt 149 Lokomotiven dieses Typs für andere Bahnen gebaut. Empfänger waren die Staatsbahnen CFR, HDZ, SDZ und TCDD.

Noch im September des Jahres 1942 stand die zweite gefertigte 52 zur Abnahme bereit, am 9. Oktober folgte die 52 003. Wie die nachfolgende Tabelle aufweist, gingen größere Baulose sofort an östliche Direktionen. Aber auch jene Maschinen der Reihe 52, die zu anderen, im „Altreich" gelegenen Direktionen gelangten, kamen vereinzelt noch zu Osteinsätzen. Die Reichsbahn im Osten benötigte ständig neue Lokomotiven. Wie bereits erwähnt, stieg der Bedarf aufgrund der Zugleistungen sowie vor allem durch ausgefallene, stark beschädigte Lokomotiven nahezu ins Uferlose.

Wie für die zuvor in den Osten geschickten Lokomotiven durften auch bei der Baureihe 52 die Beheimatungen in besetzten Gebieten nicht vermerkt werden. In den Abgabelisten der Reichsbahn erscheint die RBD Posen. *

Um sie jedoch von dem „eigentlichen Direktionsbezirk" Posen unterscheiden zu können, war der Begriff „Posen Ost" (auch wenn die RBD nie so hieß) geprägt worden. Somit war die RBD Posen (Ost) der Empfänger; über Lokauffangstellen in Lemberg oder Birsula wurden die Lokomotiven weiter geführt. In den Betriebsbüchern, im Stationierungsteil war lediglich der Vermerk „im Osten" zu finden. Nur in einzelnen Leistungsnachweisen erscheinen die neuen Heimat-Dienststellen.

Natürlich wurden, wie bereits erwähnt, auch aus anderen Lieferserien Lokomotiven der Baureihe 52 an die Ostfront gesandt. Seit Februar 1943 kamen die ersten Kondensationslokomotiven der Reihe 52 zur Auslieferung. Die gesamte Serie der Kondenslokomotiven ging zur RBD Berlin, und im Bw Berlin-Schöneweide folgte die Indienststellung. Diese Direktion blieb dann auch bis zum Kriegsende die Heimat-Direktion, obwohl die Maschinen u.a. im Südwesten der Sowjetunion, rund um Odessa, oder auch innerhalb der WVD Brüssel im Einsatz waren. Einige verblieben beim Rückzug im RBD-Bezirk Danzig.

---

* Weisung des RVM vom 9. Dezember 1942: „Die … angelieferten Lok der Reihe 52 werden vorerst der GVD Osten zugeleitet. RBD Posen bleibt Heimat-RBD, wie mit Verfügung – 34 Bl 231 vom 21. Oktober 1942 – bereits angeordnet."

Die chronologische Abfolge der Lieferung der Baureihe 52 für die RBD Posen sowie den weiteren Osteinsatz

Lieferzeit	Lieferserie	Hersteller	Empfänger	u.a. weiter an
10/1942	52 007 – 011	Henschel	RBD Osten	Süd-Ost-Einsätze
11/1942	52 012 – 037	Henschel	RBD Posen	Posen Vbf
11-12/1942	52 038 – 075	Henschel	RBD Osten	Ostbahn, Gretschany, Lublin, Cherson, Osteinsatz
11/1942	52 144 – 151	BMAG	RBD Posen Ost	Ostbahn, Lublin
11-12/1942	52 241 – 264	WLF	RBD Posen Ost	ausschließlich Ostbahn
11-12/1942	52 152 – 160	BMAG	RBD Posen	
12/1942	52 265 – 275	WLF	RBD Posen	Posen Hbf, Siedlce, Ostbahn, Osteinsatz
12/1942	52 276 – 300	WLF	Gedob	ausschließlich Ostbahn
12/1942	52 161 – 192	BMAG	RBD Posen Ost	Ostbahn, Lukow, Zdolbunow, Wladimir
12/1942	52 301 – 303	WLF	RBD Posen Ost	Ostbahn, Sochaczew, Minsk
12/1942	52 344 – 349	Henschel	RBD Posen Ost	Ostbahn
01/1943	52 193 – 215	BMAG	RBD Posen Ost	Ostbahn, Lukow, Zdolbunow
01/1943	52 304 – 327	WLF	RBD Posen Ost	Ostbahn, Osteinsatz, Minsk, CFR/L
01/1943	52 076 – 085	Jung	RBD Posen	Posen Vbf
01/1943	52 2090 – 2092	Henschel	RBD Posen Ost	Osteinsatz
02/1943	52 328 – 343	WLF	RBD Königsberg	Lukow, Lemberg West
02-04/1943	52 4750 – 4809	MBA	OBD Krakau	Lemberg, Malkina, Krakau Pl, Tarnopol, Lublin, FEKdo
03/1943	52 5895 – 5907	BMAG	OBD Krakau	Kraukau-Plaszow
03-05/1943	52 2174 – 2293	Henschel	RBD Posen Ost	Chelm, Gedob, Lublin, CFR/L, Shmerinka, Lemberg, Lukow
03-06/1943	52 5908 – 6041	BMAG	RBD Posen Ost	Zdolbunow, CFR/L, Posen
04/1943	52 5125 – 5134	Krenau	RBD Posen	teilweise weiter an CFR/L
04/1943	52 5465 – 5470	Schichau	RBD Posen Ost	teilweise weiter an CFR/L
04-05/1943	52 5429 – 5441	Schichau	Ostbahn	Lukow, Lublin
05-06/1943	52 3400 – 3457	Kr Maffei	RBD Posen Ost	Fastow, Ostbahn, CFR/L
05-06/1943	52 370 – 417	Borsig	RBD Posen	Ostrowo, Posen Vbf, Ostbahn, Lublin, Warschau
05-06/1943	52 2298 – 2348	Henschel	RBD Posen Ost	Warschau West, Malkina, Riga, Siedlce, Ostbahn
06/1943	52 6042 – 6045	BMAG	OBD Krakau	Lukow
06-07/1943	52 418 – 449	Borsig	RBD Posen Ost	Ostbahn, Osteinsatz, Chelm, (bei Rückzug an RBD Danzig)
06-07/1943	52 1119 – 1138	DWM	OBD Krakau	Lemberg, Ostbahn, Osteinsatz
06-09/1943	52 3145 – 3184	Jung	RBD Posen Ost	Dt Eylau, Ostbahn, Osteinsatz, CFR/L
07/1943	52 450 – 469	Borsig	RBD Posen	Malkina, Ostbahn, Lemberg
07/1943	52 2294 – 2297	Henschel	GVD Osten	GTrSO
07/1943	52 5175 – 5186	Krenau	OBD Krakau	Krakau Plaszow
07/1943	52 6046 – 6061	BMAG	RBD Posen Ost	Zdolbunow, Posen, Malkina
07-08/1943	52 6074 – 6116	BMAG	RBD Posen Ost	Zdolbunow, Lublin, Posen, CFR/L
08/1943	52 1139 – 1148	DWM	RBD Posen	
08/1943	52 5187 – 5191	Krenau	OBD Lemberg	Lemberg West
08/1943	52 5555	Schichau	RBD Posen Ost	Bobrinskaja
08/1943	52 6117 – 6125	BMAG	OBD Krakau	Krakau Hbf, CFR/L
08-09/1943	52 470 – 525	Borsig	RBD Posen Ost	Lublin, Siedlce, Osteins., Ostbahn, MAV/L, CFR/L, GTrSO
08-10/1943	52 6126 – 6233	BMAG	RBD Posen Ost	Zdolbunow, Posen Hbf, Chelm, Wladimir, CFR/L, WVD Italien, GTrSO →

Die chronologische Abfolge der Lieferung der Baureihe 52 für die RBD Posen sowie den weiteren Osteinsatz (Forts.)

09/1943	52 1174 – 1178	DWM	RBD Posen	
09/1943	52 1476 – 1485	Esslingen	OBD Lemberg	Ostbahn
09/1943	52 3588 – 3592	Kr Maffei	RBD Posen	
09/1943	52 5609 – 5614	Schichau	GVD Osten	Wirballen, Eydtkau
10/1943	52 605 – 613	Schichau	RBD Posen	Ostbahn, Lukow
10/1943	52 6234 – 6254	BMAG	OBD Krakau	Tarnow, Reichshof, Przemysl
10/1943	52 7241 – 7264	WLF	OBD Lemberg	Lemberg West, Brody, Tarnopol, Ostbahn
10-11/1943	52 5669 – 5678	Schichau	OBD Krakau	Tarnow, Przemysl, Krakau Pl.
10-12/1943	52 1194 – 1223	DWM	RBD Posen	Ostbahn, Osteinsatz, MAV/L
11/1943	52 4910 – 4919	MBA	OBD Warschau	Warschau-Praga
11/1943	52 5255 – 5264	Krenau	OBD Lemberg	Lemberg West
11/1943	52 5679 – 5690	Schichau	OBD Warschau	Warschau-Praga
11/1943	52 5711	Schichau	OBD Lemberg	Stanislau
11/1943	52 6255 – 6296	BMAG	RBD Posen Ost	Zdolbunow, Siedlce, Lukow, Lemberg West, CFR/L
12/1943	52 526 – 550	BMAG	RBD Posen Ost	Lublin, Zdolbunow, Ostbahn
12/1943	52 1224 – 1226	DWM	OBD Warschau	Warschau-Praga
12/1943	52 2600 – 2604	Henschel	OBD Lemberg	Lemberg
12/1943	52 6317 – 6321	BMAG	RBD Posen Ost	Zdolbunow, Lukow, Siedlce
01/1944	52 1227 – 1243	DWM	OBD Warschau	Warschau-Praga, Lublin, Ostbahn, Neu Sandez
01/1944	52 6322 – 6336	BMAG	RBD Posen Ost	ausschließlich Zdolbunow
01/1944	52 2645 – 2654	Henschel	RBD Posen	Angermünde, WVD Italien
01/1944	52 551 – 560	BMAG	GVD Osten	ausschließlich (?) Riga
01/1944	52 5789 – 5798	Schichau	RBD Posen	Posen, WVD Italien
01-02/1944	52 6340 – 6351	BMAG	RBD Posen Ost	Zdolbunow, Wilna, Posen Hbf, BDZ/L, CFR/L
02/1944	52 1244 – 1253	DWM	RBD Posen	
02/1944	52 4986 – 4995	MBA	OBD Krakau	Tarnow
02-03/1944	52 6381 – 6396	BMAG	GVD Osten	ausschließlich Riga
02-05/1944	52 5315 – 5347	Krenau	OBD Warschau	Malkina, Warschau West
03-04/1944	52 1264 – 1283	DWM	Gedob	Ostbahn
04/1944	52 660 – 669	Schichau	OBD Warschau	Warschau-Praga
04/1944	52 1284 – 1303	DWM	RBD Posen	
04/1944	52 3754 – 3759	DWM	RBD Posen	Litzmannstadt
04-05/1944	52 670 – 691	Schichau	RBD Königsberg	Osterode, Riga
05/1944	52 871 – 874	Krenau	RBD Posen	
05/1944	52 1304 – 1313	DWM	OBD Warschau	Siedlce
05/1944	52 2755 – 2784	Henschel	OBD Warschau	Sochaczew, Warschau West
05/1944	52 3862 – 3878	MBA, Essl, Kren	RBD Posen, Gnesen	
05/1944	52 5058 – 5085	MBA	RBD Posen	Jarotschin, Gnesen
05/1944	52 7535 – 7539	Schichau	OBD Warschau	Danzig
06/1944	52 755 – 774	Henschel	RBD Königsberg	Gedob, Tilsit, Allenstein
06/1944	52 1314 – 1323	DWM	RBD Königsberg	Schaulen, Gotenhafen, Königsberg, Allenstein
06/1944	52 5365 – 5374	Krenau	OBD Warschau	Sochaczew
07/1944	52 1324 – 1333	DWM	RBD Posen	Lissa
09/1944	52 4500 – 4509	DWM	RBD Posen	Posen Hbf

Die 52 6192 und 52 2233 kamen durch die RBD Posen „Ost" in den Osten. In Bertischew warten beide 1942/43 auf nächste Einsätze

Aus den anderen Lieferungen fanden sich bald Maschinen der Baureihe 52 im Osteinsatz wieder. Dazu zählten beispielsweise einige aus der Reihe 52 091 – 100 der RBD Karlsruhe (Februar 1943), ferner die Berliner 52 351 (Ostbahn), 359 (Osteinsatz) und 369 (Cherson)(alle April/Mai 1943) oder die Berliner 52 1156, 1157 (August 1943) oder die 52 2093 – 2102 der RBD Krakau bzw. 52 2103 – 2132 der RBD München. Letztere wurden im Januar 1943 ausgeliefert; mit Sicherheit waren sie innerhalb des Jahres 1943 weiter nach Osten gereicht. So verdingten sie sich auch in Sochaczew, Lukow, Chelm, Malkina, Tilsit und Eydtkau, fuhren zur Ostbahn und in den „Osteinsatz" oder gelangten nach Rumänien und Bulgarien. Innerhalb des Direktionsbezirkes von Königsberg, aber dennoch „weit östlich" fanden die 52 5474 – 5493 (Lieferserie von Juni 1944) in den Bw Osterode, Tilsit, Czeremcha und natürlich auch in den Bw Allenstein und Königsberg Hbf ihr Einsatzfeld. Im Juli wiederholte sich nahezu diese Verteilung innerhalb des RBD-Bezirkes Königsberg. Die 52 5529 – 5554 (?) gerieten zu den Bw Grodno, Lyck, Insterburg, Tilsit, Przemysl und auch zum Bw Königsberg Hbf. Das geschah auch bei weiteren Serien, so daß hier nicht näher darauf eingegangen wird.

Ausschließlich wieder in östlicheren Regionen, so im „Osteinsatz", in Lukow, Kattowitz oder Pomoschnaja oder auf der Ostbahn trafen viele Exemplare aus der Lieferserie 52 2133 – 2162 (Februar 1943) ein, die für die RBD Berlin bestimmt waren. Nachweislich verdingten sie sich dort im Februar des Folgejahres. Interessant ist auch der Einsatz, vielmehr der Verbleib der Lieferserien 52 579 – 604 (April 1944) und 52 5086 – 5107 (ab August 1944) an die RBD Danzig. Über die Hälfte des Bestandes fand sich nach Kriegsende bei der PKP wieder. Ähnliches gilt für die Lieferungen vom Februar 1944 an die RBD Osten, Bw Frankfurt (Oder) oder an die OBD Krakow, Bw Tarnow, Betriebsnummern 52 4976 – 4995, von denen sich nach 1945 der größte Teil der Lokomotiven bei den Bahnen der SZD, PKP oder JDZ aufhielt.

Doch die Baureihe 52 als „alles entscheidende Kriegslokomotive" kam zu spät. Ende des Jahres 1942 standen genau 192 Exemplare dieser Reihe auf den Schienen. Der Großteil wurde in Richtung Osten geschickt. Aber wie viele gelangten tatsächlich an die Ostfront? Die Tabelle mit der Folge der Lieferungen an Ostdirektionen bzw. die RBD Posen zeigt, daß dies wohl noch auf einen Großteil zutraf. Andere Liefe-

Loks der Baureihe 50 in verschiedenen Entfeinerungsstufen: Die 50 2268, mit Frostschutz über der Luftpumpe und Vorwärmer, wartet im Bahnhof Bertischew auf Weiterfahrt

rungen gingen den Direktionen zu, die aufgrund andauernder Abgaben der Baureihen 38, 55, 56, 57 Ersatz gefordert hatten.

Als die entscheidende Schlacht von Stalingrad im Januar 1943 für die Deutschen verloren ging, hatte die Anzahl der Baureihe 52 noch nicht einmal die Zahl 300 erreicht. Um weitere Vergleiche anzustellen: Im März 1943 war immerhin schon die 700. gefertigt, aber die deutschen Truppen zogen sich aus dem Kursker Bogen und um Rostow zurück.

Stets strebte die deutsche Wirtschaft Höchstleistungszahlen an, ohne sie zu erreichen. Erst im Herbst 1943 stieg der Wert von 400 im Monat gebauter Maschinen der Baureihe 52 auf 500 an. Über 2500 Lokomotiven der Baureihe 52 standen der Reichsbahn nun zur Verfügung. Doch auch sie befand sich im Rückzug: Die Ukraine

Die 50 2987 ÜK sieht zumindest in ihrer Frontpartie einer 52er schon täuschend ähnlich. 1942/43 rollt sie in Bertischew mit einem Güterzug ein

Mit einigen Brettern wurde die Rückwand des offenen Führerhauses der 57 2732 notdürftig abgedichtet. Ob das im ukrainischen Winter 1942/43 halbwegs Schutz bot?

war bereits verloren. Trotzdem benötigte man immer neue Lokomotiven, denn der Schadlokomotivbestand stieg durch die zahlreichen Partisanenanschläge sowie aufgrund des schlechten Unterhaltungszustandes weiter rapide an.

3.3 Versuchsfahrten der Baureihe 52 in Litauen

Die Lokomotiven der Baureihe 52 standen zwar schon auf den Schienen, doch verwertbare Ergebnisse von Meßfahrten blieben aus verschiedensten Gründen noch immer aus. So wurde am 29. Januar 1943 gemäß einer Verfügung des RZA das Reichsbahn Versuchsamt für Lokomotiven und Triebwagen in Berlin-Grunewald mit „Betriebsmeßfahrten im Bezirk der HVD Riga" beauftragt. Ziel war es, „in wieweit durch die allgemeinen Schwierigkeiten im Betrieb und in der Lokunterhaltung die Leistungsfähigkeit der Lok sinkt, ... sollten Unterlagen für den Laufwiederstand der Wagen bei niedrigen Temperaturen gewonnen werden. Für die Betriebsmeßfahrten wurden im Einvernehmen mit den beteiligten Direktionen die betrieblich schwierigsten Strecken des Bezirkes der EBD Wilna ausgesucht. Es wurde vorgeschlagen, die Untersuchungen auf den Strek-

ken Wirballen – Kauen – Wilna, Wilna – Grodno, Tilsit – Tauroggen – Schaulen und Krottingen – Moscheiken vorzunehmen. Die Strecken weisen längere Steigungen auf ...", ist den Ausführungen vom Oberreichsbahnrat Röhrs von dem Versuchsamt Berlin-Grunewald zu entnehmen.

„Für die Beförderung der 850 t Wehrmachtszüge und teilweise schweren Dienstzüge (doppelte Kohlenzüge) sind überwiegend Lok der Reihe 57 (G 10) und 50 ÜK bzw 52 eingesetzt. Die Fahrten selbst wurden in der Zeit vom 1.3. – 24.3.43 durchgeführt. Für die Versuche standen verschiedene G 10 des Bw Kauen und 1 Neubaulok der Reihe 52 zur Verfügung. Bei der Vorfahrt auf der Strecke Wilna – Kauen, bei der mangels genauer Unterlagen das Streckenprofil von der Meßgruppe der Lok Vers A selbst aufgenommen werden mußte, wurden planmäßige Züge mit G 10 Lok befördert. Der Unterhaltungszustand der einen Lok (57 2759) war noch ausreichend, während der der 2. Lok (57 1555) sehr zu wünschen übrig ließ. Für die eigentliche Versuchsfahrt wurde eine mittelmäßig unterhaltene Lok (57 1944) in der üblichen Weise ausgerüstet. Im Laufe der Fahrten zeigten sich jedoch größere Schäden im Laufwerk und am Kessel, so daß die Lok nach Abschluß der Versuchsfahrten auf der Strecke

1943 entstand in Charkow dieses Foto der 52 5895. Die Lok gehört zum Bw Polozk und fährt mit einem Kastentender

Kauen – Wilna bzw Wilna – Grodno mit der Lok 57 2904 ausgetauscht wurde. Bei den Fahrten auf den Strecken Tilsit – Tauroggen – Schaulen bzw Moscheiken – Krottingen traten auch an dieser Lok Schäden an den Stangenlagern auf.

Das Lokpersonal für die Versuchsfahrten mit der G 10 wurde vom Bw Kauen und Bw Moscheiken gestellt. Es wurde vergleichsweise gutes deutsches und weniger erfahrenes litauisches Personal eingesetzt. Die Fahrten mit der Reihe 52 wurden mit Personal des Lok Vers A Gd durchgeführt."

3.3.1 Versuchsfahrten Wirballen – Kauen – Wilna

Steigungen von 5,2 Promille auf einer Länge von acht Kilometern sowie mehrere längere krümmungsreiche Abschnitte zeichnen den Abschnitt von Wirballen über Kauen nach Lentvaris aus. Dann folgt bis Wilna ein Abschnitt im Gefälle. „Aus dem Streckenverlauf ist zu erkennen, daß für die Zugförderung die Fahrtrichtung Wirballen – Wilna die schwierigere ist. Vor allem kann in der Steigung unmittelbar hinter Kauen bei nicht genügender Feuervorbereitung bereits Dampfmangel entstehen. Weit größer sind jedoch die Schwierigkei-

ten auf dem letzten Teil der Strecke vor Lentvaris, da besonders bei schleppender Betriebsweise mit einem starken Verschlacken des Feuers gerechnet werden muß. Selbst bei gutem Lokpersonal kann in diesen Fällen Dampfmangel auftreten. Der Streckenabschnitt Wirballen – Kauen bietet keine besonderen Schwierigkeiten.

Auf der Strecke Wirballen – Wilna werden einfache Wehrmachtszüge von 850 t und doppelte Kohlenzüge mit rund 1700 t befördert. Für die Beförderung der einfachen Wehrmachtszüge werden überwiegend G 10 mit Lokwechsel in Kauen benutzt, während für die doppelten Kohlenzüge Lok der Reihe 50 ÜK des Bw Wirballen verwendet werden. Die Lok der Reihe 50 ÜK laufen von Wirballen bis Wilna durch. Die einfachen Wehrmachtszüge erhalten auf dem Streckenabschnitt Kauen – Palemonas mit einer mittleren Steigung von 5 Promille Schub, während die doppelten Kohlenzüge mit Vorspann ab Kauen gefahren werden."

„Die doppelten Kohlenzüge konnten bei den Versuchsfahrten mit der Reihe 52 ohne Vorspann ab Kauen anstandslos befördert werden. Die größte mittlere Ne-Leistung betrug bei den Versuchsfahrten 1060 Pse (Kauen – Kaisiadorys) bei einer Heizflächenbelastung von 43 kg/m²h. Kurzzeitig wurde in den Steigun-

Dem Bahnbetriebswerk Dolinskaja war die 52 6000 zugeordnet worden

gen von 5 Promille eine Ne-Leistung von 1400 bis 1500 Pse erreicht … Ein Anfahren in der Steigung ist jedoch nur mit Hilfe von Sand möglich. Die reine Fahrzeit konnte bei der

zweiten ohne Störung verlaufenen Fahrt bei einem außerplanmäßigen Halt um 58 Minuten unterschritten werden.

Man sieht daraus, daß die Reihe 52 bzw 50 ÜK bei der Beförderung der doppelten Kohlenzüge von 1700 t reibungsmäßig an der Grenze ihrer Leistungsfähigkeit liegt, ihr aber bei günstigen Witterungsverhältnissen und einwandfreiem Unterhaltungszustand der Lok die Leistung wohl zugemutet werden kann.

Die Fahrten auf der Strecke Kauen – Wilna mit der Reihe 57 (G 10) ergaben, daß auch hier die geforderten Leistungen unter normalen Verhältnissen ohne Schublok mühelos durchgeführt werden können. Die mittleren Ne-Leistungen lagen zwischen 600 – 700 Pse … Die Ne-Leistungen sind für die G 10 als normal anzusehen. Da außerdem die Reihe 57 (G 10) das gleiche Reibungsgewicht wie die Reihe 50 bzw. 52 hat, so müssen Anhängelasten von 850 t jederzeit befördert werden können. Trotzdem mußte bei der ersten Vorfahrt am 1.3.43 in Richtung Wilna kurz vor dem Scheitelpunkt bei Haltepunkt Bevandiniskis wegen Dampfmangel angehalten werden. Die Belastung betrug 793 t 103 Achsen; die mittlere Ne-Leistung nur 420 Pse. Der Grund für den Dampfmangel war in der unsachgemäßen Feuerbehandlung zu

Im Jahre 1906 war die 55 320 gebaut worden. 37 Jahre später steht die vormals Kölner Lok im Bw Orscha Ost. Orscha war ein großer Bahnknotenpunkt an der Strecke Brest – Moskau sowie der Nord-Südachse Leningrad – Kiew

suchen. Bei den nächsten Fahrten am 7. und 12.3.43 konnten nämlich bei größeren Anhängelasten (839 bzw 852 t) und am 12.3.43 sogar mit unerfahrenem litauischen Personal die Züge ohne Anstände befördert werden. Die Fahrzeiten wurden in beiden Fällen um 28,5 bzw 19 Minuten unterschritten."

„Diese Betriebsmeßfahrten mit der G 10 lassen erkennen, daß die Züge auf der Strecke Kauen – Wilna mit 850 t und mehr (bis 1100 t) bei normalen Verhältnissen ohne Schub befördert werden können. Sie zeigten aber auch, daß bei nicht flüssigem Betrieb durch längere Haltezeiten allmählich ein Verschlacken des Feuers eintritt, das zwangsläufig bei den immerhin schwierigen Streckenverhältnissen zu Dampfmangel führt."

3.3.2 Versuchsfahrten Wilna – Grodno

„Auf dieser Strecke, die Steigungen von 5 Promille aufweist, wurde nur eine Versuchsfahrt durchgeführt. Die Strecke ist von geringerer Bedeutung. Die Züge mit 959 bzw 944 t konnten ohne Anstände befördert werden. Die mittleren Ne-Leistungen von 498 bzw 670 PSe sind für die G 10 gering."

3.3.3 Versuchsfahrten Tilsit – Tauroggen – Schaulen

„Wie auf der Strecke Wirballen – Wilna, so werden auch auf der Strecke Tilsit – Tauroggen – Schaulen doppelte Kohlenzüge und Wehrmachtszüge mit 1700 bzw 850 t befördert. Die doppelten Kohlenzüge werden, da nur Lok der Reihe 57 (G 10) zur Verfügung stehen, doppelt bespannt."

„Die Strecke steigt fast stetig von Tilsit bis Schaulen an … Die Schwierigkeiten auf dieser Strecke sind in erster Linie durch den Loklauf begründet. Die Züge Tilsit – Tauroggen – Schaulen werden vom Bw Tauroggen gefahren. Die Tauroggener Lok müssen also zunächst nach Tilsit fahren, drehen dort ohne auszuschlacken und übernehmen dann sofort den

Zwischen Orscha und Witebsk war die 57 2541 (Bw Orscha) entgleist. Das Bw Limburg hatte sie für den Osteinsatz hergegeben

Zug. Da die Strecke Tauroggen – Tilsit bis auf eine kleine Steigung fast ständig im Gefälle liegt, so genügt für die Fahrt nach Tilsit ein leichtes niedriges Feuer. Der zum Drehen in Tilsit an sich vorgesehene Aufenthalt ist für eine sachgemäße Feuerbehandlung (Ausschlacken usw) zu kurz. Für die Fahrt von Tilsit nach Tauroggen ist wegen der starken Steigung ein schweres Feuer notwendig. In Tauroggen entsteht aber meist durch die Zollbehandlung ein längerer Aufenthalt von 30 bis 40 Minuten, der nach der schweren Fahrt zu frühzeitiger Schlackenbildung führen kann. Eine Verbesserung wäre zu erreichen, wenn die Züge zwischen Tauroggen – Tilsit und Tilsit – Tauroggen mit Pendellok und die Züge von Tauroggen nach Schaulen in Tauroggen neu bespannt würden."

„Bei den Fahrten ist weiter die z T außerordentliche schlechte Streckenlage zwischen Tilsit und Tauroggen besonders aufgefallen, die an einigen Stellen bei der max zulässigen

Höchstgeschwindigkeit betriebsgefährlich erscheint. Das Betriebsamt Tilsit wurde telegrafisch verständigt."

3.3.4 Folgerungen aus den Meßergebnissen

„Nach den vorliegenden Ergebnissen haben die Betriebsmeßfahrten bestätigt, daß bei normalen Witterungsverhältnissen die im Ostraum eingesetzten Lok die Wehrmachtszüge ohne Anstände befördern können. Eine ausreichende Leistungsreserve ist im litauischen Raum noch vorhanden. Ganz besonders gilt dies für die Kriegslok der Reihe 52.

Treten also trotzdem Schwierigkeiten auf, so sind die Gründe anderwärts zu suchen. Nach dem gewonnenen Einblick werden sie in erster Linie durch Witterungseinflüsse, durch den schlechten Unterhaltungszustand der Lok und des Oberbaus, durch fehlerhafte Feuerbehandlung sowie durch das allgemeine Verhalten des einheimischen Personals hervorgerufen."

3.3.5 Unterhaltungszustand

„Der Zustand der älteren Lok (G 10) war allgemein sehr schlecht. Selbst bei den Versuchsfahrten mußte mit Lok gefahren werden, die man nach unseren heimatlichen Begriffen für den Betriebsdienst als untauglich bezeichnen würde. Vor allem war das Trieb- und Laufwerk in einem außerordentlichen schlechten Zustand. ...So mußte bei der 57 2904, um ein Heißlaufen des Treibstangenlagers zu vermeiden, wegen des unrunden Zapfens mit großem Spiel, dafür aber mit heftig klopfendem Lager gefahren werden. Auch die Achslager waren stark ausgeschlagen ...

Die Bw sind nicht darauf eingerichtet, solche Schäden zu beheben. Die Aufnahme der Lok in die EAW in dem Umfange wie es notwendig wäre, ist nicht möglich, zumal die Leistung dieser EAW infolge der Rückständigkeit der technischen Anlagen und des ziemlich minderwertigen einheimischen Werkstättenpersonals recht bescheiden ist.

Ein zerstörter Lokschuppen in Shlobin, aufgenommen 1942/43

Die 52 5942 gehörte zum Bw Kasatin Hbf. Im April 1943 war sie fabrikneu zur RBD Posen „Ost" überführt worden. Das Bild zeigt sie mit dem Kastentender der Baureihe 50

Die Kessel sind im allgemeinen bei den Lok im litauischen Raum infolge der nicht übermäßig ungünstigen Wasserverhältnisse in besserem Zustand. Doch macht sich hier der Mangel an ausreichenden Kesselwerkzeugen sehr stark bemerkbar. Stehbolzen und Rohre können im Bw nicht ausgewechselt werden. Rohrwalzen sind in den Bw meistens nur in geringer Zahl und in veralteter Bauart vorhanden. Der Einsatz von fliegenden Kesselschmiedekolonnen, die diese Schäden in den Bw beseitigen könnten, wäre zweckmäßig."

„Überhaupt läßt die Versorgung mit Ersatzteilen sehr zu wünschen übrig. ...Nach Aussage des Herrn Ref. 38 des RVM gelegentlich einer Versuchsfahrt (beizuwohnen,) sind dem Ostraum erhebliche Mengen an Ersatzteilen zur Verfügung gestellt worden. Wenn nun im Betriebe ein solcher Mangel an Ersatzteilen besteht, so erscheint die Verteilung auf die Bedarfsträger verbesserungsbedürftig."

„Wenn in Zukunft Lok der Reihe 52 in zunehmenden Maße dem Ostraum zugeteilt werden sollten, so muß unbedingt dafür gesorgt werden, daß den EAW und Bw hydraulische Pressen zum Ein- und Auspressen der Lagerbuchsen zur Verfügung stehen.

Das Auswechseln der heißgelaufenen vorderen rechten Treibstangen-Lagerbuchse an der Versuchslok 52 216 bereitete erhebliche Schwierigkeiten, da weder das EAW und das Bw Wilna, noch das EAW und das Bw Kauen eine solche Presse besaßen. Die Lagerbuchse mußte deshalb mit Stehbolzen und Vorschlaghammer entfernt und neu eingetrieben werden."

3.3.6 Verhalten des einheimischen Personals

„Zum Schluß sollen noch Eindrücke über das Verhalten des einheimischen Personals wiedergegeben werden.

Das Gebiet der ehemals Litauischen Eisenbahnverwaltung wird von dieser auch heute noch selbst verwaltet. Das deutsche Personal ist lediglich als Aufsichtsorgan eingesetzt. Fast durchweg konnte beobachtet werden, daß die litauischen Eisenbahner – mit deutschen Maßstäben gemessen – ihren Dienst ohne jegliches Interesse und mit einer erschütternden Gleichgültigkeit versehen, die manchmal sehr stark an eine Art Sabotage grenzt. Unsere die Aufsicht führenden Bediensteten haben deshalb einen außerordentlich schweren Stand. Sie sollen an sich nur den Betrieb überwachen, in Wirklichkeit müssen sie die eigentliche Arbeit leisten und empfinden die litauische Verwaltung nicht als Unterstützung, sondern nur als

Im März 1943 bekam die RBD Berlin fabrikneu die 52 1852. Mit weiteren Kondens-Lokomotiven war sie bis zum Juni 1943 im Bw Berlin-Schöneweide zu Hause. Nun steht der Lokzug zur Abfahrt in den Osten bereit, davor von links die Herren Rüggeberg, Witte, Dormann und Pieler

Hindernis. Wo z B im Bw Kauen der litauische Dienststellenleiter (ein ehemals lit. Pionieroffizier) sich ohne Vorbehalt energisch und unerschrocken auf den Boden der deutschen Belange stellt und seine Gefolgschaft zur Ordnung anhält und zwischen ihm und der deutschen Aufsicht, einem tüchtigen tRI, volles Einvernehmen herrscht, sind an sich die Voraussetzungen für eine einigermaßen geordnete Betriebsführung gegeben. Andererseits wird aber ein solcher lit. Dienststellenleiter von seinen eigenen Landsleuten ständig bedroht (anonyme Drohbriefe, nächtliche Szenen vor seiner Wohnung usw). Solche Persönlichkeiten, die sich auch durch Drohungen nicht einschüchtern lassen, sind aber sehr selten. Im allgemeinen müssen dann die deutschen Aufsichtsorgane selbst handeln und können halbwegs befriedigende Leistungen nur durch energisches Durchgreifen erreichen. Als Beispiel, wie durch energisches Zupacken von deutscher Seite be-

wußt – oder unbewußt – fahrlässige schwere Beschädigungen von Lokomotiven mit einem Schlage erheblich herabgemindert werden konnten, sei folgendes erwähnt:

Im Bw Kauen fielen durch Beschädigungen von Pufferbohlen in den letzten Monaten ständig und steigend wertvolle Zuglok aus. Da alle Zurechtweisungen an der Gleichgültigkeit des litauischen Lokpersonals scheiterten, so ordnete der deutsche Dienststellenleiter an, daß die verbogenen Pufferbohlen grundsätzlich von dem betr. litauischen Lokpersonal selbst ohne Werkstatthilfe wiederhergestellt werden. Diese drastische Maßnahme hatte zur Folge, daß Schäden dieser Art an den Lok dieses Bw mit einem Schlag auf einen kleinen Bruchteil des früheren Umfangs zurückgingen.

Weitere Schwierigkeiten im Betriebe, besonders in der Beförderung der Züge, entstehen durch die Gleichgültigkeit des Bahnhofs- und Streckenpersonals, das sehr häufig Signale zu spät auf ,freie Fahrt' stellt. Nun wird im litauischen Eisenbahngebiet noch nach den russischen Fahrdienstvorschriften gefahren, nach denen u a auch an einem auf ,freie Fahrt' stehenden Hauptsignals erst dann vorbeigefahren werden darf, wenn der zuständige Aufsichtsbeamte oder Fahrdienstleiter gleichzeitig den ,Durchfahrauftrag' mit dem Befehlsstab gibt. Der Lokführer soll durch rechtzeitige Pfeifsignale den betr. Beamten von dem Herannahen seines Zuges unterrichten. Vielfach werden aber trotz mehrfacher und langer Pfeifsignale die Signale so spät gezogen oder es erscheinen die Beamten mit dem Befehlsstab so spät, daß der Lokführer bereits eine Betriebsbremsung eingeleitet hat. …

Z T werden die Durchfahraufträge zweifellos auch absichtlich zu spät gegeben, um den Lokführer zu zwingen, die Geschwindigkeit des Zuges so weit zu ermäßigen, daß den sehr zahlreichen Schwarzfahrern aus der einheimischen Bevölkerung Gelegenheit gegeben wird, gefahrlos vom Zuge abzuspringen. (Der Zivilreiseverkehr ruht fast völlig!) Verschiedentlich wurde auch bei den untersuchten Zügen (deutsches Lokpersonal und ein tROI auf der Lok!) die Bremsung vom Zuge aus durch Umlegen eines Lufthahnes eingeleitet. Eine Nachprüfung der Ursachen eines außerplanmäßigen Haltes hat meist keinen Erfolg, da sich die betr. Beamten mit irgendwelchen in der kurzen Zeit nicht nachprüfbaren Argumenten herausreden (,Rückmeldung' usw).

Wir gewannen die Überzeugung, daß der Gleichgültigkeit des litauischen Eisenbahnpersonals erst dann wirksam gesteuert werden kann, wenn der Litauischen Eisenbahnverwaltung allen Ernstes klar gemacht wird, daß die Schlamperei in absehbarer Zeit ein Ende nehmen und, wenn auch das nichts hilft, den Litauern die Eisenbahnverwaltung entzogen werden muß. Eine solche Maßnahme würde den heute schon fast unerträglichen Dualismus beseitigen und für unsere Bediensteten, vor allem die Werks- und Dienststellenleiter, deren Haltung durchweg lobenswert ist, klare Verhältnisse schaffen."

3.4 Einsatz der 52 Kondens

Lokomotiven mit Kondensationseinrichtungen waren für wasserarme Strecken konzipiert. Die Reichsbahn forderte wiederholt deren Bau. Im Februar 1943 stand mit der 52 1850 die erste Maschine zur Abnahme bereit.

Dem Statistischen Nachweis 11a über die Dampflokomotiven der RBD Berlin ist zu entnehmen, daß im Jahre 1943 die für den Osteinsatz geforderten Kondensationslokomotiven der Baureihe 52 endlich übergeben wurden. Die RBD Posen übernahm die 52 1851 – 1895, 1898 – 1903, 1910, 1911, 1913 – 1920, 1925 und die in Normalausführung gefertigten 52 359, 369, 2133, 2134, 2137, 2139, 2140, 2143 – 2145, 2147 – 2150, 2158, 2159, 2165 – 2171, 2352, 2353 sowie die 91 1168 und 91 1759. Als „Ausgleich" führten die Personale die 50 490, 712, 972, 1091, 1248, 2575; die 74 037, 081 und die 38 3523, 3883 zur RBD Berlin zurück.

Im Oktober 1943 meldete die RBD Berlin gegenüber der Deutschen Reichsbahn im RVM, daß zum 11. Oktober 986 Lokomotiven zum Bestand der Direktion gehören. Dazu zählen auch 21 Kondenslokomotiven, „die bis zur Weiterleitung nach dem Osten zum Bestande der Reichsbahndirektion Berlin zählen." Von 2336 Lokführern waren zum Stichtag 70 „Führerberechtigte" im Osten unterwegs, um Lokomotiven zu überführen.

Noch im gleichen Monat mußte sich der Referent 34 des RVM mit den „schwierigen betrieblichen Verhältnissen bei der Lokzuteilung" innerhalb der RBD Berlin beschäftigen. „Sie wird bevorzugt behandelt, sie erhielt zwischen Juni und Oktober 1943 110 Neubaulokomotiven und weitere zehn laufen zu", stellte er fest. Selbst der Ersatz für die vorübergehend eingesetzten Kondenslokomotiven war berücksichtigt. Aber die Kilometerleistungen sanken, die Ausbleibezeiten erhöhten sich. Der Betrieb war viel zu zähflüssig geworden. „Der hierdurch bedingte Mehrbedarf an Lok kann durch die Zuteilung von Neubaulok nicht ausgeglichen werden. Lokpersonalschwierigkeiten bestehen bei allen RBD'en, auch hier wird Berlin soweit

Erstaunen bei den Deutschen: Die Sowjets haben selbst Kondensloks! Nach der Eroberung treiben sie als Beutegut in einem Schwimmdock bei Nikolajew

möglich geschont. Bei der verstärkten Rückführung der Räumungslok, die beschleunigt durchgeführt werden muß, kann aber die RBD Berlin von der Personalgestellung nicht ausgenommen werden. Die Angelegenheit hätte ohne Schwierigkeiten auf der RBD Berlin selbst geklärt werden können. Anscheinend hat sich der Apr Nierhoff vorher nicht mit dem Dez 21 ausgesprochen."

Mehrere Lokomotivzüge mit zumeist sieben Kondenslokomotiven erreichten seit dem Juni 1943 nachfolgende Bahnbetriebswerke:

- Bw Tschaplino 20.06.1943 52 1852 – 1858
- Bw Tschaplino 24.06.1943 52 1859 – 1864, 1867
- Bw Pologi 22.07.1943 52 1865, 1869, 1871 – 1874, 1879
- Bw Melitopol 04.08.1943 52 1851, 1868, 1870, 1875, 1878, 1880, 1881
- Bw Preobrashenka * 27.09.1943 52 1876, 1877, 1883, 1884, 1886 – 1888

- Bw Nikolajew * 27.09.1943 52 1889 – 1893, 1895, 1898
- Bw Wosnessensk 04.11.1943 52 1882, 1885, 1894, 1900 – 1903
- Bw Shmerinka Nord 13.11.1943 52 1866, 1899, 1910, 1911, 1913 – 1915
- Bw Shmerinka Nord 12.12.1943 52 1916 – 1920
- Bw Wosnessensk 22.01.1944 52 1904 – 1908, 1912
- Bw Shmerinka Nord 01.02.1944 52 1909, 1922, 1924, 1926 – 1928
- Bw Shmerinka Nord 11.02.1944 52 1929 – 1934
- Bw Shmerinka Nord 20.02.1944 52 1921, 1935 – 1940

Nach diesen Zuführungen standen 86 Kondenslokomotiven der Baureihe 52 diesem südlichen Bezirk zur Verfügung.

* Bw Preobrashenka, Radenskoje, (Dshankoj), Nikolajew sind gemeinsam in der Auflistung unter der laufenden Nummern 5 und 6 genannt; unter Datum steht ferner: „an Snamenka".

4 Endlich bereinigen!

4.1 Lokomotiven an das Schwarze Meer

Den Eisenbahnbetrieb am Schwarzen Meer, so auch um und in Odessa, führten die rumänischen Staatseisenbahnen CFR durch. Deutschland hatte lediglich eine Transportkommandantur bei der CFR. Da der Betrieb nahezu reibungslos funktionierte, die Rumänen als Verbündete von Deutschland einige DRB-Leihlokomotiven erhielten, brauchte sich die DRB hier nicht weiter zu kümmern, hatte (scheinbar) eine Sorge weniger.

Major und Kommandeur Leddin des Transportbereiches Odessa sandte am 31. Dezember 1943 ein Telegramm an den Deutschen Transportbevollmächtigten in Rumänien und legte dar, daß „durch Abziehen von der Ausbesserungslok nach Rumänien ohne Ersatz und Fehlen der 20prozentigen Ausbesserungsreserve für die 120 deutschen Leihlok ist der Bestand an Lok bei dem höheren Ausbesserungsstand der Leihlok … zur Zeit unzureichend. Für den Strecken- und Nebendienst werden bei den derzeitigen Leistungen und Umlaufzeiten ohne Ausbesserungsreserve benötigt:

Inspektion Birzula:	144 Lok
Inspektion Odessa:	195 Lok
zusammen:	339 Lok.

An betriebsfähigen Lok sind z.Z. vorhanden:

Inspektion Birzula:	126 Lok
Inspektion Odessa:	169 Lok
zusammen:	295 Lok.

Es fehlen mithin 44 Lok, davon 16 bei Inspektion Birzula und 26 bei Inspektion Odessa. Um die bestehenden Schwierigkeiten in der Lokgestellung zu beseitigen, ist es dringend notwendig, daß … alsbald 20 deutsche G 10-Lok als Reserve für Ausbesserungen und 24 rumänische Lok der Baureihe 50.1 als Ersatz für die abgezogenen Loks zugewiesen werden.

In Rücksicht auf die unzureichende und wenig gesicherte Wasserversorgung an der Strecke Odessa – Kolosowka wurde von hier mit FS 6939 vom 24.12.1943 der baldige Einsatz von 20 deutschen Kondensloks beim Bw Odessa-Triaj gefordert. Es ist zweckmäßig, für die geforderten 10 G 10-Lok alsbald 20 Kondensloks zu überweisen."

Die GVD Warschau bat am 26. Januar 1944 die OBD Lemberg, aus der GVD-Reserve Standort Lemberg acht G 10 und elf Lokomotiven der Baureihe 52 „schnellstens an CFR, Ziel Bw Birsula zu überführen". Als Laufweg war die Strecke Lemberg – Gretschany – Shmerinka – Birsula ausgewählt worden.

Die preußische Gattung G 10, die Baureihe 57.10, war in dieser Region bereits seit dem Einzug der Deutschen auf dem Balkan zu finden. Vor allem die RBD Wien zeichnete für die Abgaben und später den Austausch bei Schadrückführlokomotiven verantwortlich. Neben Fahrzeugen für die CFR wurde Wien auch mit der „Abrechnung" der MAV-Mietlokomotiven betraut. Zum 31. Juli 1942 waren von der RBD Wien vier P 8, 181 G 10 und zwei G 12 in den Osten verliehen. Im Februar 1945 hielt die RBD Wien im Nachweis 10a 217 Maschinen der G 10 im Ost-, im Südosteinsatz oder bei den MAV fest. Weitere 49 wurden als Schadrückführlok geführt. Um einen Vergleich anzustellen: Lediglich 30 G 10 waren im RBD-Bezirk Wien im Einsatz. Ferner gab die RBD Wien 135 Maschinen der Reihe 56.33 (Tr 11 bzw. 434.0), sechs 57.4 und zwölf der Baureihe 92.22 ab. Für den Südosteinsatz (in Kroatien, Serbien, Albanien, Griechenland) gaben auch die RBD Linz 45 Exemplare der G 10 sowie die RBD Oppeln 29 der G 10 und zwölf der G 12 (58.10) ab.

Reichsbahn-Rat Janeck vom maschinentechnischen Dienst der Tk Odessa überprüfte zum Jahresbeginn 1944 den Lokausgleich nach Rumänien und Bessarabien. Es wirkten lediglich die Reichsbahnvertretung in Bukarest und die RVD Dnjepro in Birsula mit. Besonders war

Lokausgleich mit Rumänien am Jahresbeginn 1944

Datum	Lokzug	Lokomotiven	Ziel-Bw
29.01.	Lemberg Ost 12	55 2636, 2785, 3013, 3727, 4220, 5037	RVD Dnjepro
		57 2342	CFR
29.01.	Posen 7	52 020, 2173, 2329, 5170, 5877, 5943, 6131	Cernauti
30.01.	Berlin 7	52 1909, 1922, 1924, 1926, 1927, 1928, 2220	
31.01.	Lemberg Ost 13	57 1078, 1100, 2375, 2547, 2659, 2956, 3134, 3272	
03.02.	?	52 162, 5431	Cernauti
04.02.	Lemberg Ost 14	57 1204, 2260, 2755, 3287	Birsula
06.02.	Berlin 9	52 151, 193, 2331, 3412, 5466, 5945	Cernauti
07.02.	Lemberg 1 a	52 507, 508 (Umleitungszug)	Cernauti
07.02.	Lemberg 2	52 3175, 3435, 5961, 6254	Tighina
10.02.	Posen 10	52 2093, 184, 6128, 5944, 6757, 320, 010	Cernauti
13.02.	Wien 5	52 192, 2183, 2218, 2292, 5218, 6019	Tighina
14.02.	Lemberg Ost 20	57 1034, 1066, 1198, 1289, 1677, 3097, 3309	Birsula
14.02.	Berlin 12	52 6009, 6058 (GVD-Reserve)	Tighina
25.02.	Lemberg Ost 42	52 123, 2179, 2341, 3153, 5906	Balti
27.02.	Lemberg Ost 25	57 1545, 1654, 1923, 2033, 2564	?
		52 012, 019, 244	

Rückführung ins Reich:

Datum	Lokomotiven	Bemerkung
01.02.1944	50 1910, 1916, 1925, 2168, 3087	zum Bw Stanislau, Austausch gegen 52
02.02.1944	50 2906, 3059	Austausch gegen R 52
13.02.1944	50 1052, 3058, 1196, 1199	Austausch gegen Lok R 52
14.02.1944	50 805	Austausch gegen ÜK

der Eingang der Maschinen zu überwachen und getrennt nach Nummern zu melden. Die Überführungspersonale sollten sofort die gleiche Anzahl von Schadlokomotiven mit zurücknehmen. Abgangsbahnhof für die künftigen bei den CFR eingesetzten Maschinen war Lemberg. Einen Auszug aus dieser Übersicht zeigt die obige Tabelle.

Für den Einsatz der Kondens-52 und die Schulung der Personale war der Ingenieur Rüggeberg von der Reichsbahn und der Firma Henschel beauftragt worden. Er wurde der RVD Dnjepropetrowsk zugeordnet. Auf der Fahrt von Shmerinka nach Prezemysl notierte Rüggeberg am 23. März 1944 den Bestand von Kondenslokomotiven im Bw Shmerinka Nord.

Neuzugänge waren am 1. Februar die 52 1909, 1922, 1924, 1926, 1927 und 1928 aus Berlin-Schöneweide. Sechs weitere Maschinen kamen am 11. Februar an: 52 1929 bis 52 1934. Am 20. des Monats folgten die 52 1921 und die 52 1935 bis 52 1940. Ergänzt wurde der Park durch die 52 1857 (am 10.01.1944 von Tschaplino) sowie durch die 52 1852 und 1864 (am 24.02.1944 vom RAW Posen, einst auch von Tschaplino). Die 52 1925 und 1859 erreichten das Bw Shmerinka allerdings nicht. 52 1925 lief bei Derachina (zwischen Gretschany und Shmerinka) auf einen Benzinzug auf; 52 1859 wurde auf der Überführungsfahrt beschädigt. Beide gingen als Schadlok zurück ins Reich. „Demnach wären folgende Maschinen im Bw Shm stationiert", schreibt Rüggeberg weiter:

Fernspruch - Fernschreiben - Funkspruch - Blinkspruch 146

Befördert				
an	Tag	Zeit	durch	Rolle

Nachr.-Stelle	Nr.
Reichsbahn-Funk	281

DEUTSCHE REICHSBAHN
Gen. Verw. Bukarest
23

Vermerke:

Angenommen oder aufgenommen			
von	Tag	Zeit	durch
Wien	28/1	0926	Jo

Abgang		Absendende Stelle
Tag: 28/1.	An:RR Stadlinger Dt Verbindungsbeamter bei Maschineninspektion Cernauti, nachr. Mineis 34 Berlin, Gbl Ost Berlin, OBD Lemberg, Lokafa Lemberg und Stanislau nachr.Präsident Schleif Bukarest.	Warschau
Zeit: 0656		
Dringlichkeits-Vermerk		
S S D		Fernsprech-Anschluß:

Von Warschau Nr 54

Betr. Austausch von Lok 50 Ük gegen Lok R 52 bei Maschinen=
     inspektion Cernauti .

Eingesetzte Lok 50 Ük sollen Zugumzug gegen Lok R 52 getauscht
werden . Den Überführungspersonalen die diese Tauschlok über
Stanislau-Sniatyn aus dem Reich anbringen,sind jeweils gleiche
Zahl an Lok der Gattung 50 Ük's Zurückführung an Heimat Rbd zurück=
zugeben,wobei Lok für ein und dieselbe oder beieinander anliegende
Heimat Rbden,möglichst im gleichen Lokzug zu vereinigen sind.Es
sind nur vollbetriebsfähige Lok zurückzuführen. Nummer und Abfahrts
=tag der Rückführungslok Reihe 50 Ük den in der Anschrift genamten
Stellen melden. Als erster Lokzug rollt etwa am 29.1. Lokzug Posen
7 mit 7 Loks zu 52020 2173 2329 5170 5877 5943 6131.

             Gvd.Warschau 21.202 Bla (Rum).

                                          F.d.R.

Funkspruch der Reichsbahn an die Eisenbahner in Odessa und Bukarest: Via Lemberg werden neue Lokomotiven für die Schwarzmeerregion zugeführt

Ingenieur Rüggeberg
z.Zt. Bw Tauroggen
RVD Riga

Tauroggen, den 19.5.44

Eingegangen
23 MAI 1944
Erledigt: 1885

An
Herrn Reichsbahndirektor W i t t e
R Z A Berlin W 8
Krausenstr. 10 – 17

Einsatz der Kondenslok im Südabschnitt (RVD Dnepropetrowsk u. Kiew) u. Verbleib dieser Maschinen.

Nachdem der Süden geräumt wurde, soll rückblickend nochmals in Kürze zusammengestellt werden, welche Kondenslok im Süden eingesetzt waren und wo und wie lange sie Dienst taten

Abkürzung der Bwe (Nachfolgende Abkürzungen waren vor der Rauchkammer und am Tender der einzelnen Lok angebracht.

Es bedeutet:
Ts................. Tschaplino
Pi................. Pologi
Mel................ Melitopol
Preo............... Preobrashenka
R.A................ Radenskoje
Dsh................ Dshankoj
Nj................. Nikolajew
Wo................. Wosnessensk
Shm.N.............. Shmerinka – Nord

Nachfolgend eine Liste der einzelnen Lokzüge mit Angabe der Ankunft im Bestimmungs – Bw.

06. 6. 44.
durch

wenden!

RA Reichsbahn
4 L 33 Fklt 2

Brdf, 1.6.44.

1) Herrn Ing. Rüggeberg
z.Zt. Bw. Tauroggen RVD Riga

Betr. Einsatz der Kondenslok im Südabschnitt und Verbleib dieser Maschinen.
Ihr Schr. vom 19.5.44.
Ich danke für die Übersendung obengenannten Schreibens. Mit freundl. Grüßen und Heil Hitler
Ihr

Ingenieur Rüggeberg informierte Reichsbahndirektor Witte über den Einsatz der Kondenslokomotiven. Witte bedankte sich gleich auf der ersten Seite des Briefes

„52 1852, 1854, 1855+, 1857, 1860, 1861, 1864, 1866, 1899, 1909 – 1911, 1913 – 1922 (1914+, 1919+), 1924, 1926 – 1940 (1929+). Insgesamt also 38 Maschinen der Reihe 52.

Bei der 52 1914 war vermerkt: Wurde am 29.12.43 durch einen Zusammenstoß auf der Strecke Shmerinka – Winniza beschädigt und ging als Schadlok ins Reich.

52 1919 bekam im Januar 1944 durch zu starke Betätigung der Zusatzbremse im Bahnhof Christinovka Flachstellen an den Treibachsen. Lok ging am 1.2.44 als Schadlok ins Reich.

Von der an sich in Ordnung befindlichen Lok 52 1855 wurden wegen Fehlens von Ersatzteilen die Speisepumpen, Sicherheitsventile, die DK-Presse, u.a. entnommen. Die Lok ging am 7.3.44 ins Reich.

Lok 52 1929 lief in der Nacht vom 8. zum 9.3.44 um 1.05 Uhr auf der Strecke Wapnjarka – Shmerinka (16 km vor Shmerinka) auf mehrere hintereinander gelegte Minen auf. Dabei wurde die Verkleidung des linken Zylinders fortgerissen, ebenso der linke Ejektor mit Absperrventil für Rohwasser nebst Leitung. Der Tender wurde hinten eingedrückt. (Von dem 870 Tonnen schweren Zug, der Wehrmachtsfahrzeuge nebst Mannschaften beförderte, flogen die 3 hinter der Lok befindlichen Wagen senkrecht in die Luft, wobei Tote und Schwerverletzte zu beklagen waren, während das Lok-Personal

Im Hauptbahnhof von Kiew wurde 1942/43 die auch dem dortigen Bahnbetriebswerk gehörende 52 6743 fotografiert

unversehrt blieb.) Die Lok ging am 11.3.44 als Schadlok ins Reich."

Die durchschnittliche Laufleistung lag aufgrund langer Stillstandszeiten im rumänischen Gebiet bei nur etwa 4200 km / Monat, der Kohlenverbrauch bei etwa 26 Tonnen je 1000 km. Lediglich 20 Lokomotiven waren im gesamten Monat Februar eingesetzt.

Nach diesen Auswertungen notierte Rüggeberg noch: „Infolge des starken Druckes der

Lokomotivverteilungsplan 52 Kondens

Bw Tschaplino (14 Lok 52 Kon)

20.06.1943 bis 08.09.1943 (geräumt)

52 (1852), 1853, 1854, 1855, (1856), 1857, 1858, (1859), 1860, 1861, 1863, 1864, 1867

Bw Pologi (7 Lok 52 Kon)

12.07.1943 bis 12.09.1943 (geräumt)

52 1865, 1869, 1871, 1872, 1873, 1874, 1879

Bw Melitopol (7 Lok 52 Kon)

04.08.1943 bis 10.09.1943 (K-Lok abgezogen)

52 1851, 1868, 1870, 1875, 1878, 1880, 1881

Bw Preobrashenka (11 Lok 52 Kon)

24.09.1943 bis 31.10.1943 (geräumt)

52 1867, 1873, 1874, 1875, 1880, 1881, 1876, 1877, 1888, 1889, 1898

Bw Radenskoje (11 Lok 52 Kon)

24.09.1943 bis 01.11.1943 (geräumt)

52 1851, 1868, 1869, 1870, 1871, 1872, 1879, 1883, 1884, 1886, 1887

Bw Dshankoj (5 Lok 52 Kon)

31.10.1943 bis 20.04.1944 (geräumt)

52 1867, 1874, 1875, 1877, 1880

Bw Nikolajew (24 Lok 52 Kon)

07.10.1943 bis 22.03.1944 (geräumt)

52 1862, 1863, 1878, 1890, 1891, (1892), 1893, 1895, 1868, 1869, 1870, (1871), 1872, (1873), (1876), 1879, (1881), 1883, 1884, 1886, (1887), 1888, 1889, 1898

Bw Wosnessensk (14 Lok 52 Kon)

29.10.1943 bis 27.03.1944 (geräumt)

52 1858, 1882, 1885, 1894, 1900, 1901, 1902, 1903, 1904, 1905, 1906, 1907, 1908, 1912

Bw Shmerinka (38 Lok 52 Kon)

13.11.1943 bis 16.03.1944 (geräumt)

52 1866, 1899, 1910, 1911, 1913, (1914), 1915, 1916, 1917, 1918 , (1919), 1920, 1854, (1855), 1860, 1861, 1857, 1852, 1864, 1909, 1922, 1924, 1926, 1927, 1928, (1929), 1930, 1931, 1932, 1933, 1934, 1921, 1935, 1936, 1937, 1938, 1939, 1940

ruß. Armee musste das Bw Shmerinka-Nord am 16.3.44 geräumt werden. Das Bw wich in Richtung Moghilew (in rumänisches Gebiet) aus. Über den Verbleib der einzelnen Kondens-

lok kann zur Zeit noch nichts Genaueres gesagt werden."

Aus dem nebenstehenden Lokomotivverteilungsplan geht hervor, welche Lokomotiven sich in den einzelnen Bahnbetriebswerken aufhielten und wo diese nach der Räumung der ersten Betriebswerke wieder eingesetzt wurden. Die Betriebsnummern in Klammern bedeuten, daß die Lokomotiven nicht bis „zuletzt" im Betrieb des Bw waren, sondern sie gingen wegen Unfall oder Schadgründen bereits zuvor zurück ins Reich.

4.2 Rasch die Ostbahn rüsten!

„Mit der Näherung der Front an unseren Bereich muß eine erhebliche Änderung in den Forderungen an die Ostbahn erwartet werden", erklärte der zuständige Sachbearbeiter der Generaldirektion der Ostbahn in Krakau am 18. Januar 1944 gegenüber der Reichsbahn im RVM. „Um die Ostbahn zu rüsten, ist es notwendig, vor allem den Lokomotivpark der neuen Lage, soweit es irgendwie geht, anzupassen in der Weise, daß Bw und OAW leistungsfähiger werden. Hierzu sollten Splittergattungen, die nicht freizügig verwendbar sind und die Betriebs- und Ausbesserungswerke belasten, Stellen im Reich gegeben werden, die diese Gattungen noch in großer Zahl haben und gut verwenden können. Französische Lok, die der Leistung und Bauart unseren Bedingungen nur wenig entsprechen, sollten zurückgegeben werden. …

Dafür könnten der Ostbahn von den im Osten frei werdenden Lokomotiven solche der Baureihe 52, G 8 und G 8.1 gegeben werden. Eine derartige Bereinigung des Lokomotivparks würde die Leistungsfähigkeit und Schlagkraft der Ostbahn im Kriegseinsatz erheblich steigern."

Der Sachbearbeiter wußte, wovon er schrieb, denn zum Jahresende von 1943 ermittelte er folgende Übernahmen und Abgaben:

Von der RBD Dresden kamen fünf 52, von Königsberg drei 52, zehn 040 B, von Oppeln

Deutsche Reichsbahn
Eisenbahnabteilungen
des Reichsverkehrsministeriums

Berlin W 8, den 21. Februar 1944
Voßstraße 35

34 Bla 253

Es wird ersucht, in der Antwort Geschäftszeichen und Tag dieses Schreibens anzugeben.

Fernruf: 12 0036
Drahtwort: Mineis Berlin

An die
Generaldirektion der Ostbahn

K r a k a u

Betr
Verwaltung des Fahrzeugparks
der Ostbahn; hier: Austausch
von Lokomotiven

Zum Schreiben vom 21. Januar 1944 - (22/23) M 8 Bla -

Der Lokomotivpark der drei Ostbahndirektionen ist in der letzten Zeit durch Typenbereinigung und Zuführung leistungsfähiger Lokomotiven erheblich verbessert worden. (Ty 23, Ty 37, R 52). Die Entwicklung wird weiter gefördert, vor allem durch Überweisung von Lokomotiven der Reihe 42, deren Lieferung in Kürze beginnt.

Eine Notwendigkeit, darüber hinaus einen Austausch von Lok mit dem Reich durchzuführen, kann aber nicht anerkannt werden. Insbesondere kommt eine Überführung der 1 D Leihlok ins Reich nicht infrage, da diese Gattung auch bei den ehemals polnischen Bahnen vorhanden war und die polnischen Werkstätten besser auf ihre Unterhaltung eingerichtet sind als die Reichsbahn-Ausbesserungswerke. Auch die Ostbahn hat besonders auf weniger wichtigen Strecken Leistungen zu fahren, für die schwächere Lokomotiven vollständig ausreichen.

Diese Frage gehört auch im übrigen nicht zu denen, die der Behandlung durch die Generaldirektion der Ostbahn unterliegen, da durch ein Verschieben von Lok aus betrieblichen Gründen die Besitzverhältnisse nicht berührt werden.

Was die Splittergattungen angeht, so hätten sie größtenteils schon auf Grund unserer Verfügung vom 3. Februar 1943 - 34 Bla 302 - ausgemustert werden können, da ein Ersatz dafür nicht erforderlich sein wird. Es können aber Gattungen, die noch in 40 oder mehr Stücken vorhanden sind, nicht als Splittergattungen bezeichnet werden. Bezüglich der ehemals österreichischen Bauarten wird noch geprüft, ob und in welchem Umfang sie ins Reich übernommen werden können.

gez Bergmann

Beglaubigt

Die Gedob in Krakau forderte im Januar 1944 die rasche Bereinigung des Lokomotivparkes. In der Reichsbahnzentrale in Berlin sah man das anders

drei 52 sowie von den Direktionen Osten drei 52, Posen sieben 52 und acht Lokomotiven der Reihe 58. Die RBD Lemberg „entledigte" sich von insgesamt 35 einst polnischen Typen. Die RBD Warschau sandte 20 Exemplare der Reihe 55, eine 130 und 13 Lokomotiven der Reihe 140. Bis auf die wenigen Maschinen der Baureihe 52 war das nur wenig brauchbares Material! Hinzu kamen die neugebauten 52 5175 bis 5184 und 52 6234 bis 6253.

Demgegenüber stehen folgende Abgaben, von denen besonders die Heimführungen von fünf 52 in Richtung OBD Warschau sowie die 52 4770 bis 4789 und 52 5170 – 5174 an die RBD Posen schmerzten. Ferner waren jeweils zehn Maschinen der Baureihen 56 und 57 sowie jeweils drei 54 und 55 an die RBD Lemberg abzugeben, sowie an andere Direktionen fünf 38, zwölf Tr 20, zwölf Lokomotiven der Reihe 140 sowie weitere drei 57, zwei 56 und eine Lokomotive der Baureihe 55.

Der Postbetrieb mit der Reichsbahn machte es möglich: Bereits am 21. Februar bearbeitete der Sachbearbeiter Bergmann der Deutschen Reichsbahn im RVM die „Verwaltung des Fahrzeugparks der Ostbahn; hier: Austausch von Lokomotiven" und stellte überzeugend fest, daß eine Notwendigkeit des Austausches nicht bestehe (siehe Schreiben auf der vorhergehenden Seite).

Am 3. März 1944 schrieb der Mitarbeiter der Gedob in Krakau einen Vermerk:

„1) Das RVM hat mit 34 Bla 253 vom 21. Februar 1944 unseren Antrag auf Austausch von Lokomotiven zur Gattungsbereinigung zum Teil abgelehnt. Die gegebenen Begrün-

dungen entsprechen nicht der Wirklichkeit. Alle Unterbauarten der Reihe 140, wie 140 A, B, C, D weichen mehr oder weniger von der Baureihe Tr 20 ab, haben keine genormten Teile, sind nur teilweise verkleidet und somit kälteempfindlich und erfordern in der Erhaltung größere Kosten. Die Rückgabe dieser Lok an Frankreich oder die westlichen RBDen ist begründet. Die Verwendung der französischen Leihlok 1 D auf weniger wichtigen Strecken kann infolge des hohen Achsdruckes dieser Lok nur bedingt stattfinden.

Die Gedob hat über die im Bezirk vorhandenen Lokgattungen eine bessere Übersicht als die einzelnen OBD'en, die schon früher grundsätzlich jede wirtschaftliche Gattungsbereinigung abgelehnt haben.

Auf Grund des RVM-Erlasses 34 Bla 202 vom 3. Februar 1943 wurden von uns 545 Lok im Zuge der Typenbereinigung zum Austausch bezw zur Ausmusterung vorgeschlagen. Das RVM hat mit 31 Fuv 255 vom 25. Mai 1943 aber nur die Ausmusterung von 65 Lok zugestimmt …. Vom RVM wird zur Zeit der Austausch der vorhandenen Splittergattungen österreichischer Bauarten geprüft.

Mit Anlieferung der Baureihe 42 kann in nächster Zeit gerechnet werden.

2) Wv 1.6.1944 (Austausch österreichischer Bauarten)"

Dazu sollte es nicht mehr kommen. Die zurückrollende Front überholte die Gedanken an einen wie auch immer gearteten Sieg.

5 Kommando Feldbahn

5.1 Die Organisation der Eisenbahnpioniere

„Aufgabe des Feldeisenbahnbetriebes ist die Durchführung von Wehrmachtstransporten auf Bahnen im Feindesland." Diese Definition ist den „Vorläufigen Fahrdienstvorschriften für den Feldeisenbahnbetrieb" von 1942 vorangestellt. Zur Vollständigkeit sei auf diesen Zweig der Eisenbahn im Krieg eingegangen.

Die Feldeisenbahner wurden oft auch als die „grauen Eisenbahner" bezeichnet. Etwa 90 Prozent einer Feldeisenbahndivision (FBD), im Kriegseinsatz dann als Feldeisenbahndirektion geführt, waren zum Wehrdienst eingezogene Eisenbahner. Zu einer FBD gehörten insgesamt rund 10.000 Mann.

Aus dem seit 1935 bestehenden Eisenbahn-Pionierregiment entstanden zum Beginn des Rußlandfeldzuges die Eisenbahnbetriebstruppen, dann die Eisenbahnbetriebskompanien und schließlich die FBD. Der erste Einsatz der vier FBD war in Jugoslawien. Die FBD bzw. FEKdo 2 bis 4 gerieten dann in die Operationsgebiete der Heeresgruppen Mitte, Süd und Nord im besetzten Osten. Im Jahre 1942 kam eine fünfte FBD hinzu. Um die militärische Bedeutung zu unterstreichen, erhielten im März 1942 die FBD die Bezeichnung Feldeisenbahnkommando (FEKdo). Schließlich wurde ab Dezember 1943 die Eisenbahnbetriebstruppe als eigene Waffengattung anerkannt. Bis zum gleichen Jahr unterstanden den Eisenbahnpionieren auch die Panzerzüge, die später zu den Panzertruppen der Wehrmacht gehörten.

Seit Oktober 1941 waren dann 70.000 Feldeisenbahner, im Jahr darauf schon 112.000 in den FEKdo's im Osten eingesetzt.

Das Feldeisenbahnwesen war wie folgt organisiert: Dem Chef des Transportwesens unterstanden der General des Transportwesens und die Feldbetriebsleitung, dann folgte das Feld-

Ein Feldeisenbahner hat eine Fernsprechverbindung hergestellt, Hilfe bekommt er dabei von einem offenbar sowjetischen Eisenbahner   (BA 692/259/13)

eisenbahnkommando. Dieses FEKdo unterteilte sich in die Feldeisenbahnbetriebsabteilung mit Bahnhöfen und Bahnmeistereien, in die Feldeisenbahnmaschinenabteilung mit den unterstellten Bahnbetriebswerken und in die Feldeisenbahnwerkstättenabteilung mit den Eisenbahnausbesserungswerken.

Laufwege der FBD bzw. FEKdo zwischen 1941 und 1944:

- FEKdo 1: verblieb in Jugoslawien (1941);
- FEKdo 2: Warschau (Juni 1941), Brest-Litowsk (Juli 1941), Brjansk – Smolensk (Juli 1943), Übernahme von Witebsk, Orscha, Mogilew und Shlobin von RVD Minsk (Dezember 1943), Bezirk im Juni 1944 verloren;

Den Kraftbahnbetriebswerken und auch den Eisenbahnpionieren waren einige schienengebundene Lastkraftwagen, im Herbst des Jahres 1941 einen Munitionszug über eine wiederhergestellte Brücke an die zu diesem Zeitpunkt noch

- FEKdo 3: Krakau (Juni 1941), Lemberg – Kiew (Juli 1941), Poltawa – Charkow (Juli 1942), Smolensk (1942), Poltawa (Februar 1943), Kiew (August 1943), Bezirk im Sommer 1944 verloren;

- FEKdo 4: Belgrad (1941), Riga (1941), Pleskau – Dünaburg (1942), Bezirk bis Februar 1944 verloren;
- FEKdo 5: Stalingrad – Krasnodor (Sommer 1942), Bezirk bis Februar 1943 verloren.

Anforderungen sollten sich ab den Jahren 1941/1942 ändern. Im „Osten" erbrachten die Eisenbahnpioniere folgende Leistungen:

- 938 km Vollbahn- und 840 km Feldbahnstrecken bauten sie neu,
- 12.000 km Vollbahn- und 367 km Feldbahnstrecken stellten sie wieder her,
- an insgesamt 34 km Brückenbauten waren die Pioniere beteiligt.

Um diese Zahlen in das rechte Licht zu rücken: Auch die sowjetischen Bautruppen bauten im Krieg neue Eisenbahnstrecken; insgesamt sogar 9000 km.

Doch die FBD standen im Rußlandfeldzug zu spät zur Verfügung. Als der deutsche Nachschub seine Ziele an der Front zum Jahresende 1941 nicht mehr erreichte, erinnerte sich die militärische Führung an die Eisenbahn. Jedoch völlig unberücksichtigt blieb das Umspuren, das Umnageln der russischen Breitspurweite von 1524 mm auf das europäische Maß von 1435 mm. Man hatte unterstellt, daß genügend Lokomotiven und Wagen erbeutet werden könnten. Aber das war, wie bereits erwähnt, nicht der Fall.

Bis zum Jahre 1943 bauten die Eisenbahnpioniere 46.000 km und die Reichsbahnbautruppen 18.000 km Gleise um. Die Verantwortung innerhalb der Bautruppen hatten Offiziere der Wehrmacht. Vom Eisenbahnbetrieb verstanden sie in der Regel nichts. Allzuoft wurden Strecken als fertig und für befahrbar erklärt, ohne daran zu denken, daß die Züge, die zur Front fuhren, auch wieder zurückkehren mußten. Zweite Streckengleise oder größere Kreuzungsbahnhöfe waren in den Planungen nicht enthalten. Auch Behandlungsanlagen für die Lokomotiven wurden schlichtweg vergessen.

Zu den FBD bzw. FEKdo abkommandierte Eisenbahner, Dezernenten, sollten sich nun darum kümmern (siehe auch Abschnitt 4.3 „Dienst als Feldeisenbahner"). Zunächst mußten Drehscheiben auf die Normalspur umgerüstet werden, dann die übrigen Gleisanlagen im Bw. Selbst um den Brennstoff mußten sie sich kümmern. In den südlichen Regionen verwandte die SZD bei ihren Lokomotiven die

so wie dieser FAUN, zugeteilt. Bei Malojaroslawez zieht er vorrückende Frontlinie

Im Blitzkrieg gegen Polen gab es für die Eisenbahnpioniere nicht viel zu tun. Lediglich einige zerstörte Strecken und Brücken mußten wieder aufgebaut werden. Das Bild, vor allem die

Gefeuert wird mit Holz: Im Kaukasus fuhr der „Malinki-Express" – der „kleine Expreß" – für die Deutschen. Den Dienst verrichteten weiterhin die einheimischen Eisenbahner   (BA 31/2412/16)

Ölfeuerung. Die DRB beschäftigte sich gerade mit dieser Feuerungsart für den Fronteinsatz, kam aber letztlich über den Planungszustand nicht hinaus.

Doch auch die Kohlen aus dem Donez-Gebiet war für deutsche Lokomotiven nicht ohne weiteres verwendbar, sie mußten zunächst mit Öl gebunden werden. Die Ölbehälter in den russischen Bw hatten die Deutschen nicht beachtet. Zahlreiche Personale, die oberschlesische oder Ruhrkohle gewöhnt waren, kochten nun Dampf, konnten mit den Donez-Kohlen kein ordentliches Feuer entfachen.

Feldeisenbahnen werden häufig mit schmalspurigen Heeresfeldbahnen in Zusammenhang gebracht. Das Allgemeine Heeresamt umschrieb 1938 die „Entwicklung von Feldbahngerät" folgendermaßen:

„Die Feldbahn ist ein Nachschubtransportmittel, das auch im Bewegungskrieg verwendbar sein muß. Sie wird im allgemeinen von den (Vollbahn-) Eisenbahnendpunkten, bzw. Ausladebahnhöfen als zusätzliches Beförderungs-

mittel für Nachschub neben Kraftwagenkolonnen eingesetzt. …

Über Spurweite werden keine Einschränkungen gegeben. Anlehnung an das von der freien Wirtschaft bevorzugte Gerät ist erwünscht. Dampflokomotiven werden wegen der für fdl. Flieger weithin sichtbaren Dampf- und Rauchentwicklung abgelehnt."

Trotz zahlreicher, vor allem in der Spurweite von 600 mm ausgeführter Schmalspurbahnen, waren die Feldeisenbahner auch für regelspurige Strecken und Bahnbetriebswerke zuständig. Zwischen den eingerichteten RVD in Dnjepropetrowsk, Kiew, Minsk, Riga und Rostow, mit ihrem „eigenen" Territorium von Eisenbahnverbindungen und Bahnbetriebswerken, und dem Frontbereich führten sie den Betrieb, versuchten den Nachschub zu organisieren. Aber selbst die Forderung, daß keine Dampflokomotiven eingesetzt werden durften, konnte aufgrund des Fahrzeugmangels nicht immer berücksichtigt werden.

Während die deutsche Armee im Jahre 1942 im Osten feststand oder teilweise zurückgedrängt

Die Heeresfeldbahnlok 11 751 ist mit einer Frostschutzeinrichtung versehen. Henschel und Jung bauten zahlreiche Exemplare dieser Cn2-Type, in erster Linie für 600-mm-Spur   (BA 276/748/11)

Im Bahnhof Mesha hat die HF 6 011 (Orenstein & Koppel 13 239/1939) einen Güterzug übernommen. Vor der Lok läuft ein Wasserwagen   (BA 276/735/8)

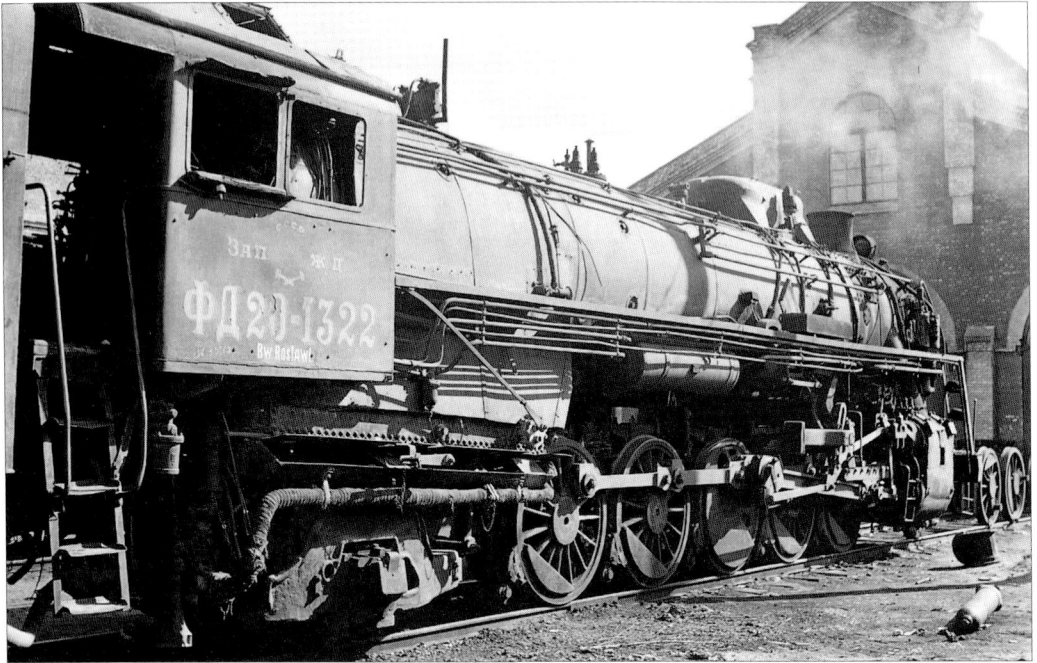

Die erbeutete FD 20-1322 gehört 1941 zum Feldeisenbahn-Betriebswerk Roslawl

wurde, erließ Reichsmarschall Göring am 24. August 1942 einen Vierjahresplan, „um die Lebensmittelversorgung des deutschen Volkes zu verbessern. Hierfür ist der russische Raum entscheidend. Dabei handelt es sich u.a. darum, die Zufuhr zu den Bahnhöfen und Einladestellen mit Straßenverkehrsmitteln zu gestalten. ...Der Reichsverkehrsminister wird ermächtigt, ggfs. Feld- oder Kleinbahnbetriebe aus dem Reich oder den besetzten Gebieten nach der Ukraine zu verlagern."

Ein Plan im RVM sah 40 Wirtschaftsbahnen mit insgesamt 2077 km Länge in den Reichsverkehrsdirektionen Kiew und Dnjepropetrowsk vor. 22 Bahnen mit einer Länge von 990 Kilometern, davon 249 km regelspurig, wurden im Bezirk der RVD Kiew geplant. Weitere 18 Bahnen im Bezirk der RVD Dnjepropetrowsk wiesen 1087 km Länge auf, davon waren u.a. nur 80 km regelspurig, aber dafür 712 km in einer Spurweite von 600 mm vorgesehen. Für den Schmalspurbetrieb sollten in der Fabrik von Charkow 4000 Dampflokomotiven gefertigt werden.

Die Arbeiten begannen an zahlreichen Abschnitten. Doch Partisanen und schließlich die zurückkehrende Front ließen das Vorhaben unvollendet.

5.2 Die Dampflokomotiven der FEKdo´s

Die Feldeisenbahndirektion bzw. die Kommandos wiesen eine ähnliche Organisationsform wie die übrigen RBD bzw. RVD vor. Doch gerade im Fahrzeugpark waren sie auf das angewiesen, was die Armee „für sie erbeutete" oder die Reichsbahn ihnen überließ.

Überliefert sind folgende FBw, Feldeisenbahn-Betriebswerke und ihre Bestände. Nicht aufgelistet sind die Kleinlokomotiven und die Maschinen der Baureihe 52:

FEKdo 2
- FBw Brjansk 38, 55, 57, 91, 93
- FBw Wjasma 55, 57
- (FBw) Roslawl russische Breitspurlokomotiven

FEKdo 3
- FBw Jerdokona 55, 57

Der Lokführer Georg Otte nahm in Orscha diesen Zug mit Schadlokomotiven auf. Sein Bestimmungsort ist Brest, dort sollen die Loks von Breitspur auf Regelspur umgebaut werden.
Die erste in der Reihe der Maschinen ist eine PKP-Pd 5, eine preußische S 6

• FBw Bjelgorod	38, 93		• FBw Luga	
• FBw Kursk	55, 57, 91		• FBw Mga	russische Breitspurlokomotiven
• FBw Lgow	55, 57		• FBw Pleskau	38, 55, 91, 93
• FBw Waluiki	nicht bekannt		• FBw Tossno	
FEKdo 4			FEKdo 5	
• FBw Bereski	38, 55, 57, 91, 93		• FBw Kotelnikowo	russische Breitspurlokomotiven
• FBw Cholm	55, 57		• FBw Newinnomyskaja	
• FBw Dno	55, 57, 91, 93		• FBw Prochladnaja	
• FBw Gattschima			• FBw Tichorezkaja.	

Im Breitspurnetz um Roslawl lief auch die einst polnische und nun umgespurte Ty 23-614 (Chrzanow 1931). Sie wurde nicht als 58.23 eingereiht

Das FEKdo 3 hatte im Dezember 1943 100 Lokomotiven der Baureihe 38.10 im Betrieb. Für den Güterzugverkehr war die preußische P 8 ungeeignet, schätzte das FEKdo 3 ein, ordnete daher stets ein Vorspannfahren, also zwei Maschinen der Baureihe 38.10, an. Die P 8 wurde in der Zugkraft der pr. G 7.1 (55.0) gleichgesetzt. Wie bereits an anderer Stelle erwähnt, fehlt in den Betriebsbüchern der Stationierungsort „im Osten". In den FBD bzw. FEKdo fanden sich natürlich auch Loks der Reihe 52 wieder.

Für einige Feld-Bw der FEKdo 4 und 5 sind keine Beheimatungen von Lokomotiven überliefert. Aufgrund ihrer unmittelbaren Frontnähe nutzten vor allem die Eisenbahner vom FEKdo 5 russische Breitspurlokomotiven. Der Schluß träfe auch für das FEKdo 4 zu.

5.3 Die Kleinlokomotiven der FEKdo´s

Mit dem 1. Oktober 1936 verbindet sich der Gründungstag des „Pionierlehr- und Versuchsbataillon´s für schweren Brückenbau" (motorisiert) in Sperenberg bei Berlin. Im November

Kleinlokomotiven für den Eisenbahn Pionierpark	
Datum	Lok-Nummer
08.08.42	4207, 4233, 4235, 4236, 4237, 4387, 4388, 4393, 4394, 4395, 4396, 4399, 4400, 4401
ab 10.08.42	4181, 4183, 4490, 4493, 4497, 4499, 4503, 4504, 4505, 4507, 4509, 4511, 4514, 4518, 4521, 4536, 4538, 4540, 4541, 4544, 4553, 4771, 4772, 4774
14.08.42	4189, 4190, 4191, 4358, 4364, 4369, 4370, 4371, 4516, 4546
19.08.42	4389
20.09.42	4559, 4560, 4562, 4563, 4564, 4570, 4574, 4576, 4591, 4593
ab 20.11.42	4488, 4510, 4522, 4530, 4534
07.12.42	4599
Dez. 42	4239, 4241, 4242, 4243, 4244, 4263, 4264, 4245, 4246, 4247, 4253, 4295, 4296, 4xxx, 4xxx (?)

1938 wurde es zum „Eisenbahn-Pionierregiment" umgerüstet. Noch im gleichen Monat stellten die Militärs in Fürstenwalde (Spree) das Eisenbahnpionier-Lehrbataillon 2 und in Korneuburg (Österreich) das Eisenbahnpionier-Bataillon 56 auf. Hinzu kam noch eine Übungsfeldbahn bei Sperenberg (Rehagen-Klausdorf – Luckenwalde/Dahme).

Die Reichsbahn überstellte dem Pionierpark in Fürstenwalde zahlreiche regelspurige Fahrzeuge. Neben mindestens einer preußischen T 3 kamen von nahezu allen Reichsbahndirektionen Kleinlokomotiven (Kb/Kf/Kö) hinzu.

Doch nicht nur dem Eisenbahnpionierpark wurden die kleinen Verbrennungslokomotiven überstellt, sondern neben Munitionsfabriken im Reich auch direkt an Abschnitte an der Front bzw. an Verkehrsdirektionen im Osten. Die Aufstellung auf der nebenstehenden und der folgenden Seite zeigt alle verzeichneten Abgaben der DRB an die Wehrmacht bzw. an den „Osten" auf. Inwieweit diese Liste alle im Osten eingesetzten Kleinlokomotiven berücksichtigt, bleibt aufgrund von anders lautenden Schreiben des RVM fraglich.

Neben Verschubdiensten setzte man die Kleinlokomotiven auch zu Zugdiensten vor Eisenbahngeschützen und rollenden Flakstellungen ein, um aufgrund ihrer nicht vorhandenen Abdampfwolken den sowjetischen Fliegern möglichst zu entgehen. Wie aus der Statistik zu entnehmen ist, wurden auch die Kleinlokomotiven im Osteinsatz verwendet und waren somit auch den strengen klimatischen Verhältnissen ausgesetzt wie die übrigen Fahrzeuge im Osten: „In Rußland sind bisher 119 Kleinlokomotiven eingesetzt, die, um auch im Winter betrieben werden zu können, mit ausreichendem Frostschutz versehen werden müssen. Es ist deshalb ein Frostschutz für Kleinlok zu entwickeln, der es gestattet, die Kleinlok noch bei 50° Kälte zu betreiben", heißt es in einem Schreiben der Deutschen Reichsbahn, Eisenbahnabteilungen des Reichsverkehrsministeriums, vom 23. Juni 1942, das an

Kleinlokomotiven für Wehrmacht und Osten

Empfänger	Datum	Lok-Nummer
Muna Großleben	29.08.39	4586
Wehrmacht f Sonderzwecke	03.09.39	4882
Eisenbahn-Fernkabel-Bauzüge	03.07.41	4360, 4361, 4362
Bf Bobruisk (Mitte)	13.09.41	4301
Bf Biala-Carkiew (Süd)	13.09.41	4302
Bf Smolensk	14.09.41	4234
Bf Orscha	14.09.41	4405
Bf Osipoquitschi	14.09.41	4638
Bf Minsk, FBD 2	15.09.41	4304
Bf Plozk (Mitte)	16.09.41	4831
Bf Gerjana (Mitte)	16.09.41	4833
Bf Dünaburg (Nord)	16.09.41	4109 für 4179
Bf Porchow	17.09.41	4533, 4556
Bf Rzeszow (Süd)	17.09.41	4872, 4874, 4876
Muna Braunweiler b Riedingen	01.10.41	4875
FBD 4 Bw Pleskau 1	14.11.41	4168, 4429 für 4205, 4430 für 4206, 4377, 4604, 4760
	18.11.41	4416, 4417
	19.11.41	4212, 4213
	20.11.41	4578, 4595, 4596
	27.11.41	4217, 4945, 4947
	22.04.42 (?)	4305 für 4090 *
FBD 4 Bf Pleskau	25.02.42	4391, 4392, 4402, 4413, 4925
	26.02.42	4487, 4496, 4502, 4525, 4531
	14.03.42	4193, 4197
Muna Ahrbergen	12.11.41	4584
Bw Minsk	22.01.42	4109 für 4179, 4114 für 4744, 4177 für 4744, 4332 für 4537, 4535, 4359 Austausch(?) 4312/4501, 4313/4194, 4314/4198, 4318/4199, 4321/4745
	23.01.42	Austausch 4120/4355, 4122/4175, 4123/4176, 4124/4192, 4125/4196
	30.01.42	Austausch 4130/4539, 4134/4523, 4339/4535, 4344/4500, 4624/4532
Bf Poltawa (Süd)	10.03.42	4577, 4670, 4671, 4672
Bf Snamenka	11.03.42	4373, 4374, 4379, 4761, 4930
Bf Gorlonka (Süd)	11.03.42	4214, 4215, 4216
Bf Gattschina (Nord)	11.03.42	4220, 4224, 4225, 4226, 4227, 4228, 4229, 4231
Bf Stalino	11.03.42	4390, 4397, 4398, 4403
Bf Orscha	13.03.42	4187
Bf Witebsk	13.03.42	4362
Bf Orel	13.03.42	4363, 4545

* 4305 handschriftlicher Vermerk zum Austausch, 4090 gehörte zum Schießplatz Hillersleben →

Kleinlokomotiven für Wehrmacht und Osten (Fortsetzung und Schluß)		
Empfänger	Datum	Lok-Nummer
Bf Smolensk	13.03.42	4366, 4367
Bf Gomel	13.03.42	4515, 4528
Bf Wjasma	13.03.42	4529, 4542
Bf Brjansk	13.03.42	4517, 4519
Bf Riga	20.09.41	4527
	09.03.42	4171
Bf Reval	09.03.42	4172
Bf Wilna	09.03.42	4173
Bf Dno (Nord)	12.03.42	4211, 4491, 4495, 4506, 4507 für 4773, 4513, 4524, 4526
Bf Dshankoj (Süd)	22.03.42	4202, 4348, 4835, 4933
Schießplatz Hillersleben	22.04.42	4090
Muna Pelters b Metz	23.04.42	4890
Muna Kapen	03.06.42	4738
Bf Kiew	20.06.42	4708, 4843, 4844, 4888, 4896
Heereszeugamt Unna	14.08.42	4692
Rembertow b Warschau	29.09.42	4221
Krasnik b Lublin	29.09.42	4332
Muna Wolfen	13.11.42	4691 für 4209
FEKdo 2, Bf Smolensk	07.11.42	4219, 4230
	11.11.42	4717, 4718, 4721, 4724, 4727
FEKdo 2, Bf Tschipljajewo	25.11.42	4566, 4579
Muna Kassel, Bf Ihringhausen	27.11.42	4610
Muna Pinnow, Kr Angermünde	28.11.42	4602
Muna Zeven	28.11.42	4606
Muna Königsberg Ost	30.11.42	4601
Muna Königswartha/Sa	30.11.42	4605
Muna Lockstedter Lager	30.11.42	4608
Muna Mölln (Lauenberg)	30.11.42	4609
Muna Altenhain b Brandis	01.12.42	4603
Muna Königsen, Burgdorfer Kreisb.	02.12.42	4607
Muna St. Georgen-Traun	04.12.42	4715
Muna Mü-Milbortshofen	03.12.42	4720
Muna Birkenbach/Bergstr.	03.12.42	4733
unbekannte Muna	ab 26.11.42	4726, 4728, 4729, 4730, 4731, 4732

das Reichsbahn-Zentralamt adressiert war. „Für die Ausführung des Frostschutzes sind die bei der Besprechung am 4. Juni 1942 in Danzig festgelegten Gesichtspunkte zu berücksichtigen, wie:

• Verkleidung des Führerstandes,
• allseitige Holzverkleidung des Motors,
• Einbau eines koks- oder kohlegefeuerten kleinen Warmwasserofens, der in den Kühlwasserkreislauf eingeschaltet wird,
• Abdeckung des Kühlers.

Da voraussichtlich weitere Kleinlok nach den besetzten Ostgebieten abgegeben werden, ist

Mehrere Kleinlokomotiven sind in diesen Zug an der Ostfront eingestellt. Sie bewegen Geschütze und deren Mannschaften zu ihren Stellungen (BA 37/287/4)

vorerst die Beschaffung für 250 Frostschutzausrüstungen für Kleinlok durchzuführen. Die Anlieferungsstelle für die Frostschutzeinrichtungen der 119 Kleinlok im Osten wird dem RZA vom Reichsverkehrsministerium, Zweigstelle Osten in Warschau noch angegeben werden. …Da die Ausrüstung der im Osten eingesetzten Kleinlok mit Frostschutz bis zum 1. Oktober 1942 durchgeführt sein muß, ist größte Eile geboten. Über den Stand der Angelegenheit ist bis zum 15. Juli 1942 zu berichten.

Bergmann"

In weiteren Bahntelegrammen wurde das RAW Dessau als Sammellager der Frostschutzteile festgelegt. Am 9. Juli berichtete der Bearbeiter dem „Herrn Ref 31 ergebenst: Die 250 Frostschutzausrüstungen reichen schon jetzt nicht mehr aus, da noch weitere 50 Kleinlok bereitzustellen sind". Die Direktionen hatten entsprechend der verschiedenen Motorentypen

Kleinlokomotiven bereitzustellen. Als Dienstgut „Peter", verladen auf Güterwagen, kamen sie an die Ostfront, oder wie der Referatsleiter L 3 am 7. August 1942 dem Referenten 34 („MA Rußland") schrieb: „Der Chef des Transportwesens teilt mit: ,Es wird gebeten, von den bereitgehaltenen 150 Diesel-Kleinloks 50 Stück schnellstens mit den Lok-Papieren an den Eisenbahnpionierpark Füstenwalde/Spree, Bestimmungsbahnhof Ketschendorf zu überführen. …Auf die Anbringung der Wintersicherung wird wegen Dringlichkeit verzichtet. Ob ein späterer Austausch gegen wintergesicherte Kleinloks erforderlich sein wird, kann noch nicht übersehen werden.'"

Ähnliche Fernschreiben folgten in den nächsten Tagen und Wochen. Teilweise wurden die Kleinlokomotiven ohne Wintersicherung noch ausgetauscht, andere erhielten nachgesandte Frostschutzeinrichtungen.

Den Zugdienst auf dem schmalspurigen Gleisen übernahmen eine Vielzahl von Heeresfeldbahndampf- und auch Diesellokomotiven. Da es sich, bis auf einige wenige (einst polnische) Beutelokomotiven, nicht um Reichsbahnlokomotiven handelte, wird auf diese hier nicht näher eingegangen.

5.4 Dienst als Feldeisenbahner

„Ich war 1941, im zweiten Kriegsjahr, Maschinenamtsvorstand in Köln, als ich einen Anruf des Personalbüros bekam", erinnert sich Wolfgang Bode. „,Sie müssen Ihren Koffer packen!' Die Freistellung vom Militär war aufgehoben, ich wurde zur Feldeisenbahn eingezogen und sollte mich in Königsberg bei der Feldeisenbahndirektion 4 * melden. Die FBD 4 kam aus Belgrad, nachdem der Balkanfeldzug zu Ende gegangen war. Einige Kräfte waren entlassen worden, sie mußten wieder ersetzt werden. So wurden wir – außer mir noch einige Kollegen – in Königsberg eingekleidet. Wir erhielten die Bezeichnung ‚Sonderführer'. Ich bekam den Rang eines Majors. Präsident war ein Reichsbahnabteilungsleiter aus Augsburg, im militärischen Rang eines Majors der Reserve. Der Posten des Vizepräsidenten war mit einem aktiven Major besetzt, also keinem Fachmann. Wir konnten uns in Königsberg frei bewegen und hatten viel freie Zeit. Die FBD hatte aus Belgrad einen Salonwagen, einen Küchenwagen und einen Schlafwagen von der jugoslawischen Eisenbahn mitgenommen. Als unsere Truppen über Lettland hinaus vorgedrungen waren, kam unser Einsatz. Wir wurden nach Riga verlegt und bezogen als Arbeitsstätte das Verwaltungsgebäude der lettischen Eisenbahnen. Zu meinem Kummer bekam ich nicht das Dezernat 21 (Lok), da saß schon ein Bekannter unseres Präsidenten aus Augsburg, sondern zwei andere Dezernate der maschinentechnischen Abteilung.

---

* Bode spricht, wie seine Kollegen auch, noch in Gewohnheit von den Feldbahndirektionen, die aber ab 1942 Feldeisenbahnkommandos (FEKdo) hießen.

Zu tun gab es noch nicht viel. Wir wohnten möbliert in der Stadt, aßen in verschiedenen Restaurants und beobachteten u.a. die Braunhemden der Zivilverwaltung, die der vorrückenden Truppe gefolgt waren. Die schlossen zunächst alle Kaufhäuser bis auf eins und schickten den Inhalt nach Deutschland. Dann vertrieben sie die Juden aus ihren Wohnungen und zogen selbst dort ein. Die Bevölkerung, die beim Einmarsch die deutschen Soldaten umarmt hatte, weil sie die russische Verwaltung los wurde, änderte schlagartig ihre gute Stimmung und wandte sich innerlich von den Deutschen ab. So hatten sie sich ihre Befreiung nicht vorgestellt.

Unsere Pioniere spurten inzwischen die Strecke von Tilsit aus auf die europäische Spur um, so daß unsere Nachschubzüge nach Rußland hineinfahren konnten. Die Strecken waren eingleisig. Uns fiel auf, mit welcher Geschicklichkeit die lettischen Eisenbahner die Züge durchbrachten. Man verwendete das Ringsystem. Wer als Lokführer den Ring hatte, durfte fahren. Als die deutschen, sogenannten blauen Eisenbahner die Strecken übernahmen, taten sie sich viel schwerer, war doch der Betrieb in der Heimat im allgemeinen zweigleisig. Die Armee rückte weiter vor, und die Heeresgruppe verlangte, daß die Feldeisenbahn so dicht wie möglich hinter der Front stationiert wurde. Da der Nordabschnitt sehr groß war, wurde unsere FBD auf Pleskau und Dünaburg verteilt. Der ‚Augsburger 21' ging nach Dünaburg, ich kam mit nach Pleskau und wurde dort nun doch Dezernent 21.

Die Arbeitsräume waren im ersten Stock des Bahnhofsgebäudes, unsere Kantine im Wartesaal. Die meisten wohnten in den Holzhäusern des Ortes, von denen einige freigemacht worden waren. Ich hatte ein Abteil des Schlafwagens belegt – ebenso wie noch einige andere Kollegen – der zusammen mit dem Salonwagen und dem Küchen- und Vorratswagen hinter dem Lokschuppen abgestellt war. In weiser Voraussicht hatte ich mir in Riga Bettwäsche und eine Steppdecke gekauft, unter der ich immer ausgezeichnet geschlafen habe. Ein Wa-

Ein sogenannter Behelfspanzerzug wird von einer 57.10 zur Frontlinie geschoben (BA 139/1103/22)

genmeister bewohnte und versorgte den Küchenwagen. Dort wurde auch unsere Wäsche gewaschen.

Unsere Schlosser und Betriebsarbeiter arbeiteten im Lokschuppen und den anderen Betriebsanlagen. Eines Tages hörten sie im russischen Radio die deutsche Sendung, die zur Demoralisierung gedacht war, daß der Winter fürchterlich werden und wir ihm nicht gewachsen sein würden. Frost und Schnee wurden in den düstersten Farben geschildert. Wir glaubten das natürlich nicht. Aber der Winter kam tatsächlich schlimmer, als wir uns das vorgestellt hatten. Es wurde bissig kalt – minus 35 Grad Celsius und mehr – und Schnee kam auch mehr als genug. Das deutsche Eisenbahnmaterial war dem nicht gewachsen. Die Niederdruckdampfheizungen der Personenwagen verbrauchten außerordentlich viel Dampf, der als Kondensat aus den Wagen tropfte und neben und auf den Schienen sofort gefror. Die Lokomotiven mußten um die Luft- und Wasserpumpen besonderen Kälteschutz erhalten: Holzverschalung ge-

füllt mit Holzwolle usw. Die Schlosser arbeiteten in Handschuhen, weil sie sich sonst am kalten Eisen die Finger verbrannt hätten. Jawohl, es gab bei der Berührung Blasen. Und die Schienen und Weichen mußten im Bahnhof freigehackt werden. Das besorgten dickvermummte Frauen aus dem Ort. Bei abgestellten Lokomotiven blieb das Feuer erhalten, doch daß das Wasser im Tender durch und durch zu Eis erstarrte, konnte nicht immer verhindert werden. Nur ein mit Dampf durchblasendes Rohr im Tender brachte Hilfe.

Auch der Kohleverbrauch steigerte sich, nicht nur für die Loks selbst, sondern auch durch die Abgabe an die verschiedensten Streckenposten und Bahnhöfe, wo unsere blauen Eisenbahner saßen. Wenn ein Zug zum Halten kam – und das war bei den eingleisigen Strecken ein häufiger Fall – wurde ihnen Kohle abgegeben. Wenn sie schon meist einsam saßen, sollten sie doch nicht frieren.

Durch all diese Umstände wurde unsere Aufgabe, den Nachschub an die Front zu bringen,

Die 55 4397, gut getarnt, im Frühjahr 1944   (BA 675/7927/8 a)

sehr erschwert. Das schwierigste dabei war immer das rechtzeitige Wasserfassen der Loks. Da viele das nicht schafften, mußten Ersatzloks nachgeschickt werden. Der Mangel führte dazu, daß die Leerwagenzüge an der Front stehenblieben, so daß sich die Nachschubzüge wegen Platzmangel am Ausladebahnhof auf der Strecke stauten.

Die Heeresgruppe beschwerte sich, daß der Nachschub ausblieb. Unser Präsident bekam einen Rüffel vom Hauptquartier Wolfsschanze in Ostpreußen. In der darauf anberaumten Betriebssitzung wurden mehr Lokomotiven verlangt, weil so viele durch den Stau ausfielen. Ich wehrte mich: ‚Kein Mensch kann mehr essen, als er verdauen kann. Bringen Sie also die Abfuhr der Leerzüge in Ordnung. Die Vollzüge fahren dann von allein nach vorne, und die Loks stehen nicht auf der Strecke'. Darauf wurde der Betriebskontrolleur nach vorn geschickt. Er ließ immer zwei Leerzüge zusammenspannen und hatte in zwei Tagen die Strecke frei. Der Nachschub rollte, und der

Unfug, die Leerwagen die Böschung herunterzukippen, hörte auch auf.

Die Angst vor'm Frieren führte bei einem Fronturlauberzug nach Nishni-Nowgorod dazu, daß ein Oberleutnant dem Lokführer verbot abzuspannen, um im nächsten Ort Wasser nachzufassen. Als das Wasser alle war, mußte das Feuer gelöscht werden. Nun froren sie alle, bis eine neue Lok kam. Der Oberleutnant schickte eine Anzeige gegen den angeblich widerspenstigen Lokführer an die Heeresgruppe, die ich eines Tages zur Stellungnahme auf den Tisch bekam. Ich sollte den Lokführer bestrafen! Im Gegenteil, seine Haltung war die einzig richtige gewesen.

Man sollte die Russen nicht unterschätzen. Unsere Truppen hatten einen Vorstoß bei Leningrad gemacht und die Strecke nach Moskau unterbrochen. So war das Bahnbetriebswerk Mga in unsere Hände gefallen. Es war sehr gut ausgestattet, besaß auch ein komplettes Deutschlandgerät zum Aufgleisen schwerer Lasten. In

Aus Wuppertal war die 57 2223 nach Minsk gekommen. Später gelangte sie zum Bw Orscha, wo auch 1941 die Aufnahme mit Lokführer Georg Otte entstand

Beim schnellen Vormarsch 1941 war der Nachschub ins Stocken geraten, selbst die Versorgung der Truppe funktionierte nicht mehr zuverlässig. Aus einer Behelfsküche werden hier die Soldaten versorgt, mit allen nur denkbaren Gefäßen rücken sie an

der Nähe lag am Bahndamm eine der größten und schwere Güterzuglokomotiven mit dem Schornstein nach unten, die Räder in die Höhe. Bei einem Gegenstoß der Russen fiel ihnen Mga wieder in die Hände, doch nur für zwei Tage. Als wir das Bahnbetriebswerk wieder hatten, war die Lokomotive weg. Hatten die Russen sie doch tatsächlich in ganz kurzer Zeit aufgegleist! Aber wie? Alle Achtung!

In Smolensk war die FBD 3 stationiert, mit dessen Dezernent 21 ich Erfahrungen austauschen wollte. Die ganze FBD lebte in einer großen Wagenburg, bestehend aus vielen Schlafwagen, die auf in den Wald geschlagenen Gleisen abgestellt waren. Wie sich heraus stellte, gehörte das Gelände zu Kathyn, und man erzählte uns schon damals von den Massengräbern.

Wir sind auch mal von Pleskau nach Reval gefahren, um die Strecke kennenzulernen. Das dauerte mit dem Triebwagen bei den Entfernungen einen ganzen Tag. Auf der Rückfahrt konnten wir billig Butter, fast einen Zentner, und Eier einkaufen. Die Bauern hatten in der Nähe der Bahnhöfe Schilder aufgestellt. In unserem Küchenwagen wurde die Butter in Pfundpakete zerlegt und den Urlaubern mit in die Heimat gegeben. Es war eine ziemlich fettige Angelegenheit.

Die Schwierigkeiten, die wir durch den ungewohnten Frost hatten und die sich auf den Nachschub auswirkten, führten zur Ablösung unseres Präsidenten. Der neue Präsident kam aus Paris und war wenig erfreut, von der schönen Stadt in das kalte Pleskau versetzt zu werden. Er war aktiver Major und kein Fachmann. Seinen Unmut bekamen wir bald zu spüren.

Die schon schwierige Lokgestellung wurde eines Tages direkt kritisch, als unsere Drehscheibe defekt wurde. Der Königszapfen war gebrochen, das Gußeisen, aus dem er bestand, hatte dem Frost nicht standgehalten. Es war, wie man technisch sagt, kaltbrüchig. Auch hatte das größere Gewicht der deutschen Lokomotiven nachgeholfen.

Nun waren zehn Maschinen im Schuppen eingesperrt. Es dauerte einige Tage mit schwerster Arbeit, um die Lokomotiven über die nur provisorisch zu bewegende Scheibe ins Freie zu bekommen.

Ich bekam einen Verweis vom Präsidenten, obwohl ich für die Drehscheibe überhaupt nichts konnte. Aber neue Besen kehren gut. Vier Wochen nach seinem Dienstantritt ließ er die gesamte maschinentechnische Abteilung ablösen. Ich kam über Danzig, wo ich entlassen wurde, wieder in die Heimat – als Dezernent 21 zur Direktion Breslau.‟

6 Der Rückzug

6.1 Bw Tschaplino geräumt

„Durch die Verlagerung der Front war ein Rückzug der Lok notwendig", erläuterte Ingenieur Rüggeberg, noch der RVD Dnjepropetrowsk zugeordnet, die Situation aus Snamenka am 16. September 1943 Reichsbahn-Direktor Witte in Berlin. „Ich erhielt am 7.9.43 vom Dez 21 telef. die Nachricht, daß die Maschinen von Tschaplino, an denen Tenderrisse beobachtet wurden, ins Reich zurückgehen sollten (mit Ausnahme der im EAW Saporoshje behandelten) während die übrigen Tschaplino-Maschinen von mir zum Bw Saporoshje-Stadt überführt werden sollten. Am Abend des 7.9. waren die Lok 52 1857, 1858, 1862, 1863, 1864, 1867 startbereit, um nach Saporoshje zu fahren, und zwar sollten sie über Pologi gehen, von wo sie Züge mitnehmen sollten. Ich entschloß mich in Tschaplino zu bleiben, bis der Kondenslokzug mit den Maschinen mit Tenderrissen zusammengestellt und abgegangen war, die zu dieser Zeit zum Teil noch auf der Strecke waren. Durch einen glücklichen Zufall verzögerte sich die Abfahrt der oben angeführten, für Saporoshje bestimmten Lok um einige Stunden, denn in dieser Nacht wurde Pologi von russ. Flugzeugen angegriffen, wobei zwei im Bf stehende Munitionszüge und ein Benzinzug explodierten, und die Gleisanlagen zerstört wurden. Der später kommende Lokzug konnte von Pologi nicht angenommen werden und entging so seinem Schicksal. Er kam am 8.9.43, 13.00 Uhr wieder in Tschaplino an. Inzwischen war der Lokzug mit den Lok mit Tenderrissen zusammengestellt. Es handelt sich um die Lok 52 1853, 1854, (1855), 1860 u. 1861. (Die Lok 52 1855 war noch im Dienst und erwartete den Lokzug in Sinelnikowo, um von dort mitzufahren.) Um 14.00 Uhr wurde Alarmstufe III gegeben (höchste Alarmstufe), die Russen waren bereits bis Meshewaja (46 km vor Tschaplino) vorge-

drungen. Die Räumung des Bw, die schon am Tage zuvor begonnen hatte, wurde jetzt mit größter Eile durchgeführt.

Um 14.15 Uhr ging der Kondenslokzug mit den Lok mit Tenderrissen (Nr. 1853, 1854, 1860 u. 1861) ab, während der Lokzug mit den für Saporoshje bestimmten Maschinen abfahrbereit im Bf stand, um im Blockabstand zu folgen. Infolge des unerwartet schnellen Anrückens der Russen und der vorliegenden Verhältnisse, daß der Bf mit Zügen überfüllt war, die schnellstens abrollen mußten, war ein Mangel an Lok eingetreten, so daß man sich entschloß, den 2ten Kondenslokzug aufzulösen und mit den Maschinen Züge abzufahren.

Um 14.35 Uhr verließen wir mit Lok 52 1862 mit einem solchen Räumungszuge Tschaplino. Um 15.25 Uhr kamen wir in Uljanowka, 18 km von Tschaplino entfernt, an und waren erstaunt hier den ersten Kondenslokzug noch vorzufinden. Die Sache klärte sich dahin auf, daß von Tschaplino noch weitere Lok zur Räumung verlangt waren, für die man den ersten Kondenslokzug benützen wollte, so daß man auf dieser Station angerufen und den Zug angehalten hatte. Die Lok 52 1853 vom ersten Lokzug ging mit einer für Saporoshje bestimmten Schadlok der Baureihe 52 weiter, ebenso der Räumungszug, während ich meinen Dienstwagen abhängen ließ und mit den Maschinen 52 1854, 60 u. 61 schnellstens nach Tschaplino zurückfuhr, wo wir um 15.45 Uhr ankamen. Die Lok wurden dann auf die verschiedenen Züge verteilt.

Um 16.15 Uhr kam die Nachricht, daß die Russen, die mit mot. Infanterie und Panzern vorrückten, in Prosnaja (12 km vor Tschaplino) ständen, es galt also keine Zeit mehr zu verlieren. Eine Kondenslok verließ mit einem Lazarettzug, an dem sich außerdem einige Wagen mit Sturmgeschützen nebst Mannschaft befanden (leider fehlte es an Munition) den Bf, als die ersten Maschinengewehrsalven fielen, wäh-

Am 9. April 1944 herrscht auf dem Bahnhof Tiraspol, nördlich von Odessa, ein schier unüberschaubares Gedränge. Jeder ist eine unbekannte Kondens-52er am Zug, auf dem Gleis rechts ein weiterer, ebenso überfüllter Zug. Kommen die Züge

rend die von den Pionieren angezündeten Gebäude in Flammen aufgingen. Dann verließ der Hilfszug vom Bw den Bf und als letzte um 17.30 Uhr die Kondenslok 52 1854 mit dem

Dienstwagen, auf den der Bfs-Kommandant (Oberlt. Reinhold) und ein Pi-Leutnant mit aufsprangen, während die Lok 38 2103 unmittelbar mit ein paar leeren G-Wagen folgte, wobei

er Soldaten hofft, in oder auf dem bereitstehenden Zug mitzukommen. Hinter der Vorspannlok 52 5928 vom Bw Gomel eide noch heil in Richtung Heimat?

die rückwärtsfahrende P 8, der aus einem Ab-zweig einbiegenden Kondenslok um Haares-breite in die Flanke gefahren wäre. Inzwischen hatten die Russen den Bf erreicht und wir ent-

schwanden in schneller Fahrt über das rettende Gleis, nachdem auch der letzte Zug aus dem Bf abgefahren war. (Im Ganzen wurden ab 14.00 Uhr etwa 15 Züge aus dem Bf gebracht).

Die Kondenslok 52 1906 des Bw Wosnessensk wurde am 29. März 1944 nördlich von Odessa aufgefunden und vor einen Lazarettzug in Richtung Wien gespannt. Ihren Laufweg kannte Ingenieur Rüggeberg nicht

In Uljanowka wurde gehalten und wir erkundigten uns telef. bei den in Tschaplino zurückgebliebenen Ukrainern nach einem noch in Tschaplino erwarteten Zuge aus Metschetnaja (23 km vor Tschaplino in Richtung Pologi). Dieser Zug soll nach Angabe der zurückgebliebenen Ukrainer tatsächlich den Bf Tschaplino noch passiert haben, ist dann scheinbar bei einem Überweg kurz hinter dem Bf von den Russen abgefangen, jedenfalls kam er nicht mehr nach.

Wir formierten dann die letzten Lok und Wagen zu einem Zug. Voran eine rückwärtsfahrende Kriegslok Ts 52 306 mit den 4 Hilfszugwagen, dann eine rückwärtsfahrende T 14: Ts 93 324 mit einem Wagen (meinem Dienstwagen) dann die vorwärtsfahrende Kondenslok Ts 52 1854 (die bis hierher den Dienstwagen vor sich hergeschoben hatte) und am Schluß die P 8 – Ts 38 2103 rückwärtsfahrend mit 4 Güterzugwagen. (Die T 14 war mit dem letzten Tropfen Wasser im Wasserkasten bis Uljanowka gekommen – zum Wassernehmen war keine

Zeit – es mußte dann das Feuer entfernt werden und die Lok wurde kalt mitgeschleppt.)

Durch die Räumung der übrigen Bahnhöfe und Betriebswerke fuhr dort vor und auf dem Gleise neben uns eine unübersehbare Menge von Zügen in Sichtabstand neben und hintereinander her, wobei wir uns beeilen mußten, denn es bestand die Gefahr, daß die Russen uns in Sinelnikowo den Weg absperrten. Am 9.9.43 gelangten wir um 6.00 Uhr in Sinelnikowo, um 13.00 Uhr in Dnjepropetrowsk an. Die Russen stießen an diesem Tage bis Sinelnikowo vor, wo ihr Vormarsch aufgehalten wurde. Das Bw Pologi wurde am 12.9. geräumt."

Über die neue Aufteilung der Kondenslokomotiven berichtete Rüggeberg:

„Am 9.9.43 fand in der RBD Dnjepro eine Besprechung statt (Teilnehmer Dez 21 Dr. Fischer, Dez. 21 H, RR Hagedorn und Unterzeichneter) in der festgelegt wurde, daß die Kondens-Maschinen von Tschaplino, Pologi und Melitopol auf die Bahnbetriebswerke Snamenka u. Dolginzewo verteilt werden sollten. Am 14.9.43 fand eine Besprechung mit dem Dez 21 in Dolginzewo (neuer Sitz der RVD Dnjepro) statt, in der bestimmt wurde, daß sämtliche Kondenslok in Snamenka eingesetzt würden.

Am 16.9.43 wurde mir bei meiner Ankunft in Snamenka vom MA mitgeteilt, daß sämtliche betriebsfähigen, zur Verfügung stehenden Kondenslok, auf Anordnung des Dez 21 sofort nach Dshangkoj (Krim) laufen sollten."

„Zur Übersicht: Bei den Tschaplino-Maschinen, die wegen Tenderrissen ins Reich gingen, bezieht sich das in der Tabelle angegebene Datum auf den Abgang der Maschinen von Snamenka, von wo die einzelnen Lok Züge mit ins Reich nahmen.

Die Bemerkung ‚Im Dienst des Bw Snamenka' heißt, daß die Lok z.Zt. nicht greifbar, sondern auf der Strecke ist, aber nach dem Bw Snamenka zurückkehrt.

Die Bemerkung ‚Verbleib bisher unbekannt' besagt nur so viel, daß es mir persönlich bisher nicht gelungen ist, festzustellen, wo diese Maschinen geblieben sind. Ich habe die Obl und die Auffangstelle Snamenka gebeten, über den Verbleib dieser Maschinen nachzuforschen.

Die Lok 52 1868 u. 1870 von Melitopol sind bereits im Bw Snamenka eingetroffen."

„Die Ersatzteile für die Kondenslok, die im Bw Tschaplino gelagert waren, konnten geborgen werden. Am 7.9.43 wurden die schweren Teile, wie Lüfterräder, Lüftergetriebe und Dampfturbinen auf einen O-Wagen verladen, während ich die leichteren Teile, wie Lager, Ventile, Meßinstrumente, Dichtungen usw am 8.9.43 in meinen Dienstwagen verladen ließ."

6.2 Weiter auf der Flucht

Ingenieur Rüggeberg übermittelte Reichsbahn-Direktor Witte am 1. April 1944 handschriftlich auf einem karierten Bogen seine weiteren Erlebnisse des nächsten Rückzuges:

„Auf dem zweiten Teil unserer abenteuerlichen Flucht aus Shmerinka erkrankte ich an Mandel-

Verbleib der Kondens-Lokomotiven

Tschaplino

52 1852	Zuletzt im EAW Saporoshje, Verbleib unbekannt
52 1853 – 1857	11.9.43 wegen Tenderrissen ins Reich. Es reißen die Achsgabeln in den Tenderdrehgestellen (Preßbleche). Änderung ist veranlaßt
52 1858	Im Dienst des Bw Snamenka
52 1859	Zuletzt im EAW Saporoshje, Verbleib unbekannt
52 1860, 1861	11.9.43 wegen Tenderrissen ins Reich
52 1862 – 1864	Im Dienst des Bw Snamenka
52 1867	Auf der Fahrt von Dolginzewo nach Snamenka

Pologi

52 1865, 1869	Verbleib bisher unbekannt
52 1871	11.9.43 ab Pologi (Angabe der Oll)
52 1872	Verbleib bisher unbekannt
52 1873, 1874	16.9. von Snamenka nach Dshangkoj
52 1879	Verbleib bisher unbekannt

Melitopol

52 1851	Im Bw Snamenka abgestellt
52 1868, 1870	13.9. ab Dolginzewo nach Snamenka
52 1875	16.9. von Snamenka nach Dshangkoj
52 1878	Im Dienst des Bw Snamenka
52 1880	16.9. von Snamenka nach Dshangkoj
52 1881	15.9. von Dolginzewo nach Snamenka

entzündung und bin seit heute erst wieder auf den Beinen.

Auf dem Wege von Shmerinka nach Lipnic, wo sich auf der eingleisigen Strecke alles staute, war uns der Russe dicht auf den Fersen. Dadurch, dass wir bei einer Anzahl Maschinen von Hand während der (langsamen) Fahrt bekohlten – d.h. die Kohle mit Eimern von mitgeführten Güterwagen in den Tendern beförderten – und die Lok durch eine in Eile aufgestellte ‚Fischer'-Pumpe, die das Wasser aus einem Bach ca 30 m hoch bis zur Lok drücken musste,

Deutsche Reichsbahn

Lokomotivverwendungsnachweis

1.4.44

Monat .... 19.. *44*　　　　　　　Bw *Shmerinka*

am 16.3.44
um 7 Uhr

Im Dienst　　　　　　　　**Zeichenerklärung:**
Auswaschen　　　　　　　Warten auf Ersatzteile　　　　　　**we**
Kalt in Bereitschaft　a　Warten auf Aufnahme in ein RAW　**w**
Ausbesserung im Bw　b　In Ausbesserung im RAW　　　　　**h**
　　　　　　　　　　　　Schadhaft von Ausbesserung zurückgestellt　**z**

Lokomotive Nr.	Tag 1–31		Bemerkungen
1. 52 1852	wurde in Sebica aufgefangen u. wegen Schaden nach RAW Posen geleitet = ✗		
2. 52 1854	war auf der Fahrt nach "Birzula" Verbleib bisher unbekannt ◯		
3. 52 1857	wurde in Sebica aufgefangen u. nach Hi Cna weitergeleitet ✗		
4. 52 1860	✗		
52 1861	◯	"Mohilew"	
6. 52 1864	◯	"Hapujarka"	
7. 52 1866	✗		
8. 52 1899	✗	"Birzula"	
9. 52 1909	✗◯		
10. 52 1910	✗◯	"Hapujarka"	
11. 52 1911	✗		
12. 52 1913	◯	"Mohilew"	
13. 52 1915		"Birzula"	
14. 52 1916		"Hapujarka"	
15. 52 1917	✗		
16. 52 1918		"Birzula"	
17. 52 1920		"Mohilew"	
18. 52 1921		"Mohilew"	
19. 52 1922	✗		
20. 52 192x		"Hapujarka"	
21. 52 1926		"Hapujarka"	
22. 52 1927	✗		
23. 52 1928		"Gretschany"	
24. 52 1930		"Hapujarka"	
25. 52 1931	✗		

122 611　Lokomotivverwendungsnachweis A 4 Bl 100 6 b Breslau VI 42 5000 B 0073

Lokomotivverwendungsnachweis des Bw Shmerinka zum Stand der Räumung am 16. März 1944

Ingenieur G. Rüggeberg   Reichshof, den 1o.4.1944

   z Zt. Reichshof

An

Herrn Reichsbahndirektor   W i t t e

      R Z A   B e r l i n W 8
        Krausenstr. 1o – 17

Betr: Verbleib der vormals im Bw Shmerinka stationierten

       Kondenslokomotiven.

In Zusammenarbeit mit der Lokauffangstelle Debica wurde folgender
Verbleib der im Bw Shmerinka bis zur Räumung (16.3.44) stationierten
Kondenslok ermittelt:

Lok

1.)	**Lok**	52	1857
2.)	"	"	186o
3.)	"	"	19o9
4.)	"	"	1911
5.)	"	"	1917
6.)	"	"	1921
7.)	"	"	1922
8.)	"	"	1928
9.)	"	"	1932
1o.)	"	"	1934
11.)	"	"	1937
12.)	"	"	1938

Nebenstehende 12 Lokomotiven gingen über
die Lokaf Debica nach Wilna.
Auf Anordnung der GVD Warschau werden die Mas
Maschinen von Wilna aus ihrem neuen Einsatzor
ort im RVD Bezirk Minsk zugeführt werden.

Bemerkung: Die Lok 52 1857 ,die am 31.3.44
auf Anordnung der GVD Warschau nach Odessa
abgegeben werden sollte, erreichte Odessa
anscheinend ni cht, sondern wurde von mir
am 2o.3.44 in Lipnic gesehen und lief über
Debica nach Wilna.

13.)	Lok	52	1852
14.)	"	"	1866
15.)	"	"	1927
16.)	"	"	1931

Nebenstehende 4 Lokomotiven trafen in Debica
mit kleineren Schäden ein(vorwiegend Schäden an der linken Speisepumpe) und wurden
zum RAW Bromberg weiter geleitet,von wo sie
nach Beseitigung der Schäden ebenfalls nach
Wilna gehen.

17.)	Lokk	52	192o
18.)	"	"	1935

Die Lok 52 192o mit starken Flachstellen an
den gekuppelten Achsen und die Lok 52 1935,
deren Schaden ich bisher nicht ermitteln
konnte, gingen (mit schereren Schäden) zum
RAW Braunschweig und nach Wiederherstellung
ebenfalls nach Wilna.

19.)	Lok	52	1933

Wurde am 17.3.44 bei Sakupnoje, da es keinen
Ausweg mehr gab, gesprengt.

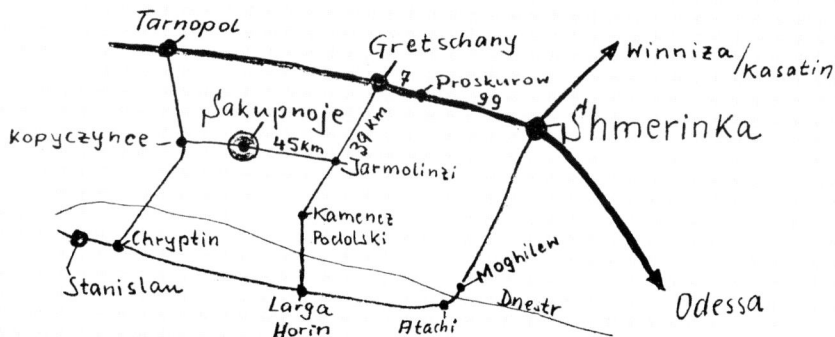

Rüggeberg notierte alles: 52 1933 wurde bei Sakupnoje, da es keinen Ausweg mehr gab, gesprengt

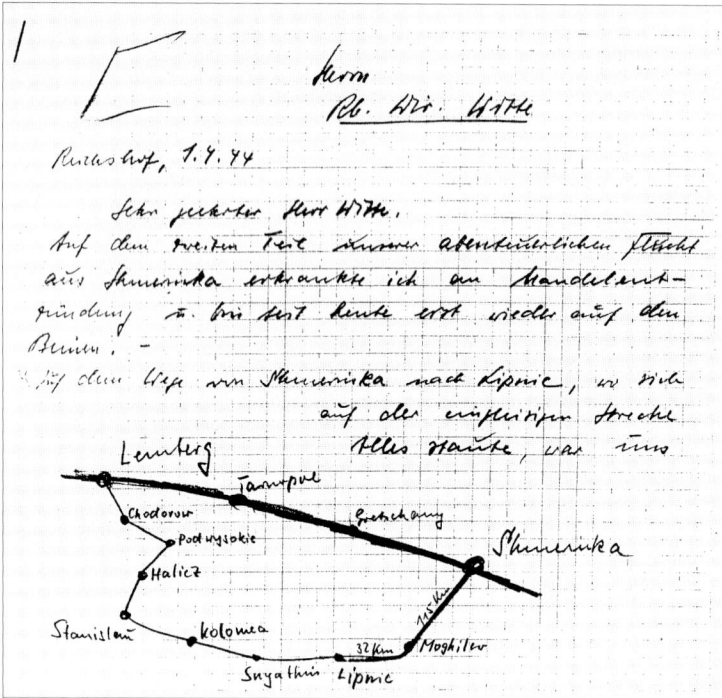

bewässerten, entlasteten wir die für diesen Betrieb nicht annähernd eingerichteten Bwe u. vermieden mit Mühe, dass uns die Russen einholten.

Z. Zt. bemühe ich mich festzustellen, wo unsere Kondenslok geblieben sind. Die Maschinen sollen nach Wilna weitergeleitet u. in dem dortigen Bezirk eingesetzt werden. Wenn der Verbleib der Maschinen festgestellt ist, soll ich mich nach dort begeben, um die Personale einzuschulen.

In der Anlage lege ich einen Auszug über den gestrigen Stand des Verbleibes der Shmerinka Lok bei.

Wie ich aus Warschau erfuhr, ist Nikolajew und Wosnessensk ebenfalls geräumt. Die Maschinen sollen in Odessa sein.

Mit herzlichen Grüssen,

Ihr ergebener Rüggeberg."

In Reichshof konnte Ingenieur G. Rüggeberg am 10. April dem Direktor Witte den Verbleib der Kondenslokomotiven aus Shmerinka übermitteln. 52 1857, 1860, 1909, 1911, 1917, 1921, 1922, 1928, 1932, 1934, 1937 und 1938 gelangten über die Lokauffangstelle Debica nach Wilna. Auf Anordnung der GVD Warschau wurden die Maschinen von Wilna aus ihrem neuen Einsatzort im RVD-Bezirk Minsk zugeführt.

Die 52 1857 sollte auf Anordnung der GVD Warschau noch am 31. März 1944 nach Odessa abgegeben werden. Doch offensichtlich erreichte sie ihr Ziel nicht und kam über Debica nach Wilna. Mit kleineren Schäden, vorwiegend an der linken Speisepumpe, trafen in Debica die 52 1852, 1866, 1927 und 1931 ein. Um die Schäden reparieren zu lassen, wurden sie dem RAW Bromberg zugeführt. Die 52 1920 hingegen mit starken Flachstellen und die 52 1935, ebenfalls mit schweren Schäden, gelangten zunächst zum RAW Braunschweig. Interessant das Schicksal der 52 1933: „Wurde am 17.3.44 bei Sakupnoje, da es keinen Ausweg mehr gab, gesprengt".

Als vermißt galt die 52 1861 *; sie verließ Shmerinka am 15. März um 4.05 Uhr in Richtung Mo-

---

* 52 1861 verblieb in der UdSSR, SZD TE-1861

ghilew. Bei der 52 1913 vermerkte Rüggeberg: „Diese zunächst als vermißt gemeldete Lok, die den Hilfszug des Bw Shmerinka Nord fuhr, tauchte am 10.4.44 nach einer abenteuerlichen Fahrt durch Ungarn in Debica auf und wird weiter nach Wilna geleitet." 52 1930 „wurde im südlichen Gebiet (Richtung Odessa) gesehen, es ist aber noch nicht genaueres bekannt, wo sich die Lok zur Zeit befindet."

Mit Sicherheit konnte das Schicksal der übrigen zwölf Lokomotiven geklärt werden. Die 52 1854, 1864, 1899, 1910, 1915, 1916, 1918, 1924, 1926, 1936, 1939 und 1940, „die in den kritischen Tagen auf der Südstrecke Dienst taten, wichen in Richtung Odessa aus und sind zur Zeit im Bw Odessa-Triaj eingesetzt."

Vom 1. Mai 1944 ist der Brief Rüggeberg´s aus dem Bw Tauroggen, RVD Riga, datiert, der wiederum an Herrn Witte nach Berlin, zum RZA, ging. „Wie im Bericht vom 23.4.44 erwähnt, wurde das Bw Shmerinka-Nord am 16.3.44 geräumt. Die Fahrt mit dem Räumungszug ging über Moghilew, Atachi, Lipnic, Mosii, Kolmea, Stanislau, Halicz, Podwysskokie, Chodorow, Lemberg nach Reichshof (742 km). Ankunft Reichshof am 28.3.44, 6.30 Uhr. …

Die 175 km lange Strecke Wosnessensk – Colosowka – Odessa wurde von Wosnessensk aus von einem am Bug gelegenen Wasserwerk mit Wasser versorgt; und zwar wurde das Wasser mit ca 12 atm Druck durch Rohrleitungen zu den Bahnhöfen (bzw. Bwen)(7 oder 8 Stck), auf denen die Lok Wasser nehmen konnten, gepumpt. Mit der Aufgabe von Wosnessek fiel die Wasserstation in russische Hände und die wichtige Strecke Odessa – Colosowka, die sich noch in deutscher Hand befand, war ohne Wasser, so daß die Kondenslok äussserst dringend benötigt wurden und bis zuletzt Dienst taten. Einige Zeit später wurde auch Odessa geräumt. Es muss damit gerechnet werden, daß ein Teil der Maschinen verloren gegangen ist. Über den Verbleib der einzelnen Kondenslok wird noch berichtet werden.

Von Reichshof begab ich mich mit der Lok 52 1913 (die für Wirballen bestimmt ist) nach

Kondenslokomotiven im Bw Tauroggen

Lok-Nr.	Ankunft	Bemerkung
52 1856	6.4.44	Lok kam vom Reich. Die ehem. Tschaplino-Lok ging am 12.9.43 wegen Tenderrisses ins Reich
52 1857	5.4.44	vom Bw Shmerinka
52 1860	7.4.44	vom Bw Shmerinka
52 1909	7.4.44	vom Bw Shmerinka
52 1911	5.4.44	vom Bw Shmerinka
52 1917	7.4.44	vom Bw Shmerinka
52 1921	9.4.44	vom Bw Shmerinka
52 1922	3.4.44	vom Bw Shmerinka
52 1926	9.4.44	vom Bw Shmerinka
52 1932	30.3.44	vom Bw Shmerinka
52 1934	5.4.44	vom Bw Shmerinka
52 1937	2.4.44	vom Bw Shmerinka
52 1938	5.4.44	vom Bw Shmerinka

Warschau zur GVD (ab Reichshof 12.4.44 11.15 Uhr; an Warschau 13.4.44 9.30 Uhr), wo mit Herrn ORR Robrade (Dez 21) der weitere Einsatz der Kondenslok besprochen wurde. Auf Anordnung der GVD werden die Maschinen im RVD – Bezirk Riga in den Bahnbetriebswerken Tauroggen und Wirballen eingesetzt. Fernerhin wurde festgelegt, daß ich von der RVD Dnjepropetrowsk zur RVD Riga überwiesen werde. Am 16.4.44 9.10 Uhr fuhren wir mit der Lok 52 1913 von Warschau weiter nach Riga. Auf der Strecke Bialystock – Wilna mußten wir in Grodno die Fahrt unterbrechen, da die Strecke Grodno – Lentvaris (139 km) an 26 Stellen von Partisanen gesprengt wurde. Am 19.4.44, 15.30 Uhr kamen wir in Riga an. Die die Kondenslok betreffenden Fragen wurden mit Herrn Dez 21 ORR Gut geklärt, der am 20.4.44 mit Herrn Abtl. Präs. Gebauer (Dez 25 und Abteilungsleiter III) die Lok 52 1913 besichtigte. Außerdem machte ich einen Besuch beim Herrn Dez 27/63 ORR Fleischer und besprach mit ihm die Ersatzteilbeschaffung, wobei festgelegt wurde, daß die Ersatzteile nicht zentral, sondern in den Einsatzorten

Im Juli 1944 entstand dieses Foto vom Bahnhof Bialystok. Alle Gleise sind voll, zahlreiche Mannschaften warten auf di◄

(Tauroggen und Wirballen) gelagert werden sollen. Nach Erledigung der persönlichen Angelegenheiten – ich wurde dem Maschinen-technischen Büro zugeteilt – verliessen wir am 23.4.44, 14.30 Uhr mit der Lok 52 1913 Riga und kamen am 24.4.44, 9.30 Uhr in Tauroggen an (Reichshof – Warschau – Riga – Tauroggen = 360 + 704 + 252 = 1336 km)."

Den Tauroggener Bestand von 13 Maschinen ergänzten am 7. April zwölf neue Exemplare aus Berlin. Es waren die 52 1941 bis 52 1953. Trotz dieses Bestandes von 25 Lokomotiven waren lediglich zwölf in Ordnung. So waren u.a. bei der 52 1941 und 1944 beide Strahlpumpen verstopft, bei den 52 1921 und 1922 waren die Überhitzerelemente undicht, 52 1857 stand wegen fehlender Ersatzteile kalt abgestellt.

Die 52 1928 und 52 1953 wurden Opfer des Krieges. Am 20. April lief die 52 1928 auf der Strecke Schaulen – Tauroggen bei Tytuvenai

jew, Wosnessensk, Shmerinka-Nord) verdanken wir wiederum den Aufzeichnungen des Ingenieurs Rüggeberg:

Dshankoj (am 20.04.1944 geräumt):
- 52 1867, 1874, 1875, 1877, 1880 [1]
  Eine Lok (Nr. unbekannt) wurde im zerlegten Zustand nach Konstanza (Rumänien) per Schiff überführt, die restlichen Lok gingen verloren.

Nikolajew (am 23.03.1944 geräumt):
- 52 1862, 1890, 1893, 1895, 1868, 1869, 1870, 1893, 1886, 1889, 1898 (Tender durch Bombe zerstört) Anfang Mai im Bezirk Wien
- 52 1863, 1872 in Rasdelnaja stehen geblieben (04.04.44)
- 52 1878 Verbleib bisher unbekannt [2]
- 52 1891 am 22. März 1944 auf der Strecke Odessa – Colosowka beschossen (Flieger), in Rasdelnaja stehen geblieben (04.04.44)
- 52 1879 am 24. März durch Fliegerangriff auf der Strecke Odessa – Colosowka 50 Einschüsse in Kessel und Maschine, Verbleib unbekannt [2]
- 52 1884, 1888 am 10.05.1944 zum Bw Wirballen (RVD Riga)

Wosnessensk (am 27.03.1944 geräumt):
- 52 1858, 1882, 1885, 1905, 1907 Anfang Mai im Bezirk Wien
- 52 1894 am 01.05.1944 zum Bw Wirballen (RVD Riga)
- 52 1901 am 01.05.1944 zum Bw Wirballen. Lok wurde, nachdem Rasdelnaja abgeschnitten war, mittels Fähre bei Karolina übergesetzt
- 52 1900, 1902 – 1904, 1906, 1908, 1912 Verbleib bisher unbekannt [3]

Shmerinka-Nord (am 16.03.1944 geräumt):
- 52 1866, 1920, 1852, 1931, 1927, 1935 am 05.04.1944 durch Lokafa Debica zum RAW Bromberg
- 52 1899, 1924, 1936 Verbleib bisher unbekannt [4] (Odessa)
- 52 1910, 1913, 1918, 1926, 1939 Anfang Mai im Bezirk Wien (Odessa)

Weiterfahrt in Richtung Deutschland (BA 155/2142/7)

(72 km vor Tauroggen) auf eine Miene. Die rechte Bandage der Laufachse wurde zerrissen. Eine Ersatzachse wurde von der 52 1857 entnommen. Bei der 52 1953 wurde ein Flügel des mittleren Lüfterrades durch eine Brandbombe, die im Tender gefunden wurde, durchgeschlagen. Das „neue" Lüfterrad kam wiederum von der 52 1857.

Den Verbleib der im Südabschnitt eingesetzten Kondenslokomotiven (Bw Dshankoj, Nikola-

1) 52 1867, 1874, 1875, 1877 an SZD als TE-xxxx, 52 1880 als Schadlok an SZD, 1946 ausgemustert,
2) 52 1878, 1879 kamen zur DRw/DB
3) 52 1900, 1906, 1908, 1912 kamen zur DRw/DB; 52 1902 – 1904 verblieben in der UdSSR, an SZD
4) 52 1899, 1924 kamen zur DRw/DB, 52 1936 verblieb in der UdSSR, an SZD als TE-1936, 1042 146 9

- 52 1911, 1857, 1934, 1938 am 05.04.1944 zum Bw Taurog-gen (RVD Riga)
- 52 1913 am 05.04.1944 zum Bw Wirballen (RVD Riga)
- 52 1915 Lok war nach Odessa ausgewichen und bekam im Einsatz in Odessa-Triaj einen Treffer in einen Dampf-zylinder. Blieb bei Rasdelnaja stehen (04.04.44)
- 52 1917, 1860, 1909 am 07.04.1944 zum Bw Tauroggen
- 52 1854, 1930, 1940 am 01.05.1944 zum Bw Wirballen (Odessa)
- 52 1861 fuhr am 15.03.1944 von Shmerinka nach Moghi-lew und wird seit dieser Zeit vermisst *
- 52 1864 Lok war nach Odessa ausgewichen und entkam, nachdem Rasdelnaja bereits in russischer Hand war, über die Fähre bei Karolina, wurde vom Lokführer Witt-ke (Bw Shmerinka) von Odessa nach Wien gebracht
- 52 1932 am 30.04.1944 zum Bw Tauroggen
- 52 1933 am 23.03.1944 bei Sakupnoje gesprengt (MA Winniza)
- 52 1922 am 03.04.1944 zum Bw Tauroggen
- 52 1928, 1921 am 09.04.1944 zum Bw Tauroggen
- 52 1937 am 02.04.1944 zum Bw Tauroggen.

Rüggeberg vermerkte hinter einigen Verblei-ben die Bezeichnung „Odessa". Dahinter ver-bergen sich jene zwölf Lokomotiven des Bw Shmerinka, die nach der Räumung dieses Bw am 16. März 1944 nach Odessa-Triaj „aus-wichen". Ferner schrieb er, daß „eine Kondens-lokomotive (evtl. die Lok 52 1879) bei der Räu-mung von Odessa auf der Fähre bei Karolina gesprengt worden" ist. „Vorstehende Angaben sind zum Teil von der Lokafa Debica übermit-telt, zum Teil stammen sie von Aussagen von Lokführern und sind nicht als unbedingt zu-verlässig anzusehen", schreibt er weiter. Tatsächlich wirft die angebliche Sprengung ei-nige Fragen auf. 52 1879 jedenfalls gelangte zur DRw/DB.

Von den insgesamt im Süden eingesetzten 86 Kondenslokomotiven konnte Rüggeberg noch 71 auflisten. Er schreibt, daß „49 Lokomo-tiven gerettet; bei 13 Lokomotiven ist der Ver-bleib unbekannt (sie werden z.T. verloren ge-gangen sein), während neun Lokomotiven auf jeden Fall verloren gegangen sind".

* 52 1861 verblieb in der UdSSR, SZD TE-1861

6.3 Den Bezirk auflockern

„Bei der Auflockerung unseres Bezirkes ist uns durch die Lokauffangstellen die Abfuhr folgen-der Lok nach dem Reich nicht gemeldet wor-den, so daß wir über den Verbleib derselben im St 10a keine Angaben machen können."

Das Wort „Auflockerung" umschrieb die Defi-nition Rückkehrlokomotiven, die vor der na-henden Front „in das Reich" zurückgebracht wurden. Der Dezernent 21 der OBD Krakau, der am 29. August 1944 dieses Schreiben ver-faßte, bat „alle RBD'en, GDW'en und OBD Warschau in Koluszki, Lokauffangstellen Oderberg, Hindenburg, Koluszki und Ostrowo sowie nachrichtlich GVD Osten in Bromberg" bei dem allgemeinen Rückzug nach folgenden Maschinen zu suchen: Je eine 35, 37, Tp 15, je drei 38, 91 und 040 sowie je elf 52, 55, 56 und 14 Lokomotiven der Baureihe 58.23.

Allein zwischen dem 20. Juli und 31. August 1944 rollten nach einem Schreiben der OBD Krakau vom 4. September 1944 folgende Schad- und Räumungslokomotiven „nach dem Reich ab". Die Tabelle auf der gegenüberlie-genden Seite gibt die Gesamtübersicht anhand der Gattungen bzw. auch Baureihen-Unter-scheidungen bei den Beutelok wieder.

Bereits nach Bromberg ausgewichen, sandte die GVD Osten am 7. September 1944 an alle Reichs- und Ostbahndirektionen, letztere waren bereits ebenso „ausgelagert", ein Schrei-ben zur „Erfassung aller im Reich befindlichen DR-Ost-Schad- und DR-Ost-Beutelok":

„Ein großer Teil der von den Heimat-Direktio-nen an den Osten verliehenen DR-Ostlok ist als Schadrückführlok ins Reich zurückgekehrt. Diese Lok sollen gemäß Bezugsverfg von den RBD'en neu erfaßt und im St 10 a nachgewiesen werden, in deren Bereich die Lok z Zt abgestellt sind. Da die bisherigen Heimatdirektionen die-ser Lok im Reich den jetzigen Standort nicht kennen, übersenden wir als Anlage eine Zu-sammenstellung, getrennt nach Gattungen, über im Reich befindliche 2861 DR-Ost-Schad-und Abstellok, die von jetzt an als ‚Schadrückführlok' bezeichnet werden. ...Die Angabe der Heimat-RBD für die Lok stützt sich auf Meldungen der RVD'en, FEKdos und RAW'en in deren Bereich die Lok am 31.5.43 erfaßt wurden.

Die Zusammenstellung soll den RBD'en das Auffinden und gegenseitige Umbuchen der Lok erleichtern.

Außerdem enthält die Liste in das Reich abgefahrene 148 DR-Ost-Beutelok. Diese Lok wurden im Verlauf der militärischen Operationen im Osten erbeutet, sie besitzen noch keine Heimat-RBD im Reich und müssen jetzt als Schadrückführlok im St 10a der Standort-RBD aufgenommen werden.

Da bei der GVD Osten kein St 10a geführt wird, ist die Umbuchung der Schadrückführlok uns nicht mitzuteilen, sondern nur zwischen der bisherigen Heimat-RBD und der jetzigen Standort-RBD zu vereinbaren."

„In der Anlage 2 sind 623 DR-Ostlok nachgewiesen, deren Verbleib bis jetzt nicht geklärt werden konnte. Es handelt sich hier um Lok, die zuletzt im Osten eingesetzt waren. Nach Angabe der aufgelösten RVD'en sollen diese Lok ins Reich abgerollt sein; sie sind aber von den Lokafa nicht erfaßt, auch von keiner OBD oder RBD als Zugang nach hier gemeldet worden. Da die nicht aufzufindenden Lok dem RVM als Totalverlust gemeldet werden müssen, bitten wir, die Anlage 2 sorgfältig und gewissenhaft zu prüfen und uns mitzuteilen, welche Lok im Reich gefunden wurden. Diese sind als Schadrückführlok zu behandeln."

Die Gesamtübersicht über die Baureihen sind als Anhänge 5 und 6 beigefügt. Bei der ausgewählten RBD Posen, durch die ein Großteil der zugeführten und abgerollten Lokomotiven ging, sind alle Lokomotiven aufgelistet entsprechend vorangegangener Beschreibung.

Als am 7. Dezember 1944 wieder einmal der Tag des Eisenbahners bei der Deutschen Reichsbahn unter dem Motto „Wir fahren dennoch" begangen wurde, lag die rückkehrende Front unmittelbar vor den Städten Krakau und Warschau. Auch an diesem Tage versandte die

OBD Krakau, abgerollte Lok vom 20.7. – 31.8.1944			
Baureihe	ursprünglich	Stückzahl	
		umgezeichnet	nicht umgez.
12.2	Pu 29	2	
13.3	Pd 1	5	
19.1	Pt 31	6	
35.1	Ol 11	7	
35.3	Ol 12	19	
35.7	Ol 103	3	
37.4	Oi 101	14	
38.10	P 8	9	
38.45	Ok 22	28	
52	„Altreichlok"	69	
53.72	Th 24	4	
54.1	Ti 11	16	
55.0	Tp 1	12	
55.7	G 7.2	1	
55.16	G 8	3	
55.25	G 8.1; Tp 4	42	3
55.57	Tp 15	16	2
55.61	Tp 108	6	
56.2	G 8.1 u	2	
56.31	Tr 11	8	
56.39	Tr 21	58	
57.2	Tw 12	5	
57.4	Tw 12	2	
58.23	Ty 23	127	1
58.29	Ty 37	13	
75.12	Okl 27	6	
89.81	Tkh 17	1	
90.2	Tki 1	3	1
91.3	Tki 3	18	
92.22	Tkp 11	1	
95.3	Okz 32	5	
Französische Leihlokomotiven			
040 B		18	
040 G		8	
130 A		1	
130 B		16	
140 B		3	
140 D		4	
140 G		11	
ehemalige Breitspurlokomotiven			
55	G 7.1	6	

Am 7.12.1944 nicht erfaßte Lokomotiven aus den buchführenden RBD'en

Baureihe: bei RBD	13	33	35	36	37	38	50	52	54	55	56	57	58	74	75	89	91	92	93
Augsburg												7					3		
Danzig										8		9							1
Berlin								6		2	7	12							
Breslau						2	5	5		18	16	21					1		1
Erfurt						1				16		5					1		1
Essen						1				20	8	10						2	1
Frankfurt (M)						2		1		21	12	3							3
Halle						6				13	7	7				2			
Hamburg						3				6	6	3			1	7	1		
Hannover						2				25	6	7				6	4	3	
Karlsruhe							3	2				1							
Kassel						1				3	7	7					1	2	2
Köln						2				22	4	2					7		5
Königsberg				1	2	1	3	29	2	25	6	34					1	1	
Linz						3						15							
Mainz										13	5						1		1
München						2					1	4						2	1
Münster						2				2		5					1	1	
Nürnberg						1				2	1	8							
Oppeln						1			1	47	10	21	2			2	1	1	
Osten in Frankfurt (O)						1				15	5	11						1	3
Posen						1		146		23	4	23	1			6			
Regensburg						1						4	1				1		
Saarbrücken										9		7	2				1		
Schwerin						1				3	4								
Stettin										6	3	3					1		
Stuttgart										2	2	2					8		1
Wien								1				20							
Wuppertal										6	1	6	2					3	1
Krakau	1		3		1	3		3		20	12	6	11		2		1		
Lemberg			2					28		12	7	5	1						
Warschau	2	3	1	3		9		49	3	17	52		29	2	2	6			
Summe	3	3	6	4	3	46	11	270	6	356	186	268	49	2	4	3	55	19	24

Reichsbahn im RVM an die Reichs- und Ostbahndirektionen, diese teilweise schon in anderen Orten oder in Befehlszügen untergebracht, ein Schreiben zur „Lokzählung" und „Klärung der Zweifelsfälle". In einer aus 18 Seiten bestehenden Auflistung gingen zahlreiche Zweifelsfälle hervor. Diese unterschieden sich nach:

a) Lok mit doppelter Betriebsnummer,
b) Lok mit zweifelhafter Betriebsnummer,
c) Lok ohne Betriebsnummer,
d) Lok, die bestandsmäßig geführt werden, aber von keiner Stelle gezählt worden sind;
e) Lok, die vorhanden sein müssen, aber weder bestandsmäßig geführt werden noch gezählt worden sind,

Georg Otte (rechts) und seinen Heizer verschlug es mit der 55 514 im Jahre 1943 nach Orscha. Von München Ost 1941 nach Rußland gekommen, erlebte die G 7 das Kriegsende in Magdeburg

f) Lok, die von einer RBD bestandsmäßig geführt und gesucht werden, aber von einer anderen RBD gezählt worden sind,

g) bei den RBD'en vorhandene und gezählte Lok, deren Heimat-RBD unbekannt ist. (Hinter der Betriebs-Nr sind die RBD'en angegeben, bei denen die Lok abgestellt sind).

„Wir ersuchen, die Zweifelsfälle eingehend nachzuprüfen und die Aufklärung über den Verbleib der Lok mit allen Mitteln zu betreiben." Letztlich sollten sich die Direktionen mit den übrigen selbst über den Austausch bei „aufgefundenen" Maschinen einigen.

Einen kleinen Überblick vermittelt der Auszug aus der Liste, die als Anlage zum Schreiben 34 Bla 288 vom 7.12.44 beigefügt wurde:

a) Lok mit doppelter Betriebsnummer:

Lok-Nr	Wird geführt von RBD	und RBD
• 17 1114	Stuttgart	Osten in Frankfurt (O)
• 35 109	Dresden	–

• 38 2355	Hannover	Posen
• 38 2361	Frankfurt (M)	Osten in Frankfurt (O)
• 38 3318	Stuttgart	Hamburg
• 55 316	Danzig	Essen
• 56 812	Essen	Dresden
• 57 2701	Hannover	Linz
• 58 1769	Hannover	Halle
• 58 2366	Osten	Wuppertal
• 91 1313	Dresden	Posen

Ferner wiesen sieben Lokomotiven zweifelhafte sowie je eine P 8 und 52 keine Betriebsnummer vor. Aber bereits die unter dem Punkt „d)" aufgeführten Lokomotiven, die bisher nicht gezählt bzw. erfaßt wurden, mußten auf 13 Seiten niedergeschrieben werden. Erstaunlicherweise gab es eine gesonderte Auflistung der Lokomotiven der Baureihe 52.

Die Tabelle auf der gegenüberliegenden Seite gibt die Zahlen der nicht erfaßten Lokomotiven, aufgeschlüsselt nach Baureihen und Heimat-RBD, wieder.

Deutsche Sprengkommandos zerstörten 1944 nach der Strategie der „verbrannten Erde" einen Bahnhof südlich von Jsjum

Viele dieser Lokomotiven erschienen nach 1945 in den Zähllisten der DRo und DRw, wurden Jahre später bei den Bahnverwaltungen DR oder DB ausgemustert; andere gelangten zu den Bahnen SNCF oder JZ, CFR, CSD und SZD; blieben also in dem einst besetzten Land stehen. Einige Lokomotiven sollten das Kriegsende nicht mehr erleben. Dazu zählten u.a. die:

- 55 464 der RBD Hannover   + 31.12.1943
- 55 3807 der RBD Kassel   + 30.11.1944
- 56 208 der RBD Kassel   + 30.11.1944
- 56 472 der RBD Königsberg   + 08.08.1944
- 57 1647 der RBD Hannover   + 23.09.1944 gesprengt
- 57 2605 der RBD Halle   + 11.11.1943.

Die Auflistung läßt sich mit der Ausmusterung von 16 T 9.3 in den Jahren 1943 bis 1945 sowie 21 weiteren G 10 und 48 P 8 ergänzen.

Diese Angaben spiegeln sicher nicht die wahre Anzahl aller kriegsbedingten Ausmusterungen wider, da zahlreiche als Ostschadlokomotive bezeichnete Maschinen teilweise erst nach dem Kriegsende ausgemustert wurden.

Die Liste vom 7. Dezember 1944 enthielt noch 33 Lokomotiven der Baureihe 50 und 138 der Baureihe 52, „die vorhanden sein müssen, von keiner RBD gezählt sind oder gesucht werden".

Daraufhin teilte der technische Reichsbahn-Oberinspektor Krämer der RBD Münster am 29. Dezember 1944 der Reichsbahn in Berlin mit, daß „die Nachprüfung der unter den einzelnen Punkten aufgeführten Lok folgendes ergeben hat:

Zu Punkt d): Lok 38 1616 steht als Schadrückführlok im Bf Hiltrup abgestellt ohne Tender. Die Bereitstellung eines Tenders ist eingeleitet. Die übrigen von Münster geführten Lok und zwar 38 2997, 55 1740, 1896, 57 1813, 2153, 2365, 2431, 2904, 91 1549 und 92 797 sind im Jahre 1941 an den Osten verliehen. Da diese Lok von irgend einer anderen RBD als Schadrückführlok nicht gebracht werden, ist anzunehmen, daß Lok in Verlust geraten sind.

Zu Punkt e): Von den 6 Schadrückführlok unseres Bezirkes der Reihe 52 Lok 52 262, 289,

Wie sich die Bilder gleichen: Beim Vormarsch war man erst im Schlamm, dann im Frost steckengeblieben. Nun ging es rückwärts, oft im Chaos und mit ebenso übermenschlichen Anstrengungen

5977, 300, 2203 und 6136 waren bislang die Heimat-RBD'en nicht bekannt. Inzwischen sind die 3 erstgenannten Lok von RBD Posen in unseren Bestand übernommen worden, dagegen sind die Heimat-RBD'en der drei übrigen Lok noch unbekannt.

Zu Punkt g): Die Heimat-RBD der Lok 55 853 ist trotz fernschriftlichen Suchens noch unbekannt. Inzwischen sind folgende Lok in unseren Bestand übernommen: 55 1670 von Posen, 1879 von Stettin, 2941 von Danzig, 3135 von Essen, 3598 von Dresden, 3588 von Oppeln, 3430 von Kassel, 56 271 von Erfurt, 397 von Osten, 785 u 874 von Kassel, 57 1356 und 1849 von Stettin.

Lok 55 3413, 3416, 3417, 4176, 5326 u 57 2918 werden nicht in unserem Bestande geführt.

Die Suche nach den Heimat-RBD'en wird fortgesetzt."

Noch im Januar 1945, als die sowjetischen Truppen bereits an der Oder standen, tauschte die Reichsbahn unvermindert ihre Lokomotiven aus. Immerhin durchliefen die RBD Halle erste Lokomotivzüge, so daß sie von den Rückführaktionen wußte. Am 3. Januar kamen als „Ostlok" die 52 2207, 2296, 2589, 4758 und 6927 zurück und wurden zum Bw Wien Franz-Josef-Bahnhof weitergeleitet. Ein kleiner Vermerk in der Umsetzungsliste verrät, daß sie in Wien nicht ankamen.

Aber auch in Richtung Osten rollten noch Lokomotiven: So fuhren am 7. Januar die 52 3405 und 3549 des Bahnbetriebswerkes Cottbus zum Bw Sagan. Die 52 3549 gelangte auf Irrwegen zur späteren Reichsbahn in der alliierten Westzone, die 52 3405 verblieb nach dem Krieg bei den PKP.

Im gleichen Monat Januar fertigte die RBD Regensburg wiederum ihren Jahresnachweis über ihre Lokomotiven, Berichtsstand 1944, an. Auffallend war die große Zahl von Übernahmen aus der RBD Berlin, Dresden, Halle, Königsberg, Oppeln, Saarbrücken, Schwerin, Stuttgart, Wien sowie von den OBD Krakau,

Bomben zerstörten am 16. Juli 1944 das RAW Stendal

OBD Lemberg, OBD Warschau. Während sich bei den zuerst genannten Direktionen die Übernahmen noch jeweils zwischen zehn und 20 Lokomotiven bewegten, sind die gewaltigen Übernahmen von den OBD ein Zeichen der zurückkehrenden Front.

- 52   259, 735, 736, 739, 2145, 2596, 3662, 3665, 3667, 3672, 3743 – 3752, 3764, 3778, 3779, 4930, 5276, 7085 – 7094, 7620 – 7624, 7637, 7638
- 55   502, 2748, 2910, 2955, 3237, 3340, 4230, 4254, 4936, 5362
- 56   2053, 2247, 2885,
- 57   1571
- 91   956

An RBD Oppeln übergeben:
- 19   155, 159, 160

Von OBD Krakau übernommen:
- 35   361, 368, 704
- 37   403
- 52   195, 503, 1182, 1526, 3509, 3483, 3639, 3763, 4994, 4995, 5266, 5675, 5833, 5888, 5979, 6012, 6235, 6299, 6822, 7632
- 54   105, 143, 159
- 55   190, 208, 294, 1721, 2558, 2787, 3140, 3254, 3256, 3324, 4589
- 56   2970, 3946, 3974, 3991, 4020
- 58   2372, 2522, 2562, 2610, 2626, 2657, 2668, 2670, 2689, 2732, 2912
- 90   246, 248
- 91   406, 631, 636, 821, 877, 1402
- 95   318
- 040   B 38, B 41, B 64, B 302

An OBD Krakau übergeben:
- keine

Von OBD Warschau übernommen:
- 130   A 252, B 348, B 477
- 140   B 617, B 820, G 247
- 13   536
- 38   1201, 1205 (?), 1593, 3846
- 52   492, 1239, 7537
- 55   064, 139, 151, 192, 209, 497, 559, 761, 881, 2553, 3633, 5517
- 56   3707, 3711, 3719, 3730, 3756, 3767, 3829, 3835
- 58   2309, 2316, 2317, 2394, 2420, 2422, 2519, 2540, 2561, 2579, 2581, 2591, 2603, 2612, 2722
- 75   1228, 1249
- 91   386, 561, 748, 837, 843, 901, 1159, 1532, 1564

An OBD Warschau übergeben:
- keine.

Von der Reichsbahndirektion Oppeln wurden übernommen:
- 19   139, 148, 151, 737
- 38   1494, 3817

Interessant ist auch der Austausch mit der RBD Danzig. Als Zugang bei der RBD Regensburg waren fünf 52, sechs 55, zwei 57 und eine Loko-

Das Lachen ist aus den Gesichtern der Soldaten gewichen. Nur ab nach Hause! Selbst der vor die Lok gestellte Minenschutzwagen ist dafür gut genug

Schadrückführlok der RBD Regensburg, Januar 1945

Baureihe	Anzahl	Baureihe	Anzahl
13	1	57 (österr)	33
35	4	57 (G 10)	46
36	1	58 (PKP)	26
37	1	64	4
38 (P 8)	13	71	1
42	2	75 (bad)	10
50	16	90	3
52	48	91 (T 9)	34
54	5	92	11
55 (G 7.1)	19	93	2
55 (G 7.2)	4	94	1
55 (G 8)	15	95 (PKP)	1
55 (G 8.1)	86		
56 (G 8.1 u)	23		
56 (G 8.2)	20	PKP bedeutet, daß es sich um einst polnische Loko-	
56 (PKP)	61	motiven handelt	

„Wir fahren dennoch", hieß die Losung am Tag des deutschen Eisenbahners am 7. Dezember 1944 in der RBD Posen

motive der Reihe 92 verzeichnet. Im Abgang wurden die 24 008 – 010, 031 – 033, 036, 037, 039, 040 sowie die 38 1698, 2311, 2397 und die 57 3412 erfaßt.

Als am 28. Februar 1945 die Rote Armee die Strecke zwischen Schlawe und Köslin unterbrach, verblieben viele Lokomotiven auf dem später polnischen Gebiet. Einige Danziger Lokomotiven konnten noch westwärts abgefahren werden; dazu zählten auch vier Maschinen der Baureihe 24, darunter 24 009.

Auch von der RBD Königsberg übernahm die RBD Regensburg insgesamt 30, zumeist preußische Maschinen (darunter zehn P 8).

Gerade übernommene Maschinen wurden sofort an andere Direktionen weitergereicht. U.a. gingen die 19 139, 148, 151 weiter zur RBD Wien oder die 35 368 zur RBD Villach. Die RBD Wien übernahm beispielsweise 37 Exemplare

der Baureihe 52, zwei der Baureihe 53, drei der Baureihe 55, 40 der Baureihe 56, 31 der Baureihe 57.2, zehn 57.10, zwei 91, fünf 92 und zwei Tr 11. Im Austausch dagegen standen letztlich nur neun 19.1, sechs 52, 28 der Baureihe 57.10 und fünf Maschinen der Reihe 58.

Bereits im Januar 1945 konnte die Reichsbahndirektion Regensburg melden, daß nur noch fünf Lokomotiven nach dem Osten, neun an die HVD Paris sowie 186 Lokomotiven an die BMB verliehen waren.

Im einzelnen handelt es sich um die:

- 38 2421
- 57 1084, 2127, 3031
- 91 1070
- 57 1366, 1406, 1571, 1729, 1773, 1975, 2160, 3143, 3166
- 50 (5 Stück) und 52 (211 Lokomotiven) für die BMB.

Die Schadrückführlokomotiven der RBD Regensburg sind nebenstehend aufgeführt.

„Das Leben geht weiter! – Nach einem Terrorangriff auf eine große Stadt", lautete der Bildtext zu dieser Aufnahme. Vermutlich ist es der Kölner Hauptbahnhof im Frühjahr 1944, in den die Kölner 03 1021 einläuft, die später für das Bw Breslau fährt. Von 1944 bis 1949 stand sie in Helmstedt als Ostschadlok (BA 78/65/19)

Ein Bild der Verwüstung auch im Osten: Smolensk war besonders schlimm betroffen. Als die sowjetischen Truppen die Stadt wieder in ihrer Hand hatten, war kaum noch ein Stein auf dem anderen

Die 57 2207 und eine zweite G 10 reißen mit dem „Schienenwolf" im März 1944 bei Kamenez/Podolsk die Gleise vor den herannahenden Truppen der roten Armee heraus   (BA 279/901/35)

6.4 Schnellstens westwärts!

Die Deutsche Reichsbahn befand sich zu Beginn des Jahres 1945 weiter auf dem Rückzug. Dem technischen Reichsbahninspektor Rolle, im Februar 1945 in der RBD Halle zuhause, ist ein „Bericht über den Verbleib der beim Bw Neu-Bentschen aufgefangenen Lok der RBD Posen und Lok anderer Direktionen" zu verdanken. Mit zwei weiteren Reichsbahnern kam er dem Auftrag des Dezernenten 21 der RBD Posen nach, zum 22. Januar 1945 eine Lokomotiv- und Personalauffangstelle einzurichten. Zwischen dem 22. und 28. Januar wurden insgesamt 242 Maschinen gesammelt und gemäß der Weisung der RBD Osten weitergeleitet. Die Lokomotiven verteilten sich wie folgt:

RBD Posen	204
OBD Warschau	17
RBD Stettin	2
RBD Osten	14
RBD Halle	1
RBD Danzig	1
RBD Berlin	2
FBKdo	1

Rolle weiter: „Von den zum Spitzenbetrieb eingesetzten Lok ging die Lok 52 5591 Bw Posen am 25.1.45 in Tirschtiegel bei einem Panzerangriff (Kesseldurchschuß) verloren.

Das aufgefangene Personal wurde für den Spitzenbetrieb und zur Weiterleitung der Lok eingesetzt. Das Restpersonal wurde nach Vereinbarung mit RBD Osten nach Frankfurt (Oder) überführt und dem Auffanglager zum weiteren Einsatz übergeben.

Es hat sich gezeigt, dass für den sofortigen weiteren Einsatz rückflutender Personale, die z.T. alles verloren haben, unbedingt für Unterkunft und Verpflegung gesorgt werden muß. Zweck-

In Waldenburg-Dittersbach, einem Knotenpunkt im elektrifizierten schlesischen Netz, war 1941 dieses Bild entstanden. Ob die Landser schon da die ganze Sinnlosigkeit ihres Tuns ahnten? (BA 70/95/61)

Eingänge der Lokaufangstelle Neu-Bentschen, Januar 1945

Datum	Zugbezeichnung	Lok-Nummer mit Bw (und Betriebszustand) [1]
22.01.	von NB Ri Westen	38 1189 w,
		52 119 w Li, 52 1201 w, 52 3862 w Ja, 52 3872 w, 52 3876 w Gn, 52 4500 w,
		52 5062 w Ja, 52 5080 w, 52 5313 w, 52 5730 w,
		Ok 22-147 w
22.01.	nach Guben	91 422, 466, 482, 1456, 1592
		040 B 32, B 87, B 94 alle von Ow
23.01.	mit Zug nach Frankf/O	03 1077 w, 03 1078 w
23.01.	mit Zug nach Guben	03 1082 w Po,
		57 2457 Ow, 57 2764 Ow
23.01.	Bremslok nach Lissa	56 114
23.01.	von NB Ri Westen	38 1126 w Ko, 38 1434 w Po, 38 1877 w, 38 2436 k(?),
		44 448 w Ka, 44 1041 w, 44 1156w,
		52 376 w, 52 378 w [2]), 52 407 w Ho, 52 443 Ra, 52 464 w Ow, 52 502 w, 52 511 w
		Po, 52 533 w Po, 52 808 w, 52 810 w, 52 817 w, 52 1111 w, 52 1229 w, 52 1233
		Po, 52 1288 w Ku, 52 1295 w, 52 1300 w Ku, 52 2403 w, 52 2405 w, 52 2472 w,
		52 2730 w, 52 3252 w, 52 3495, 52 4502 w, 52 4509 w, 52 4563 w, 52 4776 w Ow,
		52 5327 w T, 52 5463, 52 5584 w, 52 6270 w, 52 6429, 52 6865 w, 52 7757 Lo,
		55 3450 w Wr,
		58 2628 w Sk
23.01.	Lokzug 1	13 003 k, 13 008 k,
		52 395, 52 1143 w, 52 1144 k, 52 1178 k, 52 1217 w, 52 2648 k, 52 4870 w,
		55 821 k,
		58 2524 k Sk,
		86 588, 86 589, 86 769, 86 771, 86 772, 86 774 alle k Wo,
		7050 (?) k, 7096 (?) k
24.01.	von NB Ri Westen	38 1488 w, 38 3492, 38 3877 w Ho, 38 4521 w,
		44 1228 k,
		52 1998 w Da,
24.01.	mit Zug nach Frankf/O	03 1078 w
24.01.	Lokzug 2	38 4527 k,
		44 630 k Po, 44 1177 k, 44 1309 k Po,
		52 1609, 52 2433, 52 5996, 52 6172,
		55 332 k, 55 731 k,
		57 1623 k, 57 1725 k
24.01.	Lokzug 3	17 1147 k,
		38 1401 k, 38 1930 w,
		52 657 w So, 52 1142 w, 52 1175 k, 52 1200 w Ko,
		55 826 k,
25.01.	Lz nach Oppenbach	03 1056 w
25.01.	von NB Ri Westen	44 1214 w, 44 1224 w Ka,
		52 2784 w, 52 2788 w, 52 3157 w,
25.01.	Lokzug 4	38 1335 k Po, 38 2566 k Po, 38 3148 k, 38 3835 k Ow, 38 3861 k Ow,
		38 3880 k Ku, 38 3889,

→

Eingänge der Lokaufangstelle Neu-Bentschen, Januar 1945 (1. Fortsdetzung)

Datum	Zugbezeichnung	Lok-Nummer mit Bw (und Betriebszustand) [1]
		44 589 k,
		52 379 k Ow, 52 474 w, 52 1249 k Ja, 52 4505 w, 52 5468 w, 52 7233 k Ku,
		55 3193 k, 55 5660 k,
		74 1036 k,
		75 1264 k Ow
25.01.?	Gerätezug n. Frankf/O	38 2667 w Po (Gerätezug des Bw Posen)
26.01.	Lokzug 6	03 1058 w Po,
		38 1946 k St,
		52 030 k Wr, 52 454 w Ho, 52 1199 k Ko, 52 2737 k NB, 52 3836 k Fk, 52 6226 w Ja,
26.01.	Lokzug 5	03 1059 k Po, 03 1075 k Po,
		13 546 k Po, 13 549 k Po,
		38 1100 k Po, 38 3135 k Be, 38 3762 k Po,
		52 1148 w Po, 52 1294 k Ku, 52 1332 k Gn, 52 4926 w NB, 52 5793 w Po, 52 6355 k Fk,
		55 1957 k,
		74 1152 k B,
		93 140 k B
26.01.	Lokzug 8	03 1073 w Po,
		36 479 k Gn,
		38 1181 w Po, 38 1519 w O, 38 1531 w Po,
		44 726 k Ka, 44 1311 k Ka,
		52 1223 k Po, 52 1247 k Po, 52 2387 k Fk, 52 3230 k Fk, 52 6428 w Fk,
		58 2737 k Sk
26.01.	mit Zug nach Frankf/O	03 1060 w Po
26.01.	von NB Ri Westen	44 1343 w
27.01.	Lokzug 7	03 1074 k Po,
		38 1520 k Ob, 38 2050 k NB, 38 2159 k NB, 38 2266 k Po,
		52 1292 w Ku, 52 1468 k Fk, 52 4501 k Po, 52 4929 k Fk, 52 5324 k Ob, 52 5495 w Po, 52 6298 k Fk, 52 6777 k NB,
27.01.	Lokzug 8	52 874 w Gn
27.01.	Lokzug 9	03 1083 k Po,
		17 159 k Ku,
		38 1334 k Ho, 38 2054 k Ow,
		44 685 k Ka, 44 1093 w Ka,
		52 4503 w Po, 52 5585 k Fk, 58 2403 w Ra,
		86 483 k Wo
27.01.	Lokzug 10	03 1057 w Po,
		13 005 w Wo, 13 012 k Wo, 13 016 w Wo,
		38 1150 w Po,
		44 447 k Ka, 44 598 k Ka, 44 1175 k Cs,
		52 455 k Ko, 52 1248 w Po, 52 2386 w Fk, 53 3245 w Po, 52 3757 w Lo, 52 4564 w, 52 6189 k Ko,
		58 2459 k Ku,
		7060 (?) w Wo

→

Eingänge der Lokaufangstelle Neu-Bentschen, Januar 1945 (2. Fortsdetzung und Schluß)

Datum	Zugbezeichnung	Lok-Nummer mit Bw (und Betriebszustand) [1]
27.01.	Bw NB übergeben	13 528 w,
		52 2313 w, 52 2738 w, 52 4777 w, 52 6343 w,
27.01.	Bw Landsberg überg.	38 3827 w,
		52 6344 w
27.01.	von NB Ri Westen	38 1634 w Ho,
28.01.	Lokzug 9	03 1091 w Po
28.01.	Lokzug 11	03 1085 w Po,
		17 167 k Ku,
		38 1144 k Po, 38 1874 k Po, 38 2324 w Po,
		52 683 w Po, 52 5877 k Wr, 52 5921 k Wr, 52 6728 k Po,
		58 2436 k Wr, 58 2660 k Wr, 58 2739 k Wr

Anmerkungen:
1) Bw (und Betriebszustand) – soweit feststellbar bzw. aus den Aufzeichnungen ableitbar
2) 52 378 für Flakzug gestellt
   52 5591 Bw Posen – in Tirschtiegel durch Feindeinwirkung verloren; Führerloser Feuerwehrwagen 75 515 RAW Posen wurde am 27.1.45 von Neu-Bentschen nach Frankfurt (Oder) weitergeleitet.

Abkürzungen:
B – RBD Berlin
Be – Belgard
Cs – Cottbus
Da – RBD Danzig
Frankf – Frankfurt (Oder) (auch Fk)
Gn – Gnesen
Ho – Hohensalza
Ja – Jarotschin
k – kalt
Ka – Karschnitz
Ko – Konin
Ku – Kutno
Li – Lissa
Lo – Litzmannstadt (Lodz)

NB – Neu-Bentschen
O – Osten
Ob – Ostbahn
Ow – Ostrowo
Po – Posen
Ra – Radom
Ri – Richtung
So – Sochaczew
Sk – Skierniewice
St – Stargard
T – Tschenstochau
w – warm
Wo – Wollstein
Wr – Warschau

mäßig wären dafür weitere Personenwagen und ein Küchenwagen im Auffang-Bw bereitzustellen." Als Anlage fügte Rolle die Liste der einzelnen Lokomotiven bei. Die Tabelle auf den vorhergehenden Seiten gibt seine Aufzeichnungen wieder.

Das Ende des Krieges zeichnete sich ab. Noch immer wurden Schadlokomotiven „aus dem Osten" in Richtung Westen geführt. Im Verzeichnis der Reichsbahndirektion Hannover von 1945 fanden sich im Bahnhof Goslar die 38 1356, 56 2616, 55 5647, 55 5677 und die 52 6876 wieder. Hinter der 52 6876 war die (einstige) Heimat-RBD Schwerin vermerkt, bei den übrigen „Rückführ Lok aus dem Osten", „für RAW schadhaft abgestellt". Allein in den Orten Brökel und Wietze-Steinfeld, dem Bw Celle zugeordnet, hielten sich weitere „Räumlok" und „Ostlok" auf. Dazu zählten u.a. die 37 413, 38 4593 sowie die 140 G 514 (OBD Krakau), die 56 3735 (Warschau) und die 38 1251, 2364, 52 431, 477, 6230, 57 1520, 1565, 86 292, 500 (alle Räumlok) oder die 55 172, 177, 207 aus dem Osten.

Am 4. November 1944 unterrichtete die RBD Saarbrücken alle übrigen Direktionen über den Bestand „vorhandener Westrückführlok fremder RBD'en und Ostschadabstellok". Aufgelistet waren 87 „Westrückführlokomotiven", davon allein 60 Maschinen der Reihe 57.10, sowie drei 38, zehn 55, drei 56 und jeweils eine 91 und 93er vom Bestand der „Ostschadabstellokomotiven."

Das Verzeichnis der Räum- und Rückführlok der RBD Hamburg vom Frühjahr 1945 zeigte deutlich auf, wie versucht wurde, alles, was ir-gendwie „rollfähig" war, vor der nahenden sowjetischen Armee in die künftigen Westzonen zu retten. Um etwa einen Vergleich anstellen zu können, wurden der RBD Hamburg im März und April 1945 insgesamt 492 „Räum- und Rückführlokomotiven", vornehmlich aus den östlichen Bezirken zugeführt; der Eigenbestand der RBD betrug lediglich knapp 600 Maschinen (siehe Anhang 7).

Am 8. Mai 1945 kapitulierte die Wehrmacht, der Zweite Weltkrieg war zu Ende. Nicht nur Deutschland und die Deutsche Reichsbahn standen vor dem gewaltigsten Scherbenhaufen der deutschen Geschichte. Auch die von Nazi-Deutschland überfallenen Länder brauchten Jahre, manche, vor allem im Osten, Jahrzehnte, um über die gewaltigen menschlichen und materiellen Verluste hinwegzukommen.

7 Anhang

7.1 (zu Abschnitt 2.1)

Lokomotivverzeichnis der Generaldirektion der Ostbahn, Krakau
Stand 31. Dezember 1942

1. Übernommen

von RBD	Baureihe	Ordnungsnummer
Augsburg	38.10-40	1502, 2182
	50	1645, 1648, 1649, 1652 – 1654
	57.10-40	1101, 1302, 155, 2621, 2748, 3231
Berlin	50	015, 746, 1381
	57.10-40	1911, 2284, 2364, 3477
Breslau	55.25-66	3054
Danzig	19.1	103, 113, 114, 131, 138, 150, 156, 157, 158
	50	439, 744, 791
	55.0-6	081
	55.7-8	706, 724
	55.25-56	3978
	55.25-56	2507, 2527, 2672, 2790, 2817, 2915, 2919, 2928, 2929, 2941, 2971, 2984, 3004, 3124, 3272, 3278, 3324, 3342, 2410
	58.23-27	2466, 2479, 2482, 2491, 2533, 2536, 2539, 2624, 2636, 2638, 2655, 2667, 2687, 2714, 2727, 2729
Dresden	38.10-40	1253, 1732, 2029, 4030, 4051
	50	166, 1095, 1099, 1511, 1542, 2602, 2603, 2604
	57.10-40	1126, 1295, 2187, 2516, 2686, 3076, 3077, 3111, 3131
	91.3-18	537
Erfurt	38.10-40	1472, 2227, 2546, 2935
	55.25-56	3581
	57.10-40	2201, 2421, 3410, 3464
	58.10-21	1191, 1285, 1328, 1529, 1544, 1632, 1652, 1682
Essen	38.10-40	1998
	50	194, 204, 390, 531, 538, 941, 1536, 1701
	55.0-6	103, 359, 488, 535, 547, 553
	55.25-56	3142
	56.2-9	398, 661, 801, 812, 813
	57.10-40	1742, 2058, 2270, 2912, 2942, 2957, 3226, 3385
Frankfurt (Main)	55.25-56	3370, 3541, 4092
	56.2-9	337, 465, 699
	57.10-40	3187
	58.10-21	1514, 1911, 2001
Halle	50	001, 342, 845, 847
	55.16-22	1699
Hamburg	38.10-40	1274, 3579
	50	828
	56.2-9	648, 657, 662
	57.10-40	1134, 1359, 1883, 2090, 2265, 2559, 2967, 3142, 3281, 3521
Hannover	38.10-40	1645, 2908, 3777
	50	983, 1298, 1330
	55.0-6	454
	55.25-56	2739, 3103, 3322
	56.2-9	524
	57.10-40	1905, 2084, 2457, 2482
Karlsruhe	38.10-40	2800, 3272, 3355, 3810
	50	844, 1631
	58.2-3	216, 242, 284, 289, 292, 316
	58.10-21	1159, 1564, 1634
Kassel	38.10-40	1593, 2700, 3070
	56.2-9	335, 580, 695, 701, 709, 831
	58.10-21	1034, 1066, 1070, 1155, 1199, 1472, 1534, 1569, 1585, 1929
Köln	38.10-40	3154, 3555
	50	562, 781, 788, 1431, 1436, 1438
	58.10-21	1102
Königsberg	55.25-56	2710, 2857, 2961, 3634, 3772, 3789, 3807, 3830, 4663, 4708, 4769, 4811, 4925, 5035, 5159, 5313, 5599
	56.2-9	683
	57.10-40	1118, 1526, 2249, 2428, 2651, 2946, 3275, 3470
Mainz	50	083, 094, 932, 1555, 1559, 1581, 1622, 2294, 2295
	55.25-56	2839, 2952, 3198, 5286
	56.2-9	488, 498, 582, 586
	58.10-21	1429, 1667
München	50	1164, 1165, 1166, 1168
	55.25-56	2833, 3162, 3605
	57.10-40	1731, 2422, 2470, 2507, 2674, 3181
	58.2-3	240
	58.10-21	1189, 1732, 1820, 1823
Münster	38.10-40	1674
	50	1571, 1572
Nürnberg	38.10-40	1845, 3704
	58.2-3	295
	58.10-21	1571, 1681, 1683, 1694, 1703, 1751, 1828, 1830, 1891, 1982, 1985, 2084
Oppeln	19.1	161, 162, 163
	38.10-40	1509, 1695, 1965, 1980
	38.10-40	1485
	50	249, 282, 393, 460, 476
	55.25-56	2509, 2543, 2567, 2578, 2618, 2620, 2712, 2716, 2788, 2845, 2902, 2906, 2911, 2970, 3020, 3025, 3048, 3074, 3336, 3341, 3465
	55.25-56	2763, 2868, 2880, 2955, 2985, 3205, 3418, 3428, 3454, 3457, 3463, 3588,

		3896, 3927, 4042, 4221, 4254, 4255,
		4372, 4392, 4407, 4413, 4414, 4520,
		4550, 4630, 4661, 4684, 4695, 4813,
		5003, 5021, 5093, 5099, 5201, 5216,
		5303, 5306, 5543, 5653
	58.23-27	2307, 2310, 2315, 2324, 2328, 2331,
		2406, 2412, 2416, 2433, 2441, 2474,
		2490, 2499, 2557, 2589, 2590, 2623,
		2629, 2647, 2657, 2674, 2712, 2724,
		2741
Osten	50	280, 1516, 2574
	57.10-40	2131, 3213
Posen	55.25-56	2580, 3169, 3279, 3309, 4360, 4365,
		4367, 4416, 4772, 4914, 4924
	55.25-56	2510, 2544, 2606, 2734, 2736, 2936,
		2997, 3310, 3443, 3467
	57.10-40	1307, 1490, 1900, 2377
	58.23-27	2322, 2371, 2442, 2454, 2472, 2555,
	58.23-27	2573, 2575, 2591, 2597, 2604, 2630,
		2635, 2641, 2650, 2651, 2666, 2682,
		2695, 2699, 2704, 2408, 2711, 2718,
		2725
	58.29	2919, 2920
Regensburg	38.10-40	1467
	50	1122, 1476
	57.10-40	1098, 1168, 1543, 3031, 3193
	58.10-21	1106, 1356, 1691, 1745, 1762, 1877,
		1939, 2113
Saarbrücken	38.10-40	1839, 3852
	50	346, 591, 593, 596, 597, 1256, 1258,
		2268, 2459
	55.0-6	674
	55.25-56	5271, 5624, 5633, 5660
	57.10-40	1119, 2731, 3272
	58.10-21	2015, 2134
Schwerin	50	1234, 1621, 1761, 1764, 1765, 1766,
		1767
	56.2-9	204
Stettin	57.10-40	1729
Stuttgart	38.10-40	3088, 3091, 3707, 3772
	58.2-3	283
	58.5	540, 541, 543
	58.10-21	1007, 1419, 1498, 2135
Villach	50	468, 811, 873
Wien	50	284, 763, 1223, 1412, 1424, 1427,
		2191, 2192
	57.10-40	1045, 1133, 1140, 1264, 1693, 1723,
		1891, 2078, 2089, 2189, 2238, 2310,
		2360, 2597, 2694, 2729, 3139, 3303
Wuppertal	38.10-40	2222, 3203, 3248, 3601
	55.16-22	1664, 1778, 1805
	58.10-21	1580, 1994, 1997, 2039

2. Abgegeben (bis 31.12.1942):

Baureihe	Anzahl
38.10-40	7
55.16-22	4
55.25-56	146
55.25-56	9
56.2-9	26
57.10-40	85
58.23-27	2
99.6	4

3. Neulieferung:

50 2172 – 2181, 2225 – 2259, 2584 – 2598

4. Ausmusterung:

55 2855 (Tp 4) am 29.09.1942

5. Abgegeben Januar 1943:
(zum RVM Erlaß 34 BII vom 22.10.1942)

Lok, Abg.-Datum verliehen an	Lok, Abg.-Datum verliehen an
55 2544, 21.01. RVD Kiew	57 1729, 20.01. RVD Dnjepro
55 2556, 27.01. RVD Minsk	57 1900, 11.01. FEKdo 2
55 2613, 27.01. RVD Minsk	57 1911, 24.01. FEKdo 2
55 2614, 29.01. FEKdo 3	57 2131, 20.01. RVD Dnjepro
55 2618, 22.01. RVD Kiew	57 2138, 11.01. FEKdo 2
55 2847, 26.01. RVD Minsk	57 2189, 29.01. RVD Minsk
55 2856, 29.01. FEKdo 3	57 2201, 15.01. FEKdo 3
55 2863, 21.01. RVD Kiew	57 2238, 08.01. FEKdo 3
55 2877, 21.01. RVD Kiew	57 2310, 22.01. FEKdo 2
55 2909, 17.01. RVD Rostow	57 2364, 10.01. FEKdo 2
55 2960, 22.01. RVD Kiew	57 2409, 26.01. RVD Minsk
55 2981, 26.01. RVD Minsk	57 2422, 11.01. FEKdo 3
55 2986, 17.01. RVD Rostow	57 2428, 11.01. FEKdo 2
55 3025, 17.01. RVD Rostow	57 2482, 10.01. FEKdo 2
55 3042, 27.01. RVD Minsk	57 2559,11.01. FEKdo 2
55 3080, 22.01. RVD Kiew	57 2694, 18.01. RVD Dnjepro
55 3209, 22.01. RVD Kiew	57 2731, 11.01. FEKdo 2
55 3228, 27.01. RVD Minsk	57 2942, 08.01. FEKdo 3
55 3265, 21.01. RVD Kiew	57 3031, 18.01. RVD Dnjepro
55 3265, 21.01. RVD Kiew	57 3077, 14.01. FEKdo 2
55 3285, 22.01. RVD Kiew	57 3139, 18.01. RVD Dnjepro
55 3323, 17.01. RVD Rostow	57 3275, 20.01. RVD Dnjepro
55 3364, 26.01. RVD Minsk	57 3385, 27.01. RVD Minsk
55 3807, 29.01. RVD Minsk	57 3470, 12.01. FEKdo 2
55 4811, 17.01. FEKdo 2	58 2334, 11.01. RVD Dnjepro
56 465, 18.01. FEKdo 3	58 2394, 08.01. RVD Dnjepro
56 709, 18.01. FEKdo 3	58 2416, 20.01. RVD Dnjepro
57 1101, 02.01. FEKdo 3	58 2424, 08.01. RVD Dnjepro
57 1118, 27.01. RVD Minsk	58 2442, 08.01. RVD Dnjepro
57 1119, 11.01. FEKdo 2	58 2491, 25.01. RVD Dnjepro
57 1126, 21.01. RVD Dnjepro	58 2554, 07.01. RVD Dnjepro
57 1133, 11.01. FEKdo 2	58 2604, 18.01. RVD Dnjepro
57 1140, 20.01. RVD Dnjepro	58 2625, 08.01. RVD Dnjepro
57 1156, 24.01. RVD Dnjepro	58 2630, 05.01. RVD Dnjepro
57 1168, 15.01. FEKdo 3	58 2635, 08.01. RVD Dnjepro
57 1302, 08.01. FEKdo 3	58 2695, 18.01. RVD Dnjepro
57 1459, 24.01. RVD Dnjepro	58 2708, 08.01. RVD Dnjepro
57 1723, 02.01. FEKdo 3	58 2712, 18.01. RVD Dnjepro

6. Übernommen Januar 1943:

Baureihe	Anzahl
50	24
57.10	1
58 .10-21	10
58.23-27	9
140	30

7.2 (zu Abschnitt 2.1)

Lokomotivbestand einiger Bw der OBD Krakau (Stand Dezember 1943)

Bahnbetriebswerk
Lok-Nummern — Summe

Bw Krakau Hbf

Baureihe	Lok-Nummern	Summe
• 12	201	1
• 19	137 139 140 144 145 147 149 / 151 152 153 154 161 163 174 / 175 176 177	17
• 35	102 104 106 107 108 109 110 / 111 113 130 131 132	12
• 38	4505 4515 4531 4548 4559 4560 4566 / 4585 4587 4588 4603 4604 4606 4607 / 4608 4610	16
• 53	7205 7206 7207 7208 7209 7210 7211 / 7212 7213 7215 7216 7217 7218 7219	14
• 54	113 150 152 157 164	5
• 040B	17 24 27 36 40 49 68 / 74 710 722 725 729	12
• 040G	288 294 302	3

In Ausbesserung:

Baureihe	Lok-Nummern	Summe
• 12	202	1
• 19	141 142 143 148 162	5
• 35	103 105 112 114	4
• 38	4526 4536 4553 4530 4542 4558 / 4592 4592 4601 4609	10
• 53	7203 7214	2
• 55	6132	1
• 040B	38 46 54 83	4

Summe: 107

Bw Krakau Plaszow

Baureihe	Lok-Nummern	Summe
• 13	305 323 337	3
• 52	101 103 109 231 402 406 408 / 409 412 460 465 2457 3106 4815 / 4816 4828 4846 5146 5175 5176 5177 / 5178 5179 5180 5181 5182 5183 5184 / 5196 5886	30
• 55	2578 2927 3302 3380 3508 3520 3521 / 3511	8
	5833 5834 5835 5836 5837 5838 5839 / 5840 5841 5846 5847 5849 5850 5851 / 5852 5853 5856 5857 5858 5859 5860 / 5861	22
• 56	3950 3952 3954 3955 3956 3957 3958 / 3959 3960 3962 3963 3964 3966 3967 / 3968 3969 3970 3972 3973 3974 3975 / 3976 3977 3978 3979 3980 3981 3983 / 3984 3985 3986 3987 3988 3990 3991 / 3992 3993 3994 3996 3997 3998 3999 / 4000 4001 4002 4004 4006 4007 4011 / 4017 4025	51
• 93	302 303 304 305 306 309 310 / 311 312 313 314 315 318	13

Summe: 127

Bw Przemysl

Baureihe	Lok-Nummern	Summe
• 37	401 402 403 405 406 411	6
• 38	1070 1206 1396 1488 1502 1732 1839 / 1845 3836 3897 4051	11
• 52	5549 5558 5590 5669 5670 5672 6244 / 6245 6246 6247 6248 6249 6250 6251 / 6252 6253	16
• 55	141 279 280 287 294	5
	2970 3124 2548 2558 3358	5
• 91	536 606	2

Summe: 45

Bw Debica

Baureihe	Lok-Nummern	Summe
• 37	407 408 409 410 412 413	6
• 54	146 147	2
• 91	626 636	2
• 040B	735 744	2
• 040G	287 289	2
• 140A	558	1
• 140B	167	1
• 140C	121	1
• 140D	576 622	2
• 140G	9 185 429	3

Summe: 22

Bw Tarnow

Baureihe	Lok-Nummern	Summe
• 52	6234 6235 6236 6237 6238	5
• 55	036 099 119 140 167 184 208 / 269	8
	3938 3245 3350 2851	4
• 56	3907 3918 3940 3942 4003 4005 4008 / 4009 4010 4012 4014 4015 4016 4018	14
• 58	2322 2355 2371 2374 2410 2413 2414 / 2419 2425 2427 2428 2429 2433 2439 / 2457 2468 2470 2478 2482 2483 2496 / 2508 2536 2539 2549 2614 2638 2641 / 2642 2648 2651 2674 2712 2718 2724 / 2741 2759 2760 2761 2762 2763 2764 / 2765 2727 2729	45
• 75	1208 1280 1287 1303	4
• 91	334 374 462 472 560 610 688 / 783	8
• 92	2202 2203 2205 2207 2210	5

Summe: 93

Bw Neu Sandez

Baureihe	Lok-Nummern	Summe
• 35	354 355 356 357 358 359 361 / 362 363 364 366 367 368 369	14
• 54	103 105 143 161	4
• 55	123 190	2
• 57	326 334 343 345 347 349 363 / 364 371	9
• 91	398 546 772	
• 95	301 307 316 317 318	5
• 040B	741 742	2

Summe: 36

Bw Reichshof

• 13	312	333					2
• 52	6239	6240	6241	6242	6243		
• 55	5832	5837	5839	5842	5843	5844	5845
	5848	5854	5855	5862	5863	5864	13
• 56	3901	3902	3903	3904	3905	3906	3908
	3910	3911	3912	3913	3914	3915	3916
	3917	3919	3920	3921	3922	3923	3924
	3925	3926	3927	3928	3929	3930	3931
	3932	3933	3934	3935	3936	3937	3938
	3939	3941	3943	3944	3945	3946	3947
	3948	3949	3951	3953	3961	3965	3982
	3989	3995	4013	4019	4020	4021	4022
	4023	4024	4026				59

Summe: 74

Bw Zakopane

• 55	6131	6133	6134	6135	4
• 56	3226				1
• 57	337	344			2
• 91	349	725	848		3
• 92	2204	2206			2
• 040B	739				1
• 040G	284				1

Summe: 14

Bw Sedziszow

• 54	110						1
• 58	2310	2311	2321	2323	2325	2331	2340
	2347	2349	2352	2353	2357	2373	2382
	2386	2400	2401	2404	2434	2437	2454
	2472	2487	2523	2534	2558	2562	2565
	2568	2629	2640	2662	2663	2672	2676
	2726	2736					37

Summe: 38

Bw Neu Zagorz

• 13	321						1
• 35	353	372	383	393	370	373	388	7
• 54	106	111	149					3

• 56	3337	3344	3345	3346	3347	3354	6
• 57	323						1
• 91	821	822	834				3

Summe: 21

Bw Jaslo

• 35	377	378	380	383	702	704	6
• 54	104	107	145	148	156	163	6
• 57	330	341	353	358	373		5
• 91	700	710	877				3

Summe: 20

Bw Przeworsk

• 55	2787	2919	2930	2937	2950	2956	2958
	2971	3121	3140	3186	3208	3256	3307
	3319	3341	3347	3403	3462		19
• 75	1205	1221	1225	1227			4
• 91	406	531	534	539			4
• 040B	12	13					2

Summe: 29

Bw Zurawica

• 13	315						1
• 75	1281	1285					2
• 55	2527	2653	2712	2716	2724	2734	2789
	2849	2864	2876	2879	2883	2887	2905
	2922	2948	2966	3003	3022	3096	3182
	3210	3229	3274	3278	3286	3290	3324
	3359	3381	3484				31
• 58	2307	2313	2314	2317	2319	2328	2333
	2335	2336	2339	2343	2344	2348	2350
	2351	2358	2363	2372	2376	2378	2389
	2396	2402	2424	2441	2442	2446	2471
	2475	2479	2486	2490	2495	2499	2500
	2504	2521	2522	2530	2533	2543	2557
	2567	2571	2574	2583	2589	2605	2618
	2620	2624	2647	2650	2657	2659	2667
	2677	2682	2687	2689	2732		61
040G	268	270	275	280			4

Summe: 99

7.3 (zu Abschnitt 2.3)

Umzeichnungsplan für die Dampflokomotiven der ehemaligen Polnischen Staatsbahn (Regelspur)

Genehmigt mit Verf der Eis-Abt des RVM 31 Fen 106 vom 14.2.1941. Aufgestellt Berlin, den 29. August 1941, Deutsche Reichsbahn, Reichsbahn-Zentralamt Berlin, 2339 Fkldau gez. Wagner

poln. Reihe	frühere Gattung	neue Betr.-Gattung	neue Betr.-Nummer
Pd 1	preuß S 3	S 24.15	13 502 – 338
Pd 2	preuß S 4	S 24.16	13 401
Pd 4	preuß S 5.2	S 24.16	13 002
Pd 5	preuß S 6	S 24.17	13 501 – 548
Pd 14	österr 206	S 24.14	13 168 – 169
Pk 1	preuß S 10	S 35.17	17 151 – 173
Pk 2	preuß S 10.1	S 35.17	17 1210 – 1217
			17 1250 – 1259
Pk 3	preuß S 10.2	S 35.17	17 297
Pn 11	österr 210	S 36.14	16 051 – 053
Pn 12	österr 310	S 36.14	16 041 – 044
Pt 31	Neubau	S 46.18	19 101 – 166
Od 2	preuß P 4.2	P 24.15	36 444 – 507
Oi 1	preuß P 6	P 34.15	37 168 – 173
Oi 101	rum 328	P 34.16	37 401 – 413
Ok 1	preuß P 8	P 35.17	38 1005 – 3885 [1]
Ok 22	Neubau	P 35.17	38 4501 – 4611
Ol 11	österr 329	P 35.14	35 115 – 129
Ol 12	österr 429 (h2v)	P 35.14	35 349 – 364

poln. Reihe	frühere Gattung	neue Betr.-Gattung	neue Betr.-Nummer
Ol 12	österr 429 (h2)	P 35.14	35 365 – 388
Ol 103	ung 324	P 35.15	35 701 – 703
Os 24	Neubau	P 46.15	33 201 – 210
Th 1	preuß G 3	G 33.13	53 7005 – 7006
Th 3	preuß G 4.2	G 33.14	53 7701 – 7705
Th 4	preuß G 4.3	G 33.15	53 7751 – 7753
Th 24	österr 59	G 33.14	52 7205 – 7216
Ti 1	preuß G 5.1	G 34.13	54 601 – 603
Ti 3	preuß G 5.3	G 34.14	54 651 – 654
Ti 4	preuß G 5.4	G 34.14	54 1108 – 1186
Ti 11	österr 260	G 34.14	54 141 – 165
Ti 12	österr 60	G 34.14	54 031 – 040
Ti 16	österr 160	G 34.14	54 051 – 069
Tp 1	preuß G 7.1	G 44.13	55 022 – 270 [1]
		G B 44.13 [2]	
Tp 2	preuß G 7.2	G 44.13	55 701 – 845
Tp 3	preuß G 8	G 44.14	55 1604 – 1676 [1]
Tp 4	preuß G 8.1	G 44.17	55 2501 – 3490 [1]
Tp 6	russ Cz W/G	G 44.13	55 6101
Tp 15	österr 73	G 44.14	55 5832 – 5864
Tp 17	österr 174	G 44.14	55 5914 – 5926
Tp 106	österr 274	G 44.13	55 5951 – 5963
Tp 108	russ Cz W/h	G 44.13	55 6111 – 6122
Tp 109	russ Cz WP/K	G 44.13	55 6131 – 6135
Tr 11	österr 170	G 45.14	56 3336 – 3371
Tr 12	österr 270	G 45.14	56 3501 – 3533
Tr 20	USA-Baldwin	G 45.17	56 3701 – 3795
Tr 21	Neubau	G 45.17	56 3901 – 4018
Tw 1	preuß G 10	G 55.15	57 2764 – 2772
Tw 11	österr 180	G 55.13	57 010 – 011
Tw 12	österr 80 (h2v)	G 55.14	57 474 – 485
Tw 12	österr 80 (h2)	G 55.14	57 323 – 377
Ty 1	preuß G 12	G 56.16	58 2144
Ty 23	Neubau	G 56.17	58 2303 – 2741
Ty 37	Neubau	G 56.17	58 2901 – 2923
Oki 1	preuß T 11	Pt 34.16	74 011 – 269 [1]
Oki 2	preuß T 12	Pt 34.17	74 1322 – 1338
Okl 11	österr 29	Pt 35.14	75 827 – 835
Okl 12	österr 229	Pt 35.14	75 851 – 868
Okl 2	preuß T 12	Pt 35.17	75 1201 – 1307
Okl 101	sächs XIV HT	Pt 35.16	75 506
Okm 11	österr 629	Pt 36.15	77 286 – 288
Tkh 1	preuß T 3	Gt 33.12	89 7542 – 7555
Tkh 4	Privatbahnlok	Gt 33.12	89 8201 – 8202
Tkh 17	österr 66	Gt 33.14	89 8101 – 8103
Tkh 29	Neubau	Gt 33.14	89 1101
Tki 1	preuß T 9.1	Gt 34.14	90 246 – 249
Tki 2	preuß T 9.2	Gt 34.14	91 137 – 149
Tki 3	preuß T 9.3	Gt 34.15	91 303 – 936 [1]
Tkp 1	preuß T 13	Gt 44.15	92 951 – 990
Tkp 11	österr 178	Gt 44.11	92 2202 – 2210
Tkp 30	Neubau	Gt 44.12	92 2601 – 2602
Tkp 101	österr 578	Gt 44.14	92 2113 – 2118
Tkt 1	preuß T 14	Gt 46.16	93 418 – 426
Tkt 2	preuß T 14.1	Gt 46.17	93 1262 – 1263
Tkw 1	preuß T 16	Gt 55.15	94 468 – 488
Tkw 1	preuß T 16.1	Gt 55.17	94 1385 – 1412
Okz 32	Neubau	Gt 57.16	95 301 – 317

Anmerkungen:

1) 38 1005 – 3885; 55 022 – 270; 55 1604 – 1676; 55 2501 – 3490; 74 011 – 269; 91 303 – 936 nicht durchgängig
2) G B 44.13 Breitspur (siehe auch Abschnitt 1.3)

7.4
Die Organisation des Betriebsmaschinendienstes
Direktionen und ihre Bahnbetriebswerke, Bahnbetriebswagenwerke und Lokbahnhöfe in den besetzten Gebieten (Stand 1. April 1943) mit RBD Königsberg

Maschinenamt	Bw	Gefolgschaft	Lokbahnhöfe	Gerätewagen	zugeteilte Baureihen *
Reichsbahndirektion Danzig					
Danzig 2129 (340)	Danzig Olivaertor	491	Bahnhofsschloss. in Danzig Hbf	Arztwagen	03, 17.10, 19.1, 38, 52, AT
	Danzig Vbf	489 (1)	Berent		50, 52, 52.19, 55, 57, 74, 94.5
	Danzig Saspe	377 (60)	Karthaus Westpr	Kranwagen	38, 52
	Gotenhafen	772 (279)	Putzig Bahnhofsschloss. in Espenkrug	Gerätewagen, Kranwagen	44, 50, 52, AT
Dirschau 2265 (220)	Dirschau	1224 (105)	Schmentau Neuenburg Laskowitz Pr Stargard Mewe	Gerätewagen Kranwagen	03, 19.1, 38, 50, 52, 57, 92.5, 94.5
	Marienburg	544 (21)	Elbing Marienwerder Tiegenhof	Arztwagenzug	24, 37, 38, 50, 52, 55, 57, 92.5, AT

Maschinenamt	Bw	Gefolgschaft	Lokbahnhöfe	Gerätewagen	zugeteilte Baureihen *
	Konitz	497 (94)	Czersk		38, 50, 52, 57
Bromberg 1790 (764)	Bromberg Hbf	1033 (386)	Prust-Bagnitz	Arztwagenzug	03, 13.5, 17.10, 38, 50, 52, 55, 57,
			Schwetz	3 Kranwagen	91.3, 92.5, AT
			Nakel		
	Bromberg Ost	757 (378)			24, 44, 50, 52, 57
Thorn 1628 (489)	Thorn Hbf	761 (290)		Gerätewagen,	13.5, 19.1, 38, 50, 52, 55, 57, 58.10,
				Kranwagen	AT
	Thorn Mocker	395 (174)	Kulmsee		50, 52, 57
			Sichelberg		
	Graudenz	472 (25)	Kulm	Gerätewagen	19.1, 24, 37, 38, 52, 57, 92.5, 93, AT
Soldau 1171 (452)	Deutsch Eylau	530 (139)	Freystadt	Gerätewagen	03, 24, 37, 50, 52, 57, 92.5
			Löbau		
			Großlershausen		
	Illowo	355 (200)	Nasielsk	Arztwagenzug	38, 50, 52, 57
	Strasburg	189 (20)			24, 52 (?)
	Milau	*97 (93)*		*Gerätewagen*	*99.15*

Reichsbahndirektion Posen

Gnesen 1791 (-)	Eichenbrück	-	Kolmar	Gerätewagen	13.3, 55, 57, 64, 86
	Gnesen	-	Wreschen	Arztwagen	13.5, 36.4, 38, 50, 52, 55, 56, 37,
				2 Kranwagen	91.3
	Hohensalza	-	Mogilno	Gerätewagen	13.3, 38, 44, 50, 52, 55, 57, 91.3
			Rabinek		
	Konin	-		Gerätewagen	38, 44, 50, 52
Litzmannstadt	Litzmannstadt	-	Litzmannstadt	Arztwagen	13.0, 17.0, 17.1, 17.10, 38, 52, 55,
3965 (-)			Widzew	Kran, Ortsger.-Wg.	56, 57, 74.0, 92.5
			Bww Litzmannst.	Ortsgerätewagen	
	Kutno	-	Leslau	Arztwagenzug,	13.3, 17.0, 19.1, 38, 50, 52, 55, 56,
				Kran,	57, 58.23
				Ortsgerätewagen	
	Karsznice	-		Gerätewagen	38, 44, 52, 55, 58.23
	Krosniewice	-	*Sompolno*	*2 Gerätewagen*	*99.15, 99.25*
				(600 u. 750 mm),	
				in Sompolno für 600 mm	
Ostrowo 1513 (-)	Ostrowo	-	Kempen	Arztwagenzug	13.5, 38, 44, 50, 52, 55, 57, 58.23,
			Krotoschin		74.0, 75.12, 91, 99.25, 040 B
			Kalmen		
			Welungen		
			Gostingen		
	Jarotschin	-		Gerätewagen,	13.3, 13.5, 35.4, 36.4, 37.1, 50, 52,
				Kran	55, 57
Posen 3718 (56)	Posen Hbf	-	Bww Posen	Arztwagenzug,	03.10, 13.5, 19.1, 36.4, 37.1, 38, 50,
				im Bww 4 Kräne	52, 74.0, 86, 91.3, 92.5
	Posen Vbf	-		Ortsgerätewagen	41, 44, 50, 52, 55, 56, 57, 91.3, 92.5
	Posen Kbw	-		Abschleppwagen	Lkw, Pkw
	Lissa	-	Rawitsch	Gerätewagen	13.5, 19.1, 36.4, 38, 50, 52, 54.7,
					55, 56, 57, 86, 89.0, 92.2
	Wollstein	-	Birnbaum	Ortsgerätewagen	13.0, 13.4, 36.1, 37.0, 55, 57, 64,
			Grätz		74.0, 86

Reichsbahndirektion Königsberg

Königsberg (Pr)	Königsberg	1614 (409)	Braunsberg	Arztwagenzug,	01, 01.10, 03, 17, 24, 37.0, 38, 50,
2698 (675)			Pillau	Ortsgerätewagen,	52, 55, 56, 57, 64, 92.5, 94.2
			Zinten	Beleuchtungs-	
			Bww Königsberg	wagen,	
			mit 454 (124)	2 Kranwagen,	
				Reservearztwagen	
	Korschen	630 (142)	Bartenstein	Arztwagenzug	37.0, 38, 50, 55, 56, 57, 91.3, 92.5
			Heilsberg		
			Rastenburg		

Maschinenamt	Bw	Gefolgschaft	Lokbahnhöfe	Gerätewagen	zugeteilte Baureihen *
Insterburg 1866 (518)	Insterburg	962 (250)	Gerdauen Gumbinnen	Arztwagenzug, Ortsgerätewg., Beleuchtungswg., Kranwagen	17.10, 24, 36.4, 37.0, 38, 50, 52, 55, 56, 57, 64, 92.5, AT
	Tilsit	551 (153)		Arztwagenzug	24, 37.0, 50, 52, 55, 57, 64, 92.5, 94.2
	Eydtkau	160 (67)		Gerätewagen	38, 50, 52, 55, 57, 86
	Memel	193 (48)		Gerätewagen	24, 50, 55, 56, 57
Allenstein 1501 (106)	Allenstein	945 (198)	Neidenburg Ortelsburg Rothfließ	Arztwagenzug, Ortsgerätewg., Kranwagen	17.10, 24, 37, 38, 50, 52, 54, 55, 56, 57, 64, 92.5, VT, AT
	Osterode (Ostpr)	329 (41)	Mohrungen	Gerätewagen, Kranwagen	37, 50, 55, 57, 92.5
	Scharfenwiese (Ostrolenka)	227 (167)	*Myszyniec*	Arztwagenzug	13.3, *99.15*
Lyck 1033 (273)	Lyck	463 (64)	Johannisburg Treuburg Lötzen	Arztwagenzug, Kranwagen	24, 37.0, 50, 52, 55, 56, 57
	Prostken	185 (55)			37.0, 50, 55, 57
	Angerburg	239 (51)	Goldap	Gerätewagen	37.0, 50, 55, 57
	Sudauen	146 (103)	*Ploczicno*	Arztwagenzug, Gerätewagen	24, 38, 54.7, 55, 89.7, *99.15*
Bialystok 2958 (2840)	Bialystok	1228 (1186)		Arztwagenzug, Beleuchtungswagen	37.0, 38, 50, 55, 57
	Wolkowysk	805 (782)		Hilfsgerätewagen	50, 52, 55, 57
	Czeremcha	382 (352)	Haynowka		52, 57
	Grodno	543 (520)		Arztwagenzug	50, 52, 55, 56, 57, *99.25*

Generaldirektion der Ostbahn, Sitz: Krakau
Ostbahndirektion Krakau

Maschinenamt	Bw	Gefolgschaft	Lokbahnhöfe	Gerätewagen	zugeteilte Baureihen *
Krakau 4403 (4140)	Krakau Hbf	988 (955)	Bww Krakau mit 521 (500)	Arztwagen, Gerätewagen	12.2, 19.1, 35.1, 35.3, 38.10, 38.45, 52, 53.72, 54.1, 55, 91.3, 040, Pu 29
	Krakau Plasz.	1232 (1178)		Gerätewagen, Kran	13.3, 37.4, 38, 52, 55.25, 55.57, 55.58, 56, 58.10, 93, 95.3
	Krakau Kbw	203 (143)			Lkw, Pkw
	Neu Sandez	380 (361)	Stroze Muszyna	Arztwagen, Gerätewagen	35.3, 52, 54, 55, 56.31, 57.3, 91.3, 95.3, 040
	Tarnow	989 (916)		Gerätewagen	13.3, 35.3, 38, 52, 55.0, 55.25, 55.58, 56.2, 56.31, 57, 58.10, 58.23, 75.12, 91.3, 92.22, 94.5
	Zakopane	90 (87)	Neumarkt (Dunajec) Chabowka	Ortsgerätewg.	55.58, 56.31, 57.3, 91.3, 92.22, 040
Reichshof 4948 (4652)	Reichshof	1292 (1232)		Arztwagen, Gerätewagen, Kran	13.3, 16.0, 35.7, 38, 52, 55.25, 55.58, 56.39, 57.3, 37.10, 58.10, 58.23, 040
	Przemysl	1104 (1046)	Chyrow		13.3, 37.4, 38, 52, 55.0, 55.25, 75.12, 91.3, 93.4
	Zurawica	689 (577)		Ortsgerätewg.	13.3, 55, 57, 58.10, 58.23, 75.12, 040
	Przeworsk	297 (287)	Jaroslau	Ortsgerätewg.	38, 52, 55.25, 55.58, 75.12, 91.3, 93.5, 040
	Debica	467 (455)		Ortsgerätewg.	37.4, 54.1, 56.31, 91.3, 040, 140
	Jaslo	289 (283)	Zagorzany		13.3, 35.3, 35.7, 54.1, 56.3, 57.3, 91.3
	Neu Zagorz	191 (186)	*Nowy Lypkow (760 mm)*	Gerätewagen, Ortsgerätewg.	13.3, 35.3, 54.1, 56.31, 90.2, 91.3, *99.25*
	Rozwadow	619 (586)		Gerätewagen	38, 56.9, 57.3, 58.23, 91.3, 040, 140, 130
Kielce 3015 (2863)	Kielce Herbskie	526 (499)		Ortsgerätewg.	38.10, 38.45, 55.61, 91.3, 140
	Sedziszow	587 (555)		Ortsgerätewg.	42, 54.1, 55, 58.10, 58.23, 140

Maschinenamt	Bw	Gefolgschaft	Lokbahnhöfe	Gerätewagen	zugeteilte Baureihen *
	Skarzysko Kamiena	1784 (1709)	Ostrowiec (Swiet)	Arztwagen, Gerätewagen, Ortsgerätewagen	38.10, 38.45, 57, 58.10, 58.23, 58.29, 89.91, 90.2, 0140, 140
	Tomaszow Maz	118 (100)			55.7, 55.25, 74.0, 91.3, 140
Schmalspuramt Jedrzejow	*Jedrezejow*	*179 (176)*	*600 mm Chariszinica Kazimierza Bogoria*		*99.15*
Ostbahndirektion Lemberg					
Lemberg 4191 (3835)	Lemberg Ost	860 (776)	Stojanow Bww Lemberg mit 442 (418)	Arztwagen, Gerätewagen	13.1, 13.3, 35.3, 35.8, 38, 50, 52, 55.0, 55.25, 55.58, 56.2, 56.3, 74.0, 92.2, Tkp 12
	Lemberg West	1919 (1738)		Arztwagen, Gerätewagen, Kran	12.2, 13, 19.1, 38, 50, 52, 55, 56.2, 56.3, 56.4, 57, 58.10, 58.23, 74.0, 77.2, 91.3
	Lemberg Kbw	108 (84)			Lkw, Pkw
	Rawa Ruska	439 (422)	Sokal	Ortsgerätewagen	13.3, 35.3, 35.8, 37.4, 54.0, 55.25, 55.57, 56.3, 57.0, 57.10, 77.2
	Krasne	214 (204)		Ortsgerätewagen	55.25, 56.37
	Brody	209 (193)			13.3, 52, 55.25, 56.37
Stanislau 2671 (2567)	Stanislau	743 (708)	Delatyn	Arztwagen, Gerätewagen	16.0, 35.3, 38, 50, 52, 54.1, 55.0, 55.6, 55.25, 56.35, 91.3, 92.22
	Sambor	428 (417)	Sianki	Ortsgerätewagen	13.3, 35.3, 54.0, 55.0, 55.7, 56.2, 57.3
	Drohebycz	391 (302)		Ortsgerätewagen	52, 55.0, 77.2
	Chodorow	311 (302)		Ortsgerätewagen	13.3, 35.3, 35.7, 55.25, 55.69, 57.3
	Stryi (Stryj)	413 (388)		Arztwagen, Gerätewagen	13.3, 35.3, 52, 55.0, 55.58, 56.2, 56.3, 57.3, 57.10, 90.2
	Kolomea	385 (369)	Sniatyn	Ortsgerätewagen	35.1, 54.1, 5525, 55.5, 56.37, 89.75, 92.22
Tarnopol 1611 (1526)	Tarnopol	1238 (1162)	Zloczow Potutory Podwoloczyska Kopyczynce	Arztwagen, Gerätewagen	35.3, 52, 55, 56.3, 57, 58.10, 58.23, 89.75, 94.4, Tp 102-104
	Czortkow	373 (364)		Gerätewagen	52, 53, 55.58, 56.31, 57
Ostbahndirektion Warschau					
Warschau 1 6149 (5835)	Warschau West	1720 (1664)	Bww Warschau West mit 548 (483)	Arztwagen, Gerätewagen	13.5, 17.1, 19.1, 36.4, 38.10, 38.45, 50, 52, 53, 55, 56, 57, 58.10, 58.23, 91.3, 140
	Warschau Danz Bf	257 (249)			36.4, 74.0, 91.3
	el Bw Grochow Fahrleitungs- inspektion	250 (249) 417 (399)			ET
	Koloszki	267 (251)	Rogow 600 mm	Gerätewagen	38, 75.12, 91.3, 140, *99.16*
	Petrikau	860 (795) Gerätewagen 140		Arztwagen,	54.1, 55.0, 55.7, 58.5, 58.10, 58.23,
	Skierniewice	636 (608)		Ortsgerätewagen	13.5, 38, 55.7, 58.10, 58.23, 140
	Sochaczew	423 (402)			50, 52, 55.0, 55.7, 56.3, 74.0, 91.3, 140
	Tschenstochau	667 (638)		Ortsgerätewagen	35.1, 38.10, 38.45, 52, 55.0, 55.25, 57, 91.3, Tp 15, 140
Warschau 2 5710 (5449)	Warschau Ost	1325 (1274)	Pilawa Bww Warschau Ost mit 463 (446)	Arztwagen, Gerätewagen, Ortsgerätewagen	13.5, 19.1, 38.10, 38.45, 50, 52, 55.0, 55.7, 55.25, 56, 57, 75.12, 91.3, 140
	Warschau Praga	1163 (1078)		Ortsgerätewagen	38, 50, 52, 54.12, 55.0, 55.7, 55.25, 56.41, 57, 91.3, 140
	Warschau Wilnaer Bf	178 (170)			13.5, 58.23, 75.12, 91.3
	Lukow	477 (456)			52, 54.1, 55.0, 55.25, 56.3, 140

Maschinenamt	Bw	Gefolgschaft	Lokbahnhöfe	Gerätewagen	zugeteilte Baureihen *
	Malaszewice	394 (371)	*Bila Podlaska 750 mm*	Ortsgerätewagen	55.0, 55.25, 56.3, 57, 75.12, 040, 140, *99.25*
	Malkina	349 (328)			36.4, 50, 52, 55.0, 55.7, 55.25, 56, 57, 75.5, 75.12, 91.3, 140
	Minsk Maz	122 (116)			55.7, 55.16, 55.25, 140
	Siedlce	1079 (1030)		Arztwagen, Gerätewagen, Kran	38.10, 38.45, 50, 52, 54.1, 55.0 55.7, 55.25, 56.2, 56.37, 57, 58.10, 58.23, 58.29, 74.0, 75.12, 140
	Tluszcz	190 (180)			38, 52, 55.7, 55.25, 75.12, 140
Lublin 3988 (3786)	Lublin	1746 (1676)	*Karczmiska 750 mm*	Arztwagen, Gerätewagen	35.2, 38, 52, 54.0, 55.7, 55.25, 56.2, 56.37, 57, 58.10, 58.23, 91.3, 92.5, 130, 140, *99.25*
	Chelm (Cholm)	843 (810)		Arztwagen, Gerätewagen	38.10, 38.45, 52, 54.0, 55.25, 56.37, 74.0, 130, 140
	Deblin	866 (819)		Ortsgerätewagen	38, 50, 54.1, 55.0, 55.7, 55.25, 56.37,57, 58.10, 58.23, 040, 140, 230
	Radom	236 (203)		Ortsgerätewagen	38, 52, 55.7, 57, 58.23, 91.3, 040, 140
	Zamose	297 (278)	*Zwierzyniec 600 mm*	Ortsgerätewagen	52, 55.7. 55.25. 56.37, 57.3, 74.0, 91.3, *99.15*
Schmalspurnebenamt Hrubieszow	*Hrubieszow*	*56 (56)*	*750 mm Gozdow Laszczow Werbkowice*		*99.25*

Generalverkehrsdirektion Osten, Sitz: Warschau
Reichsverkehrsdirektion Riga

Reval 2678 (2409)	Dorpat	255 (239)		Gerätewagen	55, 57
	Narwa	277 (214)		Gerätewagen	55, 91
	Petseri	172 (106)			55, 57
	Reval	400 (374)		Gerätewagen	55, 91, 93
	Taps	349 (315)		Arztwagenzug	38, 55, 57, 91
	Walk estn	492 (460)		Arztwagenzug	55, 57
	Walk lett	82 (58)		Gerätewagen	55, 57
	Reval-Klein	*250 (247)*		*Gerätewagen*	
	Moisaküla	*127 (124)*		*Arztwagenzug*	
	Pernau	*137 (136)*			
	Türi	*91 (90)*		*Gerätewagen*	
	Sonda	*46 (46)*		*Gerätewagen*	

„Anmerkung: Beim MA Reval sind in der Spalte „Gefolgschaft" die Bediensteten des Kohlenladedienstes nicht mit aufgeführt, da sie unmittelbar der Materialgruppe unterstellt sind. Im Laufe des Jahres werden sie noch in den Betriebsmaschinendienst übernommen."

Riga 6508 (5627)	Abrehnen	356 (255)		Arztwagen	55, 57
	Dünaburg	1057 (925)		Arztwagenzug, Kran	01, 01.10, 38, 55, 56, 57, 93
	Eckengraf	*57 (57)*	*Jakobstadt*	*Gerätewagen*	
	Elley 600 mm	*35 (35)*		*Gerätewagen*	
	Erichshof	165 (127)		Gerätewagen	55 (?)
	Idriza	158 (96)		Arztwagenzug, Gerätewagen	55, 57
	Libau	k. A.		Gerätewagen	38, 55, 91
	Libau 750 mm	*307 (290)*		*Gerätewagen*	
	Kreutzburg	295 (248)		Gerätewagen	55, 57, 91
	Mitau	860 (805)		Arztwagenzug, Kran	38, 55, 57, 91
	Riga Vbf	1055 (941)		Arztwagenzug, 2 Kräne	38, 50, 52, 55, 57, 91, 93
	Riga-Schreyenbusch	156 (129)			55, 57, 91, 93
	Rositten	641 (514)		Arztwagenzug	38, 55, 57
	Rositten 750 mm			*Gerätewagen*	
	Schwanenburg	359 (325)		Gerätewagen	55.0
	Schwanenburg 750 mm				

Maschinenamt	Bw	Gefolgschaft	Lokbahnhöfe	Gerätewagen	zugeteilte Baureihen *
	Stenden 600 mm	*147 (147)*		*Gerätewagen*	
	Windau	186 (184)		Gerätewagen	55
	Windau 600 mm	*-*		*Gerätewagen*	
	Wolmar 750 mm	*99 (99)*			
	Riga Kalpaka	456 (439)			
	Riga Kbw	119 (11)			Lkw, Pkw
	(eigene Dienststelle)				
Wilna 5826 (5044)	Kowno	889 (759)		Arztwagenzug	52, 55, 57, 91
	Krottingen	453 (405)		Arztwagenzug, Ortsgerätewagen	55, 57, 91
	Mascheiken (Moscheiken)	284 (257)		Ortsgerätewagen	57
	Neu Wilna	376 (325)			38, 55, 57, 91
	Palemonas	224 (192)			57
	Radviliskis	485 (438)	Subacius	Ortsgerätewagen	50, 52, 57, 91
	Schaulen	618 (537)		Arztwagenzug, Kran	38, 55.0, 57
	Svencioneliai	351 (301)		Arztwagenzug	38, 57
	Tauroggen	535 (443)		Arztwagenzug, Ortsgerätewagen	38, 57
	Wilna	1107 (1017)		Arztwagenzug, Kran	38, (52), 52.19, 55, 57, 91
	Wirballen	504 (370)		Ortsgerätewagen	38, 50, 52, 52.19
Reichsverkehrsdirektion Minsk					
Brest-Litowsk 3324 (2288)	Baranowitsche	736 (423)		Arztwagenzug, Kran	38, 50, 57
	Bereza-Kartuska	241 (195)			55 (?)
	Brest Hbf	1237 (953)		Arztwagenzug	38, 55.25, 57, 91, 95.3
	Brest Ost	409 (234)			38, 50, 55.25, 57, 91
	Brest Süd (im Bau)				
	Janow-Poleski	137 (99)			38, 57
	Luniniec	397 (275)		Arztwagenzug, Kran	38, 55
	Schitkowitschi	167 (109)		Gerätewagen	55
Gomel 4285 (3302)	Gomel	1248 (882)	Bww Gomel Zentral mit 225 (187)	Arztwagenzug, Gerätewagen	38, 52, 55, 57, 91
	Kalinkowitschi	493 (301)		Gerätewagen	38, 56
	Shlobin	1038 (830)		Arztwagenzug	38, 57, 91
	Snowskaja	557 (471)		Gerätewagen	57
	Unetscha	724 (651)		2 Gerätewagen	57, 91
Minsk 4534 (2770)	Borisow	477 (242)		Gerätewagen	55
	Lida	563 (494)		Ortsgerätewagen, Kran	38, 55, 57
	Minsk Gbf	1015 (494)	Bww Minsk Gbf mit 167 (106)	Arztwagenzug	52, 55, 57, 91, 93
	Minsk Pbf	512 (251)		Gerätewagen	38, 52, 55, 57, 91, 93
	Molodetschno	706 (453)		Gerätewagen, Kran	38, 57, 91, 93
	Osipowitschi	750 (462)		Gerätewagen	38, 56, 57
	Stolpce	344 (258)		Gerätewagen	
Polozk 3156 (1974)	Bigosowo	63 (23)			57
	Krolewschisna	283 (192)		Gerätewagen	38, 91
	Newel	219 (98)		Gerätewagen	
	Polozk	1122 (621)		Arztwagenzug, Gerätewagen	57, 93
	Witebsk	1469 (1040)		Arztwagenzug, Gerätewagen, Kran	38, 57, 91
Smolensk 3140 (1951)	Kritschew	363 (238)		Arztwagenzug	38, 55, 57
	Mogilew	493 (379)		Gerätewagen	57

Maschinenamt	Bw	Gefolgschaft	Lokbahnhöfe	Gerätewagen	zugeteilte Baureihen *
	Orscha Zentral	953 (623)		Arztwagenzug	38, 55, 57, 58.23, 91
	Orscha Ost	458 (283)		Gerätewagen, Kran	38, 55, 57, 58.23, 91
	Smolensk	692 (377)		Gerätewagen, Kran	38, 50, 55, 56, 57, 91, 93
der RVD Minsk unmittelbar unterstellt:					
	Minsk Kbw	181 (51)		Abschleppwagen	Lkw, Pkw
Reichsverkehrsdirektion Kiew					
Bobrinskaja 593 (3950)	Bobrinskaja	169 (1021)	Bww Bobrinskaja 27 (355)	Arztwagen	52, 56, 57, 58.23, 91
	Christinowka	78 (497)		Gerätewagen	57
	Krowograd	64 (423)		Gerätewagen	
	Mironowka	86 (357)		Gerätewagen	
	Pomoschnaja	96 (536)		Arztwagen, Gerätewagen	57
	Wosnessensk	14 (269)		Gerätewagen	52.19
	Zwetkowo	59 (271)		Gerätewagen	57
	Swenigorodka	*- (285)*			
	Iwange	*- (26)*			
Kasatin 676 (3409)	Fastow Hbf	100 (463)			38, 57, 91
	Fastow Ost	133 (666)		Gerätewagen	38, 50, 57, 91, 93
	Kasatin Hbf	223 (1257)	Prorebischtsche	Arztwagen, Gerätewagen;	38, 50, 52, 57, 93
			Skwira	*Gerätewagen*	
	Kasatin West	124 (699)	Berditschew		38, 50, 52, 57, 93
	Shitomir	96 (324)	Zwiahel	Gerätewagen	91
Kiew 631 (3064)	Kiew Hbf	172 (923)	Bww Kiew mit 62 (302)	Arztwagen, Gerätewagen	38, 55, 57, 91
	Kiew Ost	51 (434)			38, 50, 55, 57, 91
	Darniza	102 (511)		Gerätewagen	38, 57, 91
	Korosten	73 (587)		Arztwagen, Gerätewagen	38, 55
	Owrutsch	11 (135)			
	Kiew Kbw	160 (172)			Lkw, Pkw
Konotop 725 (4838)	Bachmatsch	119 (539)		Gerätewagen	55.1, 55.25, 57
	Belopolje	65 (488)			57
	Getnja	42 (345)		Gerätewagen	
	Konotop	111 (752)			55
	Lgow	90 (546)		Gerätewagen	38, 55, 57
	Neshin	92 (937)	Priluki Tschernigow	Gerätewagen	38
	Schostka	7 (105)			
	Smorodino	55 (297)		Ortsgerätewagen	
	Woroshba	144 (829)	Korenowo	Arztwagen, Gerätewagen	38, 57
Kowel 983 (3547)	Kowel	116 (739)	Bww Kowel, einschl. Kbw mit 62 (347)	Arztwagen, Gerätewagen	38, 55, 57, 91, 93 Lkw
	Kiwerce	61 (253)		Gerätewagen	57, 91
	Radziwillow	48 (180)			38
	Sarny	75 (223)		Gerätewagen	38
	Schepetowka	301 (878)		Gerätewagen	38, 52, 57, 91
	Sdolbunow	294 (798)	Dubno	Gerätewagen	38, 50, 52, 57, 91, 93
	Wladimir Wolynsk	26 (129)		Ortsgerätewagen	52, 93
Lubny 238 (1778)	Grebenka	77 (487)		Gerätewagen	91
	Lubny	54 (480)			38
	Romodan	68 (419)		Arztwagen, Gerätewagen	55
	Romni (Romny)	39 (392)		Ger.-, Werkst.-Wg.	55
Winniza 304 (2391)	Andrusowo	37 (184)		Gerätewagen	38, 57, 91

Maschinenamt	Bw	Gefolgschaft	Lokbahnhöfe	Gerätewagen	zugeteilte Baureihen *
	West				
	Gretschany	129 (697)		Gerätewagen	52, 52.19, 55.25, 57, 91
	Shmerinka	116 (114)		Arztwagen, Gerätewagen	52, 57, 91
	Staro-Konstantinow Ost	22 (176)		Gerätewagen	38, 91
	Gajworen	*- (320)*		*Gerätewagen*	

Reichsverkehrsdirektion Dnjepropetrowsk

Stalino 1255 (6406)	Charzisk	37 (367)		Behelfsgerätewg.	55
	Ilowaskoje	169 (1036)		Behelfsgerätewg.	38, 55
	Jassinowataja Ost	47 (276)	Makejewka Stadt		55
	Jassinowataja West	221 (969)	Bww Jassinowataja mit 35 (291)	Behelfsgerätewg.	55, 93
	Umdejewla Kbw	11 (29)			Lkw
	Mariupol	83 (370)			57, 91, 93
	Postychewo	155 (1015)		Behelfsgerätewg.	55
	Stalino Stadt	92 (226)	Kalismus Muschketowo	Behelfsgerätewg.	38, 57, 91
	Stalino West	159 (454)	Petrowka	Behelfsgerätewg.	38, 57, 91
	Tschaplino	165 (885)		Behelfsgerätewg.	38, 52, 52.19, 55, 57, 91, 93
	Wolnowacha	81 (488)		Behelfsgerätewg.	57, 91
Saporoshje 412 (3001)	Sapor. Stadt	96 (613)		Behelfsgerätewg.	38, 52, 52.19, 57
	Saporoshje Süd	73 (417)		Behelfsgerätewg.	38, 52, 52.19, 57
	Pologi	110 (604)	Berdjansk	Behelfsgerätewg.	52.19, 55, 57, 91
	Melitopol	80 (1149)	Nowoalexejewka	Behelfsgerätewg.	52.19, 38, 57
	Zarekonstantinowka	17 (158)		Behelfsgerätewg.	
	Seilbahn Saporoshje	36 (60)			
Simferopol 419 (2099)	Simferopol	72 (565)	Sewastopol	Gerätewagen, Zusatzwagen, Mannschaftswagen	52, 52.19, 57, 91
	Kertsch	67 (288)		Gerätewagen, Hilfsgerätewagen	91
	Dshankoj	112 (453)		Gerätewagen, Arztwagen	38, 52, 52.19
	Sarigol	86 (593)		Gerätewagen, Gerätebeiwagen, Mannschaftswagen	
	Radenskoje	63 (183)		Behelfsgerätewg.	38, 52.19
	Preobraschenka	19 (17)			52.19
Dnjepropetrowsk 813 (7561)	Dnjepropetrowsk	148 (1689)	Bww Dnjepropetrowsk mit 4 (153)	Wohnwagen, Mannschaftswagen, Arztwagen, 3 Gerätewagen	38, 55, 57, 93
	Usel	159 (1367)		2 Gerätewagen, Mannschaftswagen, Wohnwagen	38, 57, 93
	Sinelnikowo	91 (908)	Pawlograd	2 Gerätewagen, Mannschaftswagen	38, 57
	Werchowzewo	53 (542)		Gerätewagen, Mannschaftswagen	55.25, 57, 91
	Pjatichatki	151 (1166)		Arztwagen, 2 Gerätewagen, Mannschaftswagen, Wohnwagen	38, 52, 55, 56, 57
	Dolginzowo	63 (740)		Gerätewagen	52.19, 57, 91
	Apostolowo	56 (503)	Loschkarewka	Behelfsarztwagen, Gerätewagen, Mannschaftswohnwg.	55, 91

Maschinenamt	Bw	Gefolgschaft	Lokbahnhöfe	Gerätewagen	zugeteilte Baureihen *
	Nikopol	35 (352)	Dnjeprostroy	Gerätewagen, Mannschaftswagen	57
	Dnjepro-petrowsk Kbw	54 (51)			Lkw, Pkw
Debalzewo 1021 (3595)	Slawjansk	92 (523)		Gerätewagen	57, 91
	Konstan-tinowka	37 (365)			57
	Nikitowka	110 (450)	Artemowsk	Gerätewagen	57
	Gorlowka	77 (322)	Rykowo	Hilfsgerätewagen	38
	Debalzewo Pbf	248 (597)		Arztwagen, Gerätewagen	38, 55, 56, 57, 91
	Debalzewo Ost Vbf	110 (236)			55, 57, 91
	Schtschetowo	178 (428)		Gerätewagen	55
	Rodakowo	54 (127)			
	Kaganowitsche	46 (266)		Hilfsgerätewagen	
	Woroschilow-grad	30 (192)			57
	Dronowo	39 (89)			
Snamenka 610 (3443)	Snamenka	221 (1448)	Bww Snamenka mit 27 (263)	Arztwagen, Gerätewagen, 2 Mannschaftswagen, Behelfsgerätewg., Gerätewagen	38, 44, 50, 57, 58, 91, 93
	Krementschug	45 (573)		2 Gerätewagen, Mannschaftswagen	38, 57, 91
	Dolinskaja	59 (304)		Gerätewagen, Mannschaftswagen	38, 52, 55.0, 55.7, 55.25, 56, 57, 58.23, 93
	Nikolajew	80 (495)		Arztwagen, 2 Gerätewagen, Mannschaftswagen	38, 52, 52.19, 55.0, 55.25, 57, 91
	Cherson	48 (194)		Gerätewagen	38, 52
	Eisenbahn-fähren Cherson	130 (166)			
Poltawa 510 (4507)	Poltawa	115 (1063)	Bww Poltawa mit 66 (719)	Gerätewagen, Mannschaftswagen, Arztwagen	38, 55, 57, 91, 93
	Ljubotin	137 (1331)		Gerätewagen, Mannschaftswagen, Arztwagen	38
	Losowaja	155 (1064)		Gerätewagen	38, 55, 57, 91, 93
	Konstantinograd	37 (300)		Hilfsgerätewagen	57

* Auswahl von Lokomotivbaureihen, die mit Sicherheit in einer größeren Anzahl dort zwischen 1939 und etwa 1944/45 beheimatet waren

Anmerkungen:

Im Jahre 1943 war die RVD Rostow bereits wieder aufgelöst. Zu dieser RVD gehörten die Bw Rostow (Baureihen 38, 55, 57, 91, 93 beheimatet), Bw Bataisk (55, 57), Bw Illowaskoje (55, 57) und das Bw Jasinotwaja (38, 55, 57, 91, 93). In diesem RVD-Bezirk waren auch viele Breitspurlokomotiven eingesetzt.

Das Bw Charkow (Baureihen 38, 50, 52, 55, 57, 91, 93) gehörte zur RVD Dnjepropetrowsk (verschiedentlich auch beim FEKdo 3 genannt); es war allerdings aufgrund des Frontverlaufs im Jahre 1943 wieder in sowjetischer Hand.

Die im Text mehrfach erwähnten Bw Odessa-Triaj und Wapnjarka unterstanden der CFR und sind daher in dieser Auflistung nicht enthalten.

Die Angaben über die Gefolgschaft – die Zahl der Arbeitskräfte – in den Spalten 1 und 3 sind unterteilt nach deutschen und in Klammern nach ausländischen Eisenbahnern; die Angaben über Schmalspur-Bw sind kursiv geschrieben. Die RBD Königsberg wurde im Gegensatz zu den RBD Breslau, Stettin und Oppeln in dieser Auflistung mit aufgenommen, da sich aufgrund der Frontnähe der Lokomotivpark entsprechend veränderte und somit zur Vollständigkeit auch diese Bw mit erwähnt werden müssen.

7.5 (zu Abschnitt 6.3)

Schadrückkehrlokomotiven aus dem Osten
Nach Anlage 1, Schreiben GVD Osten vom 7.9.1944, erfaßt in den Lokauffangstellen 1943/1944

Baureihe	Anzahl	via CFR
• 38/P 8	294	1
	(erfaßt 292)	
• 52	454	94
• 55/G 7.1	152	-
• 55/G 7.2	47	
	(erfaßt 45)	-
• 55/G 8	174	
	(erfaßt 170)	3
• 55/G 8.1	494	
	(erfaßt 484)	12
• 56/G 8.1 u	267	7
• 56/G 8.2	198	-
• 57/G 10	552	52
• 91/T 9.3	162	3
• 92/T 13	24	
	(erfaßt 23)	
• 93/T 14	16	-
• 93/T 14.1	27	-
Beutelokomotiven		
• Lit/Lett	49	-
• PKP	98	-

Zur RBD Posen gehörten:
- 38 1020, 1296, 1356, 1526, 1711, 1777, 2145, 2517, 2822, 3396
- 52 008, 012, 013, 018, 027, 029, 030, 032, 041, 043, 045, 050 – 052, 054, 057, 058, 060 – 062, 065, 075, 079, 084, 086, 092, 103(?), 112, 113, 115, 119, 121, 144, 147, 149, 152, 154, 156, 166, 168, 169, 172 – 174, 177, 178, 182, 187, 189, 191 – 194, 202, 206, 214, 234, 235, 238, 239, 247, 248, 255, 259, 262 – 264, 268 – 270, 274, 277, 278, 281, 284 – 287, 289, 291, 292, 294, 295, 299, 300, 304, 305, 308 – 311, 315, 316, 318, 323, 324, 326, 327, 331, 339, 341, 342, 344 – 346, 361, 408(?), 410, 420, 421, 427, 430, 432, 436 – 439, 442, 449, 470, 472, 474, 477, 478, 493, 496, 497, 499, 505, 510, 513, 515, 516, 529, 539, 541, 558, 605, 609, 610, 1118, 1125, 1128, 1131, 1132, 1350, 1351, 1353, 1358, 1359, 1375, 1378, 1391, 1617, 1618
- 52 Kon 1851 – 1853, 1855, 1857, 1859, 1862, 1865, 1868 – 1871, 1873, 1876, 1878, 1881 – 1883, 1885 – 1887, 1889, 1892, 1893, 1895, 1898 – 1900, 1907, 1910, 1912, 1914, 1918, 1919, 1921 – 1925, 1927, 1929, 1931, 1932, 1935, 1936, 1939, 1940, 1943, 1946
- 52 2094, 2096, 2099, 2101, 2107, 2108, 2110, 2111, 2113, 2119, 2125, 2133, 2165, 2171, 2172, 2175, 2177, 2180, 2182, 2195, 2199, 2201, 2203 – 2205, 2208, 2214, 2217, 2228, 2231, 2233, 2234, 2237, 2239, 2243 – 2245, 2250, 2258, 2269, 2275, 2277, 2281, 2283 – 2285, 2289, 2295, 2297, 2300, 2307, 2309, 2312, 2313, 2322 – 2324, 2332, 2334, 2335, 2337, 2339, 2342, 2344, 2345, 2349, 2374, 2417, 2419, 3105, 3108, 3109, 3113, 3146, 3149, 3151, 3152, 3154, 3158, 3159, 3170, 3171, 3177 – 3179, 3182, 3184, 3353, 3354, 3357, 3360, 3381, 3400, 3402, 3405 –

3407, 3409, 3420, 3423, 3424, 3428, 3430, 3431, 3435, 3436, 3439, 3442 – 3446, 3451, 3452, 3455, 3457, 3470, 3479, 3486, 3489, 3584, 3611, 4765, 4773, 4778, 4780, 4782, 4784, 4785, 4789, 4793, 4808, 4810(?), 4812, 4865, 4967, 5129, 5135, 5137, 5174, 5393 – 5395, 5397, 5400, 5402, 5404 – 5406, 5410, 5413, 5428, 5433, 5437, 5440, 5442, 5445, 5451, 5465, 5468 – 5470, 5498, 5539, 5542, 5577, 5578, 5741, 5876, 5877, 5879, 5880, 5896, 5897, 5904, 5905, 5911, 5915, 5916, 5922, 5923, 5926 – 5928, 5931, 5932, 5939, 5946, 5950, 5953, 5956, 5957, 5959, 5963, 5965, 5968, 5971, 5972, 5974, 5976, 5984, 5989, 5992, 5994, 5999, 6000, 6006, 6010, 6011, 6015, 6016, 6019, 6022, 6024, 6026 – 6028, 6032, 6034 – 6036, 6039, 6049, 6053, 6056, 6065, 6074, 6081, 6087, 6088, 6095, 6074, 6081, 6087, 6088, 6095, 6103, 6104, 6111, 6117, 6120, 6123, 6124, 6126, 6130, 6134 – 6136, 6143, 6153, 6155, 6158, 6159, 6163, 6169, 6171, 6172(?), 6174, 6175, 6182 – 6185, 6189, 6193 – 6195, 6198, 6199, 6210, 6216, 6229, 6231, 6233, 6257, 6262, 6264, 6266, 6267, 6269, 6272, 6277, 6279, 6280, 6282, 6284, 6289, 6293, 6322, 6323, 6328, 6341, 6343, 6344, 6399(?), 6652, 6687, 6692 – 6694, 6703, 6708, 6709, 6712, 6721, 6722, 6724, 6730, 6732, 6737, 6738, 6746, 6749, 6757, 6818(?), 6839, 6922, 6927, 6930, 6932, 6962, 7008, 7009

- 55 073, 153, 442, 447, 590
- 55 717, 743, 746, 764, 778, 797, 798, 801, 834, 847, 1240, 1258, 1328, 1399,
- 55 1638, 1648, 1652, 1653, 1656, 1670
- 55 2601, 2623, 2642, 2779, 2900, 2925, 3160, 3180, 3315, 3325, 3447, 3450, 3485, 3579
- 56 251, 291
- 56 2303
- 57 1070, 1217, 1219, 1329, 1552, 1736, 1833, 1900, 2071, 2311, 2357, 2398, 2718, 2769, 2922, 3028, 3080, 3117, 3469
- 91 343, 362, 415, 417, 428, 567, 570, 634, 645, 648, 670, 729, 736, 753, 872, 891, 892, 1054, 1204, 1451, 1780
- 92 918

Anmerkung:
Via CFR heißt, daß die Lokomotiven über die Gleisanlagen der rumänischen Staatsbahnen CFR nach Deutschland zurückgeführt wurden.

7.6
Verzeichnis (Auszug) der während der deutschen Besetzung verwendeten und heutigen Ortsnamen

Polen

Allenstein	Olsztyn
Belgard	Bialogard
Berent	Koscierzyna
Bilalystok*	Bialystok
Birnbaum	Miedzychod
Breslau	Wroclaw
Bromberg	Bydgoszcz
Cholm*	Chelm
Danzig	Gdansk
Deblin*	Deblin
Deutsch Eylau	Ilawa
Dirschau	Tczew
Eichenbrück	(Wongrowitz) Wagrowiec
Elbing	Elblag
Gleiwitz	Gliwice
Gnesen	Gniezno
Gotenhafen	(Gdingen) Gdynia
Graudenz	Grudziadz
Hohensalza	Inowroclaw
Hirschberg	Jelina Gora
Jarotschin	Jarocin
Johannisburg	Ruciane Nida
Kattowitz	Katowice
Krakau*	Krakow
Karschnitz	(Karsznice) Zdunska Wola Karsznice
Krenau	Chrzanow
Korschen	Korsze
Landsberg	Gorzow
Lissa	Leszno
Litzmannstadt	Lodz
Lowitsch*	Lublin
Lukow*	Lukow
Lyck	Elk
Malkina*	Malkina
Marienburg	Malbork
Nakel	Naklo n. Notecia
Neisse	Nysa
Neu Bentschen	Zbaszynek
Neu Zagorz	Nowy Zogórz
Oppeln	Opole
Posen	Poznan
Przemysl*	Przemysl
Przeworsk*	Przeworsk
Radom*	Radom
Reichshof*	Rzeszow
Reppen	Rzepin
Sagan	Zagan
Schneidemühl	Pila
Sielce*	Sielce
Skarzysko*	Skarzysko Kamiena
Sochazew*	Sochaczew
Stargard	Stargard Szcz.
Stettin	Szczecin
Thorn	Torun
Tomaschow*	Tomaszow Mazowiecki
Tschenstochau*	Czestochowa
Warschau*	Warszwawa
Weichsel	Wisla (Fluß)
Wollstein	Wolsztyn
Zakopane*	Zakopane

* Städte gehörten nicht zum deutschen Reichsgebiet

UdSSR/Rußland/Baltische Staaten usw.

Belorußland	Weißrußland
Bereski	Porchow
Cherson	Cherson
Eydtkau	(Eydtkuhnen) Tscherniskoskoje
Dünaburg	Daugavplis
Gerdauen	Zeleznodoroznyi
Grodno	Grodno
Insterburg	Tschernjachowsk
Königsberg	Kaliningrad
Kreuzburg	Krustpils
Lemberg	Lwow/Lwiw
Leningrad	St. Petersburg
Libau	Liepaja
Mitau	Jelgava
Memel	Klaipeda
Pleskow	Pskow
Poltawa	Poltawa
Radviliskis	Radviliskis
Rawa Russka	Rawa Russkaja
Reval	Tallin
Scharfenwiese	Ostrolenka
Schaulen	Siauliai (Schauljai)
Schwanenburg	Svencioneliai
Shmerinka	Schmerinka
Stary	Alt
Tarnopol	Ternopol (russ.), Ternopil (ukr.)
Tauroggen	Taurage (lit.)
Tilsit	Sowjetsk
Wilna	Vilnius, Wilna (lit.)
Wirballen	Virbalis

Trotz einer einheitlichen Schreibweise von Ortsnamen (z.B. auf Landkarten) zeichnen sich Unterschiede zu Namen in den verschiedensten Schriften auf.

Beispiele: Zdolbunow und Sdolbunow, Dshangkoi oder Dshankoj bzw. Birzula und Birsula. Hinzu kommen aber auch „einfache" Schreibfehler, wie bei Mascheiken und Moscheiken oder bei Romny bzw. Romni.

Aber auch unterschiedliche Darstellungen auf Landkarten wurden festgestellt. Die Ursache liegt z.B. in der russischen, moldawischen, ukrainischen oder rumänischen Sprache (und Schrift) von Orten im Schwarzmeer-Raum, einschließlich der damit verbundenen Staatenwechsel aufgrund veränderter Grenzen. Fehlerhafte Übersetzungen (russisch-englisch-deutsch) erschweren das Auffinden zusätzlich. Der Ort Birsula beginnt nicht mit einem kyrillischen B = W, sondern tatsächlich mit einem B.

7.7
Abkürzungsverzeichnis

AL	Alsace-Lorraine – Elsaß-Lothringen, elsässische Lokomotiven)	Lok Vers A	Reichsbahn-Versuchsamt für Lokomotiven und Triebwagen Berlin-Grunewald (auch LVA)
AOK	Armee-Oberkommando	Lz	Lokleerfahrt
APr	Abteilungspräsident	MA	Maschinenamt
b	bei	Mineis	Ministerium für Eisenbahnwesen – „Drahtwort"
betr.	betreffende		für RVM, Eisenbahnabteilungen (Fernschreiben)
BLO	Betriebsleitung Osten beim Chef des Transportwesens in Warschau (ab 1942 GVD Osten)	mot.	motorisiert
		Muna	Munitionsanlage, -fabrik
BMB	Böhmisch-Mährische Bahnen	OAW	Ausbesserungswerk der Ostbahn (im Generalgouvernement)
C 1	Warschau C 1, Postleitzahl für Warschau-Praga		
Dez	Dezernat/Dezernent (Dez 21 – Lokdienst)	OBD	Ostbahndirektion (Ostbahn-Bezirksdirektion)
DRB	Deutsche Reichsbahn (DR wurde häufig für Drittes Reich verwendet)	Oberlt.	Oberleutnant
		Obl	Oberbetriebsleitung
	(ab etwa 1937 wieder DRB, bis dahin DRG)	OKH	Oberkommando des Heeres
DRo	Deutsche Reichsbahn (Ost), sowjetisch besetzte Zone (nach 1945)	OKW	Oberkommando der Wehrmacht
		OMA	Ostbahn-Maschinenamt
DR	Deutsche Reichsbahn (West), Westalliierte Zonen (1945 – 1949)	ORR	Oberreichsbahnrat
		Osteis	Zweigstelle Osten des RVM in Warschau
d s	das sind	OT	Organisation Todt (halbmilitärische Bautruppen 1938 – 1945)
DWM	Deutsche Waffen- und Munitionsfabrik AG, Werk Posen, vormals Cegielski		
		Posen Ost	RBD Posen für besetzte Ostgebiete
EAW	Eisenbahn-Ausbesserungswerk (in den besetzten Gebieten)	r	rund (etwa)
		RBD	Reichsbahndirektion
EBD	Eisenbahndirektion (Übergangsbezeichnung in den besetzten Ostgebieten 1941)	RR	Reichsbahnrat
		RVD	Reichsverkehrsdirektion (ab Oktober 1942)
Eis	Eisenbahn(er)	RVM	Reichsverkehrsministerium
e	elektrisch	RZA	Reichsbahn Zentralamt
FBD	Feldeisenbahndirektion, auch Feldeisenbahndivision (bis 1942)	Shm	Bw Shmerinka
		SMA D	Sowjetische Militäradministration in Deutschland
fdl.	feindlich	Su.	Summe
FEKdo	Feldeisenbahn-Kommando (so bezeichnet ab März 1942)	St 10a/11a	Statistischer Nachweis über Lokomotiven – Jahresnachweis bzw. Monatsnachweis
FS	Fernschreiben, Fernspruch	Stck	Stück
Gbl	Generalbetriebsleitung (auch GBL)	Std.	Stunde
GDW	Geschäftsführende Direktion für das Werkstättenwesen	TE	sowjetische Reihenbezeichnung für die Baureihe 52 (gesprochen TÄ), T – Trophäe, Beute
Gedob	Generaldirektion der Ostbahn in Krakau	Tk	Transportkommandantur
GTrSO	General des Transportwesens SüdOst in Belgrad	tRI, tROI	technischer Reichsbahn-Inspektor, – Oberinspektor
GVD	Generalverkehrsdirektion	Ts	(Bw) Tschaplino
	GVD Osten mit den RVD Minsk, Riga, Dnjepropetrowsk und Kiew (sowie den FEKdo 2, 3, 4 und 5)	u.	und
		ÜK	Übergang zur Kriegslok, umgangssprachlich „Übergangskriegslok"
HBD	Haupteisenbahndirektion (nach 1942 RVD)		
HVD	Hauptverkehrsdirektion (Übergangsbezeichnung 1942)	VB	Vereinheitlichungsbüro der Deutschen Lokomotivbau-Vereinigung (DLV)
Js	Jahres, des (d Js)	Verf	Verfügung
K	Kriegslokomotive	W 8	Berlin W 8, Postleitzahl für Berlin-Mitte
k. A.	keine Angaben	WTL	Wehrmachtstransportleitung
KDL	Kriegsdampflokomotive	Wv	Wiedervorlage
K'lok	Kondenslokomotive	WVD	Wehrmachtsverkehrsdirektion (in den besetzten Westgebieten)
Kodeis	Kommandeur der Eisenbahntruppen		
Kr	Kreis (Landkreis)	z T	zum Teil
L	Leihlokomotive	z Zt	zur Zeit
Lokafa	Lokauffangstelle	+	ausgemustert

8 Der Zweite Weltkrieg im Osten

1939 **31. August:** Das OKW erläßt die „Weisung Nr. 1 für die Kriegsführung" (fingierter Überfall auf den Sender Gleiwitz)

1. September: Um 4.45 Uhr beginnt der deutsche Überfall auf Polen

4. September: Deutsche Truppen besetzen Grudziadz und Czestochowa

5. – 7. September: Kielce, Krakow und Torun werden besetzt

8. – 28. September: Verteidigung des eingeschlossenen Warschaus

17. September: Die polnische Regierung und das Oberkommando der polnischen Streitkräfte treten auf rumänisches Gebiet über.

Es beginnt der Einmarsch der Roten Armee in die Gebiete Westbelorußlands und der Westukraine

28. September: Abschluß eines sowjetisch-estnischen Beistandsvertrages, deutsch-sowjetischer Vertrag über die Festlegung der deutsch-sowjetischen Demarkationslinie

5. Oktober: Beistandspakt zwischen der UdSSR und Lettland

6. Oktober: Die letzten polnischen Verbände legen die Waffen nieder

8. – 12. Oktober: Annektion der westlichen Provinzen Polens durch deutsche Truppen, Bildung des Generalgouvernements

10. Oktober: Beistandspakt zwischen der UdSSR und Litauen

30. November: Beginn des von Finnland provozierten finnisch-sowjetischen Krieges

1940 **11. – 13. Februar:** Durchbruch sowjetischer Truppen durch die Mannerheimlinie

12. März: Friedensvertrag zwischen Finnland und der UdSSR

28. – 30. Juni: Abschluß einer sowjetisch-rumänische Vereinbarung über die Rückgabe Bessarabiens und der nördlichen Bukowina an die UdSSR

21. – 22. Juli: Wiedererrichtung der Sowjetmacht in Litauen, Lettland und Estland

30. August: Im 2. Wiener Schiedsspruch wird Rumänien gezwungen, einen Teil Transsylvaniens an Ungarn und einen Teil der Dobrudscha an Bulgarien abzutreten – bei gleichzeitigen Versprechungen sowjetischer Gebiete, die gemeinsam erobert werden sollten

18. Dezember: Weisung Nr. 21 des OKW (Fall Barbarossa) zum Überfall auf die Sowjetunion

1941 **14. Januar:** Zustimmung Rumäniens zum Krieg gegen die Sowjetunion

30. Januar: Absprachen des OKH mit dem finnischen Generalstab über die Teilnahme Finnlands am Überfall auf die UdSSR

31. Januar: Erste Aufmarschanweisung des OKH zum Überfall auf die SU fertiggestellt

1. März: Einmarsch deutscher Truppen in Bulgarien

5. April: Sowjetisch-jugoslawischer Freundschafts- und Nichtangriffspakt

6. April: Um 5.15 Uhr überfallen deutsche Verbände Jugoslawien und Griechenland

17. April: Kapitulation Jugoslawiens

21. April: Kapitulation Griechenlands

2. Juni: Hitler informiert Mussolini über den geplanten Angriff gegen die Sowjetunion

10. Juni: Aufmarsch deutscher Luftwaffen-Verbände gegen die UdSSR

11. Juni: Entwurf der Weisung Nr. 32 des OKW mit der Festlegung der weiteren strategischen Ziele nach der geplanten schnellen Niederwerfung der Sowjetunion

12. Juni: Gespräch zwischen Hitler und Antonescu (Rumänien) über den gemeinsamen Angriff gegen die Sowjetunion

17. Juni: Befehl Hitlers zum Beginn des Überfalls auf die UdSSR: Dieser soll am 22. Juni, 3.30 Uhr, beginnen

22. Juni: Ohne Kriegserklärung überfällt die deutsche Wehrmacht die UdSSR.

Rumänien und Italien erklären der Sowjetunion den Krieg

26. Juni: Kriegserklärung Finnlands an die Sowjetunion

22. Juni – 9. Juli: In den Grenzschlachten erleiden die sowjetischen Truppen schwere Verluste und ziehen sich zurück

22. Juni – 22. Juli: Kampf um die Festung Brest

28. Juni – 10. Juli: Den bei Bialystok und Minsk eingeschlossenen sowjetischen Truppen gelingt es teilweise, aus dem Kessel auszubrechen

29. Juni: Eroberung von Riga, Beginn des Angriffs auf Murmansk

30. Juni: Okkupation von Lwow

2. Juli: Unterstützung der Heeresgruppe Süd durch den Angriff der 11. Armee von Rumänien aus

10. Juli: Beginn der finnischen Offensive nördlich des Ladogasees

16. Juli: Eroberung von Smolensk durch deutsche Einheiten

20./21. Juli: Luftangriffe auf Leningrad und Moskau

27. Juli – 8. August: Schlacht bei Uman

5. August – 16. Oktober: Kampf um Odessa

17. August: Deutsche Truppen in Nikolajew

21. August – 27. September: Deutsche Offensive am Südflügel der deutsch-sowjeischen Front

25. August: Eroberung von Dnjepropetrowsk

1. – 10. September: Sowjetischer Gegenangriff bei Jelnja

6. September: Weisung des OKW Nr. 35 zur Vorbereitung des Angriffs auf Moskau

9. September: Beginn der Verteidigung Leningrads unter den Bedingungen der Blockade

19. September: Eroberung von Kiew

30. September: Beginn der Schlacht von Moskau mit dem Angriff der Heeresgruppe Mitte gegen die Brjansker Front

14. Oktober: Eroberung von Kalinin

17. – 27. Oktober: Durchbruch deutscher Truppen durch die Landenge von Perekop und Belagerung Sewastopols

21. Oktober: Deutsche Armee in Rostow

25. Oktober: Eroberung von Charkow

15. – 16. November: Wiederaufnahme des Angriffs auf Moskau

17. November: Beginn der sowjetischen Gegenoffensive bei Rostow

19. November: Sowjetische Gegenoffensive bei Tichwin

28. November: Deutsche Truppen erreichen bei Dimitrow den Moskau-Wolga-Kanal

29. November: Sowjetische Truppen befreien Rostow

2. Dezember: Die Heeresgruppe kommt mit ihrer Offensive in den Vororten von Moskau zum Stillstand

5. Dezember: Beginn der sowjetischen Gegenoffensive vor Moskau gemeinsam mit der Kalininer Front, der West- und der Südwestfront, die sich der Offensive anschließen

8. Dezember: Weisung des OKW Nr. 39 zum Übergang zur strategischen Defensive

9. – 13. Dezember: Sowjetische Truppen befreien Jelez, Stalinogorsk, Klin und Istra

16. Dezember: Hitler fordert die Soldaten an der Ostfront zu „fanatischem Widerstand" auf. Befreiung von Kalinin durch die Rote Armee

30. und 31. Dezember: Befreiung von Kaluga und Bejow

1942

8. Januar – 20. April: Erfolgreiche Offensive der Roten Armee an der gesamten sowjetisch-deutschen Front

18. Januar – 28. April: Einkesselung von deutschen Verbänden im Raum Demjansk

27. Februar: Erfolglose Offensive sowjetischer Verbände zur Befreiung der Krim

5. April: Weisung des OKW Nr. 41 zur erneuten Offensive, um den Kaukasus und die Wolga bei Stalingrad zu erreichen

1. Mai: Konzentration von 178 Divisionen, acht Brigaden und vier Luftflotten (80 Prozent aller deutschen Landstreitkräfte) an der deutsch-sowjetischen Front

8. – 15. Mai: Eroberung der Halbinsel Kertsch durch die 11. Armee

12. – 19. Mai: Offensive der sowjetischen Südwestfront in Richtung Charkow

17. – 28. Mai: Erfolgreiche deutsche Gegenoffensive bei Charkow

2. Juni – 4. Juli: Dritter deutscher Angriff auf Sewastopol, die „Festung" fällt nach 240 Tagen

Verteidigung, die Halbinsel Krim ist ganz in deutscher Hand

28. Juni: „Operation Blau" – Beginn der deutschen Sommeroffensive im Südabschnitt

5. – 6. Juli: Durchbruch deutscher Truppen am oberen Don

9. Juli: Deutscher Vorstoß nach Süden und Offensive auf den unteren Donez und Don

12. Juli: Das sowjetische Oberkommando bildet die Stalingrader Front

17. Juli: Beginn der Schlacht an der Wolga und im großen Donbogen

23. Juli: Weisung des OKW Nr. 45 über die gleichzeitige Offensive in Richtung Stalingrad und gegen den Kaukasus

30. Juli: Beginn einer sowjetischen Offensive gegen die Heeresgruppe Mitte bei Rshew

3. August: Deutsche Verbände stehen im Kaukasus am Kuban

6. – 17. August: Von der 6. Armee wird das gesamte Ufer am Donbogen erobert

22. August: Gescheiterter deutscher Angriff auf Suchumi. Die 6. Armee erreicht einen Tag später nördlich von Stalingrad die Wolga

3. September: Verbände der 6. Armee erreichen Stalingrad

10. September: Die 4. deutsche Panzerarmee dringt von Süden her bis Stalingrad vor

13. September: Beginn der sowjetischen Verteidigung von Stalingrad

10. Oktober: Erneuter deutscher Angriff auf Stalingrad

19. November: Sowjetische Gegenoffensive an der Wolga

23. November: Die 6. Armee (330.000 Soldaten) wird in Stalingrad eingeschlossen

12. – 29. Dezember: Vergebliche deutsche Entsatzversuche für eingeschlossene Truppen bei Stalingrad bzw. zwischen Don und Wolga

16. – 30. Dezember: Zerschlagung der 8. italienischen Armee am mittleren Don

1943

18. Januar: Durchbruch der Leningrader Blockade

13. und 14. Januar: Sowjetische Offensive an der Woronesher Front, Zerschlagung der 2. ungarischen und 8. italienischen Armee

24. und 25. Januar: Angriff an der Woronesher Front, Vernichtung von elf deutschen Divisionen; Befreiung von Woronesh, Spaltung deutscher Kräfte in Stalingrad

31. Januar – 2. Februar: Kapitulation deutscher Verbände im Süd- bzw. im Nordkessel

5. Februar: Teile der sowjetischen Transkaukasusfront erreichen den Kuban

8. – 14. Februar: Befreiung von Kursk, Krasnodor, Woroschilowgrad und Rostow durch die Südfront

15. Februar – 1. März: Rückzug der Heeresgruppe Mitte

16. Februar: Befreiung von Charkow

19. – 22. Februar: Deutsche Gegenoffensive zwischen Dnjepr und Donez

16. März: Charkow wird erneut von deutschen Truppen erobert

18. März: Belgorod wird erobert

15. April: Hitler erläßt den Operationsbefehl Nr. 6 „Zitadelle" für eine Offensive bei Kursk

5. Juli: Die letzte deutsche Großoffensive beginnt am Kursker Frontbogen

12. Juli: Gegenoffensive und vernichtende Niederlage der deutschen Verbände in der Panzerschlacht von Prochorowka. Das „Unternehmen Zitadelle" ist gescheitert

31. Juli: Rückzug deutscher Truppen aus dem Gebiet von Kursk

5. August: Befreiung von Belgorod

7. August – 20. Oktober: Sowjetische Angriffsoperation bei Smolensk

12. August: Befehl von Hitler zur sofortigen Errichtung eines Ostwalls (Panther-Stellung) am Dnjepr und an der Desna

13. August: Sowjetische Offensive an der Südwestfront

18. August: Sowjetische Offensive an der Südfront

23. August: Erneute Befreiung von Charkow durch sowjetische Verbände

26. August: Sowjetische Offensive an der Zentralfront zur Befreiung der Ostukraine, Schlacht um den Dnjepr

7. – 9. September: Rückzug der 17. deutschen Armee aus den Kubanköpfen auf die Krim

8. September: Befreiung von Stalino

16. – 21. September: Befreiung von Noworossisk, Brjansk, Rshaniza, Gomel und Tschernigow

25. – 30. September: Befreiung von Smolensk, Roslawl und des Donezbeckens

15. Oktober: Offensive der 2. Ukrainischen Front

25. Oktober: Durch die 3. Ukrainische Front wird Dnjepropetrowsk befreit

1. November: Die 4. Ukrainische Front erreicht die Landenge von Perekop, die deutschen Truppen sind auf der Krim eingeschlossen

3. November: Offensive der 1. Ukrainischen Front zur Einnahme von Kiew; am 6. November befreit

8. – 25. November: Gescheiterte Gegenangriffe der deutschen Verbände zur Rückeroberung von Kiew

10. November: Offensive der Belorussischen sowie der 1. und 2. Baltischen Front

26. November: Befreiung von Gomel

1944 **14. Januar – 1. März:** Erfolgreiche Offensive der Leningrader und der Wolchowfront gegen die Heeresgruppe Nord

27. Januar: Leningrad wird nach 900 Tagen Belagerung befreit

28. März: Befreiung von Nikolajew

8. – 13. April: Befreiung von Odessa und Simferopol auf der Krim;
Sowjetische Truppen haben das Vorgelände der Karpaten sowie die Grenzen von Rumänien und der Tschechoslowakei erreicht

9. – 12. Mai: Erstürmung von Sewastopol und vollständige Befreiung der Krim

22. Juni: Beginn der Belorussischen Operation gegen die Heeresgruppe Mitte; von 302 deutschen Divisionen befinden sich 179 an der deutsch-sowjetischen Front

4. Juli: Befreiung von Minsk

13. Juli: Befreiung von Vilnius und Operation vor Lwow

18. Juli: Beginn der Lublin-Brester Angriffsoperation in Richtung Warschau

31. August: Sowjetische Truppen erreichen Bukarest

14. September: Offensive der 1., 2. und 3. Baltischen Front in Richtung Riga

28. September: Offensive zur Befreiung Ungarns, Jugoslawiens und von Teilen der Tschechoslowakei

4. Oktober: Angriff der 1. Baltischen Front auf Memel

10. – 13. Oktober: Die 1. Baltische Front schneidet an der Ostseeküste die Heeresgruppe Nord ab, Riga wird befreit

1945 **12. Januar:** Beginn einer sowjetischen Offensive mit fünf Fronten auf 1300 km Breite von der Ostsee bis zu den Karpaten

17. – 19. Januar: Befreiung von Warschau und Krakau

30. Januar: Sowjetische Truppen erreichen bei Küstrin die Oder

15. Februar: Breslau durch sowjetische Truppen eingeschlossen

23. Februar: Befreiung von Posen

20. März: Deutsche Truppen werden aus Stettin vertrieben

28. – 30. März: Befreiung von Gdingen und Danzig

9. April: Vernichtung der deutschen Einheiten in Königsberg

16. April: Beginn des Angriffs auf Berlin

24. April: Berlin ist eingeschlossen

25. April: Sowjetische und amerikanische Truppen begegnen sich bei Torgau an der Elbe

30. April: Die Rote Fahne weht auf dem Berliner Reichstagsgebäude

2. Mai: Kapitulation von Berlin, sowjetische Truppen besetzen Rostock und Warnemünde

6. Mai: Kapitulation von Breslau

8. Mai: Kapitulation der deutschen Wehrmacht

9. Mai: Die Sowjetarmee erreicht die Linie Schwerin – Elbe von Wittenberge bis Dresden

2. September: Der Zweite Weltkrieg ist mit der Kapitulation von Nordkorea (20. August) und von Japan beendet.

9 Quellennachweis

Literatur

Baedeker, Karl: Generalgouvernement, Leipzig 1942

Carell, Paul: Unternehmen Barbarossa und Verbrannte Erde, Ullstein-Verlag Berlin/Frankfurt (Main) 1963/66

Förster, Gerhard; Groehler, Olaf: Der Zweite Weltkrieg, Dokumente, Militärverlag der DDR Berlin 1972

Generalstab des Heeres: Militärgeographische Angaben über das Europäische Rußland, Zentral-Rußland (ohne Moskau), Textheft, Abteilung für Kriegskarten und Vermessungswesen (IV. Mil.-Geo.) Berlin 1941

Gottwaldt, Alfred B.: Deutsche Kriegslokomotiven 1939 bis 1945, transpress Verlag Stuttgart 1996

Gottwaldt, Alfred B.: Heeresfeldbahnen, transpress Verlag Stuttgart 1998

Griebl, Helmut; Wenzel, Hansjürgen: Geschichte der deutschen Kriegslokomotiven, Verlag Slezak Wien 1971

Hofé, Günther: Roter Schnee, Verlag der Nation Berlin

van Kampen, Manfred; Wenzel, Hansjürgen: Die Baureihe 03.10, Eisenbahn-Kurier Verlag Freiburg 1978

Knipping, Andreas: Die Baureihe 86, Eisenbahn-Kurier Verlag Freiburg 1987

Knipping, Andreas; Schulz, Reinhard: Reichsbahn hinter der Ostfront 1941 – 1944, transpress Verlag Stuttgart 1999

Konzelmann, Peter: Die Baureihe 44, Eisenbahn-Kurier Verlag Freiburg 1981

Linkow, G: Die unsichtbare Front, Verlag für fremdsprachige Literatur, Moskau 1946/1956

Moll, Gerhard; Wenzel, Hansjürgen: Die Baureihe 93, Eisenbahn-Kurier Verlag Freiburg 1979

Moll, Gerhard; Wenzel, Hansjürgen: Die Baureihe 89.70 (preußische T 3), Eisenbahn-Kurier Verlag Freiburg 1981

Moll, Gerhard; Wenzel, Hansjürgen: Die Baureihe 91 (preußische T 9), Eisenbahn-Kurier Verlag Freiburg 1984

Peikert, Paul: Festung Breslau, Union Verlag Berlin 1966

Pielkalkiewicz, Janusz: Die Deutsche Reichsbahn im Zweiten Weltkrieg, transpress Verlag Stuttgart 1998

Pielkalkiewicz, Janusz: Die Schlacht um Moskau, Bechtermünz Verlag Augsburg 1997

Pottgießer, Hans: Die Reichsbahn im Ostfeldzug, Kurt Vowinckel-Verlag, Neckargemünd 1960

Reimer, Michael: Die Lokomotiven der Baureihe 52 – Geschichte, Einsatz und Verbleib, Lokrundschau Verlag Hamburg 1996

Scharf, Hans-Wolfgang: Eisenbahn zwischen Oder und Weichsel, Die Reichsbahn im Osten bis 1945, Eisenbahn-Kurier Verlag Freiburg 1981

Schröder, Arno; Wenzel, Hansjürgen: Die Baureihe 38.10 (preußische P 8), Eisenbahn-Kurier Verlag Freiburg 1982

Wenzel, Hansjürgen; Die Baureihe 94, Eisenbahn-Kurier Verlag Freiburg 1973

Wenzel, Hansjürgen; Die Baureihe 24, Eisenbahn-Kurier Verlag Freiburg 1979

Wenzel, Hansjürgen; Die Baureihe 57, Eisenbahn-Kurier Verlag Freiburg 1979

Wenzel, Hansjürgen: Lokomotiven ziehen in den Krieg, Verlag Slezak Wien 1977

Wenzel, Hansjürgen; Stockklausner, Johann: Lokomotiven ziehen in den Krieg, Band 2, Verlag Slezak Wien 1980

Wenzel, Hansjürgen; Stockklausner, Johann: Lokomotiven ziehen in den Krieg, Band 3, Verlag Slezak Wien 1980

Wenzel, Hansjürgen; Ebel, Jürgen U.: Die Baureihe 50, EK-Verlag Freiburg 1988

Wenzel, Hansjürgen: Die Geschichte der Baureihe 57.10, Eisenbahn Kurier Themen, Freiburg 1991

Ziel, Ron: Räder müssen rollen, Die Eisenbahn im Zweiten Weltkrieg, Frankh Verlag Stuttgart 1970

und verschiedene Beiträge im LOKMAGAZIN (München), im Eisenbahn Kurier (Freiburg) sowie im Internet

Archivunterlagen

Betriebsbücher von verschiedenen Dampflokomotiven

Einordnung der mit dem Memelgebiet übernommenen Dampflokomotiven, RZA vom 2. Mai 1939

Lokomotiven der Polnischen Staatseisenbahnen und des Freistaates Danzig, Auszug aus dem Merkbuch für die Fahrzeuge der Reichsbahn, Nachtrag 7, DR RZA vom 1. Januar 1944

Lokomotivverzeichnisse der RBD Erfurt 1942, 1943, 1944, 1945

St 10 a und 11a Listen (Statistischer Nachweis über den Bestand der Lokomotiven) der RBD Berlin, Breslau, Dresden, Frankfurt (Main), Halle, Hamburg, Hannover, Karlsruhe, Königsberg (Pr), München, Nürnberg, Stettin (Zeitraum 1939 – 1945) sowie Gedob Krakau (1941 – 1943)

Umsetzungsliste der RBD Halle (ab 1944)

Umzeichnungsplan für die Dampf-Lokomotiven der ehemaligen polnischen Staatsbahn (Regelspur), aufgestellt Berlin, den 29. August 1941, DR RZA

Umzeichnungsplan für die Dampf-Lokomotiven der ehemaligen polnischen Staatsbahn (Schmalspur), aufgestellt Berlin, den 25. Februar 1942, DR RZA

verschiedene Aufsätze von Friedrich Witte, Verwaltungsarchiv des Verkehrswesens

verschiedene Kriegsberichte, -tagebücher, Unterlagen des RVM im Bundesarchiv Koblenz

verschiedene Schriften der RBD, OBD, RVD, GVD, Arbeitsausschüsse, Hauptausschuß Schienenfahrzeuge und einzelner Mitarbeiter der DRB, aufbewahrt in den (ehemaligen) Archiven der Rbd'en Berlin, Cottbus, Dresden, Erfurt, Halle, Magdeburg, Schwerin, Greifswald, im (ehemaligen) zentralen Archiv des Ministerium für Verkehrswesen der DDR, heute Bundesarchiv Koblenz, Außenstellen Berlin, Coswig und Potsdam

Verzeichnisse der Maschinenämter, Bahnbetriebswerke, Bahnbetriebswagenwerke, Lokbahnhöfe, Bahnhofsschlossereien und Hilfszüge vom 1. April 1941, vom 1. April 1943

Sammlungen von Michael Reimer, Volkmar Kubitzki, Berlin

10 Bildnachweis

Bauer, Slg. Bildarchiv Preußischer Kulturbesitz
156

Donath, Slg. Gottwaldt
70 u.

Donderer,
Slg. Bildarchiv Preußischer Kulturbesitz
95

Finzel, Sammlung Hengst
41 o., 79, 81, 106, 107 (2), 108, 109, 110, 112, 113,
121

Grimm,
Slg. Bildarchiv Preußischer Kulturbesitz
11

Hanschmann, Slg. Mühlbach
77 (2)

Hollnagel, Slg. Gottwaldt
66

Hubmann,
Slg. Bildarchiv Preußischer Kulturbesitz
96, 126

Ittenbach, Slg. Gottwaldt
60, 70 o.

Maey, Slg. Gottwaldt
71, 74/75

Maey, Slg. Winkler
62

Otte, Slg. Grundmann
22, 43, 82, 85, 110, 111, 130, 131 (2), 139 (2), 155,
163 o.

Petraschk, Slg. Bildarchiv Preuß. Kulturbesitz
34/35

Schinke, Slg. D. Hörnemann
44, 45, 46 (3), 47 (3), 48 (2), 49, 50 (2), 72 (2)

Slg. Bildarchiv Preußischer Kulturbesitz
9, 10, 20, 87, 92, 100, 142/143, 144, 157

Slg. Bundesarchiv:
2, 12 (2), 15, 16, 18, 19, 21, 27, 30, 31, 32, 33 (2),
36, 38, 57, 58, 68, 125, 128, 129 (2), 135, 137,
138, 150, 162, 164

Slg. Gottwaldt
28, 40, 41 u., 114, 116, 160

Slg. Kubitzki
14, 75, 76, 80 o., 91/92, 98, 102, 119, 120, 123,
146, 147, 148, 158, 161

Slg. Reimer
17, 23, 25, 80 u.

Steiner, Slg. Gottwaldt
67 o., 67 u., 69

Die Bücher für Ihr Hobby: